2011

# 中国粮食发展报告

CHINA GRAIN DEVELOPMENT REPORT 2011

主　编：聂振邦
副主编：任正晓

经济管理出版社
ECONOMY & MANAGEMENT PUBLISHING HOUSE

**图书在版编目（CIP）数据**

2011中国粮食发展报告 / 聂振邦主编. —北京：经济管理出版社，2011.9
ISBN 978-7-5096-1604-8

Ⅰ.①2… Ⅱ.①聂… Ⅲ.①粮食 —经济发展 — 研究报告 — 中国 —2011 Ⅳ.①F326.11

中国版本图书馆 CIP 数据核字（2011）第 185426号

出版发行：经济管理出版社
北京市海淀区北蜂窝 8 号中雅大厦 11 层
电话：(010) 51915602　　邮编：100038

印刷：精美彩色印刷有限公司　　经销：新华书店

责任编辑：张　艳
装帧设计：杨　炜
　　　　　刘艳南
责任校对：超　凡
图片提供：东方IC
　　　　　Phototime

880mm × 1230mm/16　　11.75印张　209千字
2011年 9 月第 1版　　2011年 9 月第 1次印刷
印数：1-3000册　　定价：150.00元
书号：ISBN 978-7-5096-1604-8

# 2011
# 中国粮食发展报告编辑委员会

**主任（主编）**

聂振邦　国家粮食局局长、党组书记

**副主任（副主编）**

任正晓　国家粮食局副局长、党组成员

**委　员**
**（按姓氏笔画为序）**

方　言　王宝伟　邓亦武　卢景波　叶贞琴　田雨军　刘　韧
孙鉴奇　何　毅　何松森　杜　政　尚强民　胡承淼　赵建华
徐京华　曹长庆　盛来运　程传秀　颜　波

## 编写组
## （按姓氏笔画为序）

丁　杰　万劲松　于　涛　于英威　孔伟娟　方　言　王　旭
王正友　王晓辉　王莉蓉　王耀鹏　邓　立　邓亦武　卢景波
史京华　田　临　田　野　田雨军　龙伶俐　刘　平　刘　韧
刘小南　刘冬竹　刘宇宁　刘妍衫　刘青青　刘莉华　刘铁宏
匡广忠　向玉旭　孙　冰　孙丽娟　孙洪波　安海东　曲贵强
朱　娟　朱传碧　许　策　许正斌　齐朝富　何　毅　吴永顺
张　云　张　涛　张　雪　张永刚　张永强　张永福　张立伟
张亚奇　张庆娥　张延华　张树淼　李　玥　李　洵　李　涛
李云峰　李亚莉　李　红(女)　李　红(男)　李美琴　李寅铨　李喜贵
杜　政　杨　正　杨卫辰　杨卫路　杨航柱　杨绪珍　肖　玲
肖春阳　陈　玲　陈书玉　陈玉中　陈军生　陈成云　陈秀玲
陈家积　周　波　周　惠　周冠华　周晓耘　庞祥锋　林　潇
林明亮　罗文娟　罗守全　郁士祥　金　贤　姚秀敏　洪　荣
胡承淼　胡瑶庆　贺　伟　赵文先　赵素丽　赵楠木　郝胜龙
唐　茂　唐柏飞　唐铁军　唐瑞明　徐京华　秦　剑　秦玉云
耿晓峋　袁　辉　郭　建　郭洪伟　郭晓虹　陶　英　高美华
康　敏　曹颖君　麻　婷　麻国杰　黄加才　黄魁建　智振华
曾令清　曾衍德　游　泳　程传秀　程继伟　韩继志　樊　琦
潘文博　颜　波　黎　霆　魏　然

## 编审组
## （按姓氏笔画为序）

邓亦武　卢景波　孙鉴奇　严　涛　何松森　颜　波

## 编辑部

主　　任：何松森

工作人员：刘珊珊　朱　蓉　崔菲菲

# 目录

# 目录

# 目 录

## 专 栏



## 附 录



## 后 记

# 2010年中国粮食发展概述

国家粮食局局长、党组书记　聂振邦

2010年是我国经济社会发展极不平凡的一年，也是粮食市场形势极为复杂、粮食流通工作积极应对严峻考验的一年。粮食部门深入学习实践科学发展观，认真贯彻落实党的十七大，十七届三中、四中、五中全会和中央经济工作会议，中央农村工作会议精神，深入分析粮食流通工作面临的新形势、新问题，扎实工作，开拓创新，努力克服不利因素影响，顺利完成了年初部署的“抓好收购、促农增收、保证供应、稳定市场、统筹发展、保障安全”的各项任务目标，为确保国家粮食安全和促进国民经济平稳较快发展做出了重要贡献。

## 一、粮食产量实现“七连增”，为保障国家粮食安全提供了坚实基础

2010年，国际粮食市场价格大幅波动，我国多个地区发生了百年不遇的特大自然灾害，面对复杂多变的国际、国内环境，党中央、国务院高度重视粮食生产，不断巩固和加强强农惠农政策，继续加大对“三农”的投入和扶持力度。2010年中央财政用于“三农”的支出8579.7亿元，比上年增长18.2%。此外，中央财政安排调动农民和地方政府积极性的奖励和补贴资金2843亿元，用于粮食综合生产能力建设的投入达1732亿元。2010年全国粮食总产量达到了10928亿斤，创历史新高，实现了半个世纪以来的首次 “七连增”，为加强宏观调控，保障粮食安全，促进经济社会发展奠定了坚实的基础。

## 二、认真落实各项粮食收购政策，有效保护了种粮农民利益

稳步提高粮食收购价格。考虑到农民种粮成本上升等各种因素，为切实保护种粮农民利益，增加种粮农民收入，2010年国家继续提高小麦、稻谷最低收购价格，其中白小麦、红小麦和混合麦每斤分别提高到0.9元、0.86元和0.86元，早籼稻、中晚籼稻、粳稻每斤分别提高到0.93元、0.97元和1.05元，小麦、籼稻最低收购价格水平分别较上年提高3.3%～3.6%，粳稻最低收购价提高10.5%。为了做好这项工作，对全国25个省（区、市）的8个主要粮油品种进行产销和成本利润调查，为合理确定价格水平提供了可靠依据。

完善粮食最低收购价预案和临时收储工作方案。认真研究粮食产需和市场形势，会同有关部门在新粮上市前研究制定并及时公布小麦、早籼稻、中晚稻最低收购价执行预案和玉米、大豆、油菜籽临时收储工作方案，扩大政策性粮油收购范围，完善启动、监管和补贴机制，根据粮油市场情况适时在主产区启动最低收购价和临时收储，稳定了市场价格，保护了农民利益。

切实落实粮食收购各项政策措施。各级粮食部门始终把落实国家粮食收购政策，抓好粮食收购，作为工作的重中之重。指导和督促国有粮食企业带头执行收购政策，引导和规范多元市场主体有序收购，合理布局收购网点，不断提高服务水平，方便农民售粮。2010年全年各类粮食企业收购粮食6049亿斤，其中国有粮食企业收购2670亿斤，托市收购粮食（含油料）611亿斤，为市场调控提供了重要物质基础。

## 三、切实加强和改善粮食宏观调控，确保粮食市场和价格基本稳定

保障粮油供应和维护市场价格稳定。认真贯彻落实国家保证粮油供应和稳定消费价格总水平、保障群众基本生活的部署，把握政策性粮油销售节奏和力度，2010年进一步加大宏观调控力度，安排销售政策性粮食1626.6亿斤、食用植物油50.2万吨。在市场粮价过高时果断停止中央储备粮企业入市收购，适时增加玉米投放数量，加强竞买企业资格审核，保证饲料和养殖企业的玉米需要。定向销售最低收购价小麦55.6亿斤，指定大型骨干面粉加工企业按国家要求加工小麦粉投放市场。各地按照国务院关于“把握节奏、保持力度”的要求，与国家调控政策相配合，京、津、沪、浙等粮食主销区加大地方储备投放力度，有些省增加了大豆、食用植物油投放。这些措施的实施，有力有效地保证了粮食市场供应，维护了粮价基本稳定，为国家管理好通胀预期发挥了重要作用。

充实粮食储备和优化布局结构。按照要求积极充实粮食储备规模，健全粮食储备体系，加强中央储备粮行政管理，调整中央储备粮品种结构和区域布局，提高了中央储备食用油、大豆的比重，增加了西南、西北等地区的库存量。利用粮食连续七年丰收的有利时机，粮油储备规模得到进一步充实，布局结构更趋合理。

加强军粮供应和粮食应急体系建设。根据新时期军粮供应的特点，积极采取有力措施，保障了部队日常供应，圆满完成了各项重大应急保障任务。粮食应急体系初步形成，各地已确定粮油应急加工定点企业3521家，应急供应定点企业11142家，为支援和完成抗灾救灾任务发挥了重要作用。2010年国家专项安排向西南、西北旱灾地区调运粮食28.4亿斤，指定企业限时加工中央储备粳稻5000万斤投放云南市场，及时将7352万斤救灾用粮发放到地震、泥石流灾区的灾民手中。上海市和广东省精心组织安排，保障了上海世博会和广州亚运会等重大活动的粮油供应和质量安全。

## 四、粮食购销市场化改革不断深化，新的粮食流通体制逐步建立

转变粮食行政管理职能。各级粮食部门认真落实国务院的总体部署，积极推进粮食流通体制改革，结合各地实际情况，不断完善政策措施，加快推进政企分开，规范政府调控与企业经营之间的关系，粮食行政管理部门工作重心转到了市场调控、监管和行业指导、服务上。积极推进现代粮食流通产业发展，着力构建新型粮食购销服务网络体系，努力提高全社会粮食流通管理和服务水平。

完善粮食价格形成机制。粮食价格主要由市场供求形成，在粮价过低时，认真落实国家粮食最低收购价政策，并采取临时收储等措施，保护种粮农民利益；在粮价过高时，通过批发市场公开竞价销售政策性粮食，稳定粮食市场价格。

国有粮食企业改革取得新进展。继续深化国有粮食企业改革，积极推进企业兼并重组，优化企业布局和结构，支持企业做大做优做强。截至2010年底，全国国有粮食企业总数16549个，比上年减少1614个，企业实现盈利60.85亿元，比上年增盈6.81亿元，实现了自2007年以来连续五年统算盈利。同时，其他多元主体获得了快速发展，到2010年底，取得收购资格的多元主体达到7万多家。

粮食市场体系建设步伐加快。继续贯彻落实全国粮食市场体系建设规划，22个省（区、市）出台了本地粮食市场建设规划或指导意见。国家粮食交易中心总数达到22个，全国统一竞价交易平台联网市场已达23家，顺利完成了国家政策性粮食的销售任务。粮食收购、零售、批发、期货市场稳步发展，经营规模进一步扩大，结构布局逐步优化，服务功能更加完善。全国统一的粮食竞价交易系统进一步健全，在配置粮食资源、服务宏观调控中发挥了重要作用。

## 五、加强粮食流通基础设施建设，现代粮食流通产业长足发展

粮食流通基础设施条件进一步改善。安排中央预算内投资40多亿元，支持粮食仓储和物流设施建设。中央财政安排补助资金4亿元，支持15个启动最低收购价和临时收储政策省（区）的仓房维修；专门增加补助资金4亿元，对13个省（区、市）水灾损失的粮食仓房进行维修改造。

粮油产业化经营积极推进。为充分发挥重点粮油产业化龙头企业的影响和带动作用，促进企业做大做优做强，国家粮食局和中国农业发展银行重新认定了1938个重点支持的粮油产业化龙头企业，在流动资金、固定资产购置、技术升级改造、技术研发引进、粮食生产基地建设、粮油订单收购等方面给予重点支持，促进了粮食产业化经营的发展。

“放心粮油”工程不断推进。据不完全统计，全国各类“放心粮油”销售网点达到17万多个，其中农村网点6万多个，粮油产品总体合格率达到95%以上。

## 六、加强依法行政和依法管粮，有效维护了粮食流通市场秩序

粮食流通法制体系建设积极推进。粮食部门深入贯彻《粮食流通管理条例》和《中央储备粮管理条例》，积极制修订相关配套制度办法，依法履行工作职责。各地加快粮食立法进程，出台相应的地方法规、规章和规范性文件，为推进粮食依法行政提供制度保障。在《粮食法》列入十一届全国人大立法规划后，国家发展改革委、国家粮食局会同有关部门，坚持开门立法、民主立法和科学立法的原则，广泛深入调查研究，多方征求意见建议，各有关方面积极建言献策，《粮食法》研究起草工作进展顺利并取得阶段性成果。

粮食监督检查工作逐步形成长效机制。监督检查工作体系逐步健全，粮食监督检查工作逐步实现了经常化、制度化、规范化。截至2010年底，全国省、市、县三级粮食行政管理部门设立监督检查机构的比例分别达到100%、84.1%、71.8%，取得粮食行政执法资格的人员共计达2.59万人。

粮食质量监管工作取得明显成效。定期组织专门人员对中央储备粮承储库点和部分地方储备粮承储库点进行质量专项抽查，促进了储备粮质量合格率和宜存率的提高。组织开展粮食收获质量和卫生调查、监测，为制定粮食收购质价政策和加强质量安全管理提供了重要依据。截至2010年底，隶属于各级粮食行政管理部门的粮油检验机构达到了793个，为粮食质量监管工作提供了重要的组织保障。

粮食仓储规范化和粮食安全生产管理明显加强。制定并实施《粮食仓储管理办法》，各地和企业积极建立和完善粮油仓储管理规章制度，开展粮油仓储规范化管理活动，规范仓储管理行为。针对2009年粮食行业安全生产事故较多的情况，各级粮食部门采取切实有效的措施，强化安全生产工作，有效提高全行业安全生产水平，2010年安全生产形势明显好转，未发生重大安全生产事故。

粮食收购资格审核和中央储备粮代储资格认定工作进一步加强。截至2010年底，全国具有粮食收购资格的经营者8.75万家；具有中央储备粮（油）代储资格的企业1851户，资格仓容（罐容）9181.5万吨，企业布局趋于合理。

粮食流通市场监管工作不断加强。组织开展粮食流通监督检查，会同有关部门严厉查处压级压价损害农民利益、抬级抬价扰乱市场秩序以及“转圈粮”等违法违规行为。加强收购资格审核，认真落实最高库存量限制规定，防止囤积居奇，扰乱市场。加强政策性粮食销售出库监督检查，认真解决“出库难”问题。据统计，2010年，各级粮食部门共开展监督检查行政执法活动10.8万户次，检查企业36.7万户次，执法活动次数和检查企业户次分别比上年增加5.2%、7.7%，严肃查处违法违规案件19789件，有效维护了粮食流通市场秩序。

## 七、加强粮食行业自身建设，整体素质和服务水平进一步提高

围绕服务中心、建设队伍两大任务，深入开展创先争优活动，广泛开展讲党性、重品行、作表率活动，全面推进机关党的思想、组织、作风、制度和反腐倡廉建设。深入调研行业人才队伍状况，加大粮食行业高层次专业技术人才培养力度，设立国家粮食局科学研究院博士后科研工作站，继续开展职业技能培训和职业技能鉴定工作，举办第二次全国粮食行业职业技能大赛，在全行业掀起了比学赶超的热潮。加大新闻宣传工作力度，重点做好粮食收购、保供稳价、节约粮食、抗震救灾等宣传报道，正确引导舆论，稳定心理预期。紧密围绕中心工作，积极推进科学研究，认真开展国际交流与合作。

# 第一部分

## 粮食生产

# 一 2010年粮食作物生产情况及2011年形势展望

2010年，在党中央、国务院的正确领导下，经过各级党委、政府和农业部门，以及广大农民群众的共同努力，粮食生产克服西南地区特大旱灾、北方地区春季多年少有持续低温、夏季局部地区严重洪涝等灾害影响，粮食总产实现半个世纪以来首次连续七年增产，首次连续四年保持在1万亿斤以上，为管理好通胀预期、保持价格总水平基本稳定和经济平稳较快发展奠定了坚实基础，为应对各种风险挑战、维护改革发展稳定大局发挥了重要作用。

## (一)2010年粮食生产特点

### 1.粮食面积稳定增加

2010年粮食播种面积10987.6万公顷，比上年增加89.0万公顷，增幅0.8%，是1957年以来第一次连续七年增加。

### 2.粮食单产提高

2010年粮食平均单产每公顷4973.6公斤，比上年提高103.0公斤，增幅2.1%。

### 3.粮食总产连续第七年增产

2010年粮食总产54647.7万吨，比上年增产

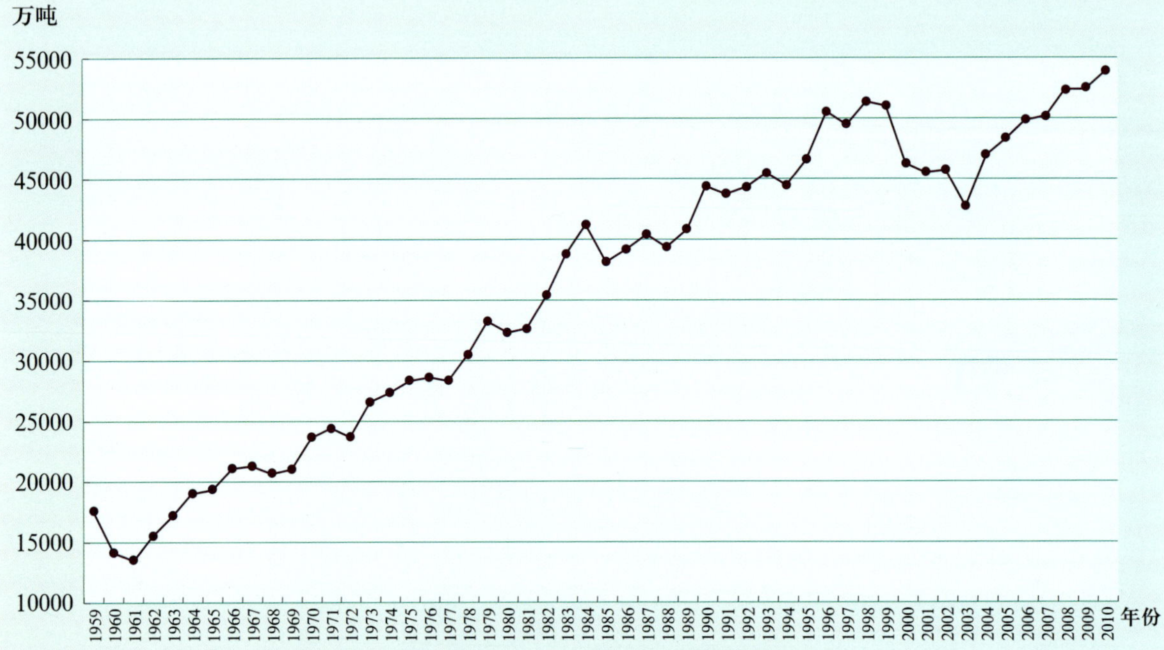


图1-1　1959～2010年粮食产量变化图

1565.6万吨，增幅2.9%，实现1959年来第一次连续七年增产。

### 4.三季粮食“二减一增”

**夏粮减产**：2010年夏粮播种面积2744.0万公顷，比上年增加5.8万公顷，增幅0.2%；总产12315.0万吨，比上年减产33.5万吨，减幅0.3%；单产每公顷4487.9公斤，比上年减少21.7公斤，减幅0.5%。

**早稻减产**：2010年早稻播种面积579.6万公顷，比上年减少7.4万公顷，减幅1.3%；总产3133.7万吨，比上年减产201.8万吨，减幅6.1%；单产每公顷5406.8公斤，比上年减少275.4公斤，减幅4.8%。

**秋粮增产**：2010年秋粮播种面积7664.0万公顷，比上年增加90.7万公顷，增幅1.2%；总产39199.0万吨，比上年增产1800.9万吨，增幅4.8%；单产每公顷5114.7公斤，比上年提高176.6公斤，增幅3.6%。

### 5.主要粮食品种实现“四增”

**稻谷增产**：2010年稻谷播种面积2987.3万公顷，比上年增加24.6万公顷，增幅0.8%；总产19576.1万吨，比上年增产65.8万吨，增幅0.3%；单产每公顷6553.0公斤，比上年减少32.4公斤，减幅0.5%。

**小麦增产**：2010年小麦播种面积2425.7万公顷，比上年减少3.4万公顷，减幅0.1%；总产11518.1万吨，比上年增产6.6万吨，增幅0.1%；单产每公顷4748.4公斤，比上年增加9.4公斤，增幅0.2%。

**玉米增产**：2010年玉米播种面积3250.0万公

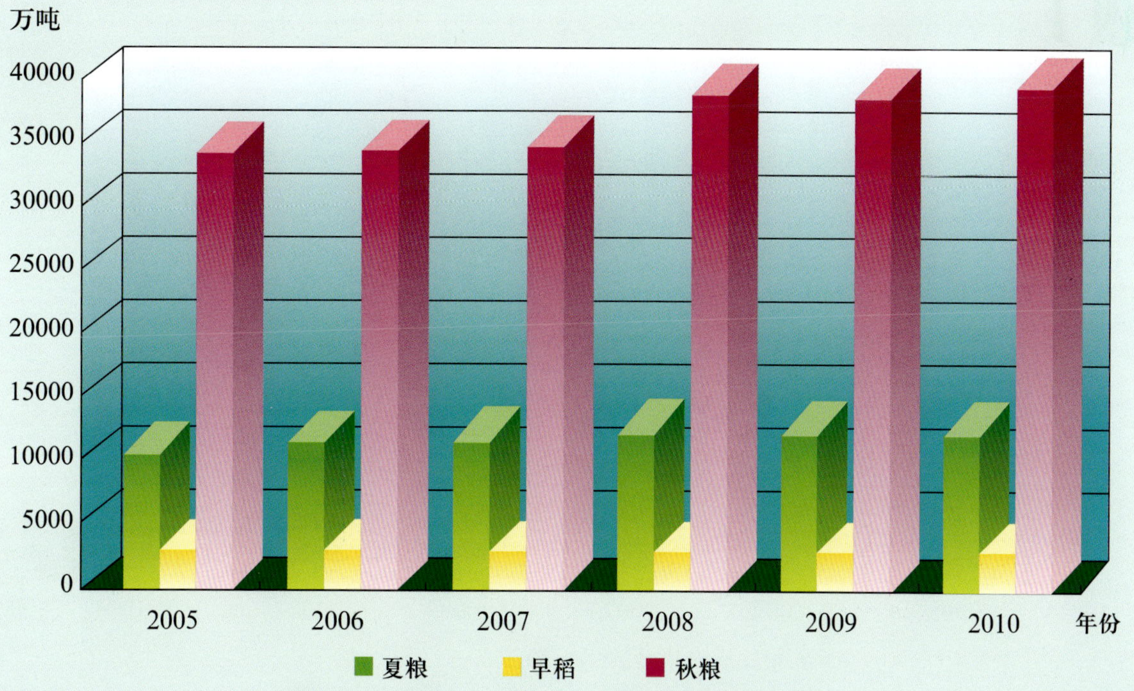


**图1-2 夏粮、早稻、秋粮产量变化图**

顷，比上年增加131.7万公顷，增幅4.2%；总产17724.5万吨，比上年增产1327.1万吨，增幅8.1%；单产每公顷5453.7公斤，比上年提高195.7公斤，增幅3.7%。

**大豆增产**：2010年大豆播种面积851.6万公顷，比上年减少67.4万公顷，减幅7.3%；总产1508.3万吨，比上年增产10.2万吨，增幅0.7%；单产每公顷1771.2公斤，比上年提高141.2公斤，增幅8.7%。

### 6.增产省份多，主产省和非主产省粮食均衡增产

北京、上海、浙江、福建、江西、湖南、广西、海南、贵州、云南、青海等11省个（区、市）减产，其他20个省（区、市）均有不同程度增产，其中黑龙江增产659.8万吨、吉林增产382.5万吨、内蒙古增产176.5万吨、辽宁增产174.4万吨、山西增产143.1万吨。13个粮食主产省粮食产量41184.0万吨，比上年增产1473.9万吨，占全国粮食总产量的75.4%，比上年增加0.6个百分点；18个粮食主销省和产销平衡省粮食产量13463.7万吨，比上年增产91.7万吨，占全国粮食总产量的24.6%，比上年减少0.6个百分点。

## （二）主要启示

### 1.强化行政推动、部门全力配合，形成了抓粮食生产的合力

在粮食生产和农业抗灾救灾的关键季节、紧要关头，国务院先后7次召开专题会议，研究部署农业抗灾救灾和粮食生产工作。各地各级农业部门坚决贯彻中央决策和部署，紧急动员，迅速行动。在春耕、“三夏”、“三秋”等重要农时

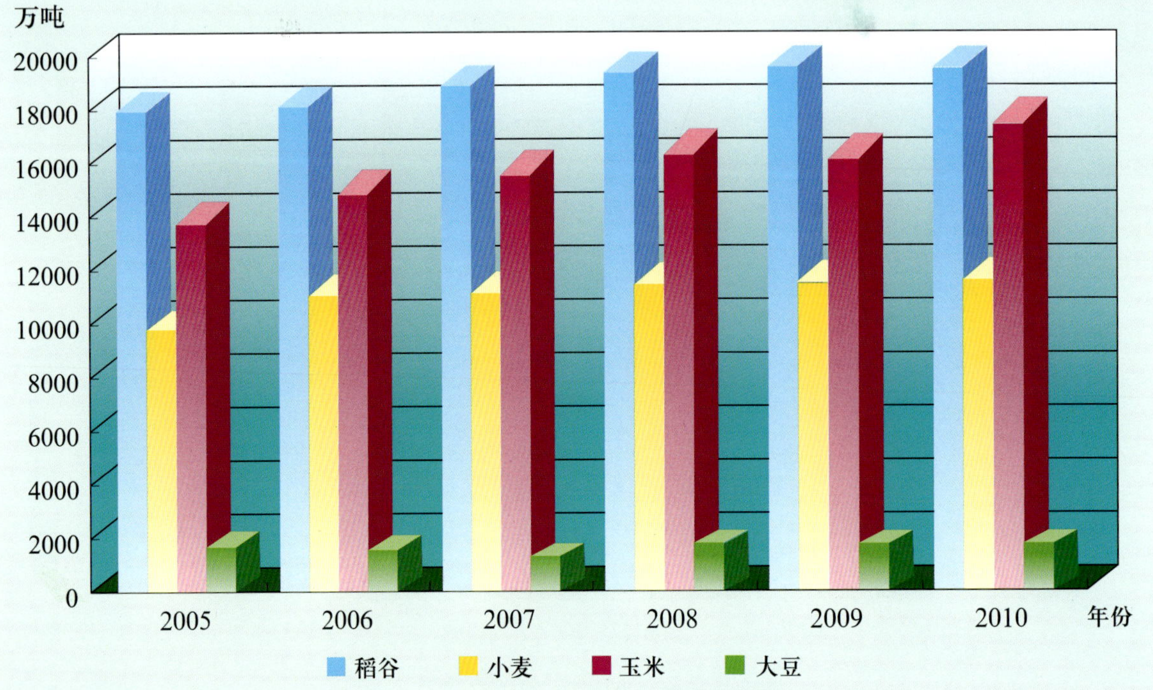


**图1-3 四大粮食品种产量变化图**

季节，组织机关干部和农技人员深入生产一线，开展工作督导和技术指导，推动抢农时、促早熟等关键技术的落实。初步统计，农业部共派出120多批次专家技术指导组，动员组织科研、教学、推广等方面的1万名专家和50万名农技人员，进村入户开展科技服务。同时，积极协调发展改革、财政、气象、水利等涉农部门，主动服务粮食生产，加大支持力度，加快政策落实，合力推进农业和粮食生产。

### 2.政策支持有力、指向明确，赢得了丰收的主动权

面对灾害多发、频发、重发的严峻形势，中央在年初加大强农惠农政策力度，在大幅度增加“三农”投入的基础上，抓住关键农时，多次出台针对性强、作用直接的政策措施。及时出台了小麦弱苗施肥补助、东北大棚育秧、西南旱区地膜覆盖补助、水稻施肥补助、64个产粮大县重点奖励等扶持政策，新增财政补助资金超过100亿元。各地也积极出台配套政策，如河北省投入弱苗补助7000万元、“一喷三防”补助1.08亿元。这些政策信号强烈、指向明确，极大调动了各级农业部门和广大农民运用科学技术、加强田间管理的积极性。

### 3.科技服务应变及时、指导到位，成为抗灾夺丰收的最大亮点

针对2010年低温造成小麦苗情偏弱、发育期推迟的实际，农业部门及时指导调整完善生产技术路线，由常年暖冬控制旺长变为低温促弱转壮。前期突出抓好播种质量关，全国小麦旋耕及播后镇压面积2.4亿亩，同比增加7200万亩；中期突出抓好促弱转壮，在返青起身期增施一遍肥、普浇一遍水，千方百计促进苗情升级转化；后期重点推广“一喷三防”，保大穗、增粒重，全国小麦“一喷三防”面积2.36亿亩，占小麦面积的近70%。针对西南地区历史罕见的严重春旱，因地制宜调整种植结构，大力推广水稻旱育秧、玉米育苗、异地育秧等科学育秧育苗技术，发展地膜覆盖栽培，扩大间套复种面积。初步统计，西南地区2010年增加地膜覆盖面积2500多万亩。针对持续低温对水稻生产造成的影响，东北地区大力推广大棚育秧技术，抢农时、育壮秧，后期增施一遍壮粒肥，促进籽粒灌浆，增加粒重；南方双季晚稻产区前期增施分蘖肥、构建合理群体，后期增施叶面肥、有效防范“寒露风”。初步统计，2010年南方防寒露风促早熟增施肥面积1.5亿亩，东北水稻育秧大棚新增25万栋。

### 4.高产创建率先示范、辐射带动，促进大面积均衡增产

面对2010年多发的灾害，高产创建率先推广抗灾增产技术，率先调整适宜品种、率先推进农机农艺结合，辐射带动更大范围的先进实用技术推广。2010年中央安排10亿元资金，在全国建设5000个万亩高产创建示范片，比上年增加2400个，覆盖所有农业县。各地在示范片内集成展示优良品种和配套栽培技术，将技术要领编印成明白纸、简易挂图等发放到农户手中，开展多种形式的现场观摩和培训活动，形成了“培训一名带头人、带动一批种粮户，搞好一个示范片、辐射带动整个县”的技术推广新格局。部分主产区开展整乡整县整建制试点，辐射更大范围，带动大面积平衡增产。2010年，全国4380个粮食万亩示范片平均亩产656公斤，比全国平均水平高320多公斤。

### 5.抗灾减灾反应迅速、有力有效，最大限度减轻灾害损失

面对突发的灾情，各地各有关部门反应迅速，组织有力，充分发挥我国独特的政治优势和制度优势，动员各方面力量，集合各种救灾物资，切实做到防在灾害前面、救在第一时间、抗在关键时点，力争重灾区少减产、轻灾区不减产、非灾区多增产，最大限度地减轻灾害影响和损失。通过科学布局品种，扩大适期播种，推进主动避灾；加强灾情监测，制定防灾减灾预案，推进科学防灾；实行分类指导，适时启动应急响应，推进积极救灾。2010年派出防灾抗灾工作组和专家组79个，下拨农业抗灾救灾资金8.25亿元，补种改种面积5200多万亩。在病虫害防控方面，突出抓好区域间联防联治、区域内专业化统防统治。初步统计，全国农作物病虫草鼠害发生面积75亿亩次，累计防治面积85亿亩次。其中，小麦重大病虫统防统治2.1亿亩次，统防统治比例33%；水稻重大病虫统防统治4亿亩次，统防统治比例15%。

## (三)2011年粮食生产形势展望

我国粮食生产既受外部环境的制约，又有自身发展的不足；既有长期存在的深层次矛盾待化解，又有许多新问题要解决。一是粮食总量基本平衡，但品种结构矛盾仍然突出。目前稻谷、小麦、玉米三大粮食品种自给率达到100%，粳稻供求偏紧，大豆缺口较大。二是生产能力有所提升，但靠天吃饭的局面仍未从根本改变。农业基础设施条件还比较差，抗御自然灾害能力弱，中低产田占耕地面积的70%，农田有效灌溉面积仅占耕地面积的50%，全国近2/3的乡镇农技推广机构社会化服务能力较弱。三是耕地资源约束日益突出，继续扩大面积的空间有限。随着工业化和城镇化进程加快，守住18亿亩耕地红线的任务艰巨。四是自然灾害呈加重态势，粮食生产风险越来越大。受全球气候变化影响，气象灾害和生物灾害对粮食生产的不利影响呈加重态势，防灾减灾的任务艰巨。五是投入品和劳动力价格呈上涨趋势，直接影响种粮的比较效益。物化成本和人工成本上涨在粮食生产中反映越来越强烈，影响越来越突出。

尽管粮食生产面临的困难很多，任务艰巨，但粮食“七连增”所取得的成功经验和良好的政策环境、有力的支撑条件，为2011年的粮食生产奠定了较好基础。从市场、政策、技术条件来看，只要不发生流域性的特大洪灾、大范围的严重干旱，实现粮食持续稳定发展是可能的。一是消费需求刚性增长，市场拉动作用逐步增强。城镇化进程的加快，规模化养殖的快速发展、饲料粮需求的快速增长和粮食深加工的快速发展，都增加了对粮食的需求。二是支持粮食生产持续稳定发展的政策框架基本形成。党的十七届五中全会鲜明提出，在工业化、城镇化深入发展中同步推进农业现代化。“三化同步”的重大部署，利于农业和粮食扶持政策体系的不断完善。三是科技支撑能力稳步提升。中央加大财政支持力度，加强基层农技推广体系建设，加快建设现代种业，大规模开展粮棉油糖高产创建，以水利为重点加强基础设施建设，特别是大规模开展旱涝保收高标准农田建设，将使粮食生产条件进一步得到改善。四是发展粮食生产的工作机制逐步完

善。近年来，围绕促进粮食稳定发展，工作思路越来越清晰，应对措施更加有效，工作机制逐步健全。涉农部门全力配合，各行各业大力支持，主动服务粮食生产。地方政府把发展粮食生产放在重要位置，想方设法加大支持力度，上上下下重农抓粮的工作格局正在形成。

## 二　2010年国家扶持粮食发展政策

### （一）粮食生产扶持政策

2010年，针对国内极端天气多发频发、粮食生产面临较大困难的复杂形势，国家在继续实施种粮农民直补、良种补贴、农资综合补贴、农机购置补贴“四项补贴”以及产粮大县奖励、测土配方施肥补贴、高产创建补助等政策的基础上，进一步加大了对粮食生产的政策支持力度，为实现粮食连续七年增产和粮食市场稳定发挥了重要作用。

2009年底至2010年初，全国大部分地区气温持续偏低，11个冬小麦主产区返青期普遍推迟10天左右，苗情总体较差；西南五省出现百年一遇的特大旱灾，夏粮减产，秋粮播种困难，粮食生产形势比较严峻。为抓好粮食生产，减轻灾害影响，2010年4月2日，国务院召开会议研究部署抗旱救灾和春季农业生产，要求各地各部门抓好以下工作：一是按照“四个确保”（确保城乡居民饮水安全、确保灾区群众基本生活、确保最大限度地减轻灾害损失、确保不出现重特大森林火灾和重大人员伤亡）的要求继续做好抗旱救灾工作；二是扎实抓好春季农业生产各项工作；三是进一步完善防灾减灾各项预案；四是大力加强水利基础设施建设；五是搞好灾区农产品调运和市场调控；六是全面落实抗灾救灾工作职责。

2010年4月25日，国务院听取国家发展改革委关于当前农业生产情况和有关政策建议的汇报，并出台以下政策措施：一是实施冬小麦弱苗施肥、西南旱区覆膜种植和东北水稻大棚育秧补助。中央财政按每亩10元的标准，对11个冬小麦主产区5300万亩弱苗给予补助，对云南等5省2500万亩玉米推广地膜覆盖技术给予补助，对黑龙江、吉林等省新建水稻育秧大棚给予补助。二是增加高产创建补助资金。在已安排中央财政资金6亿元的基础上，再新增5亿元。三是继续实施油菜籽临时收储政策，收储价格由每斤1.85元提高到1.95元。四是增加农机具购置补贴资金。在已安排中央财政补助资金145亿元的基础上，再新增10亿元。

2010年8月11日，针对南方双季晚稻、东北地区粳稻播期推迟，后期遭遇寒露风、早霜风险增大的不利形势，国务院召开常务会议，研究部署进一步支持晚稻及秋粮生产的政策措施，确定中央财政安排11亿元资金，对南方主产区7300万亩双季晚稻和东北地区6000万亩粳稻实行增施肥促早熟防病虫补助，其中南方双季晚稻每亩补助11元、东北粳稻每亩补助5元。

2010年9月，根据《全国新增1000亿斤粮食生产能力规划（2009～2020年）》（国办发〔2009〕47号）精神，国家发展改革委下达中央投资65亿元，用于800个产粮大县田间工程和农技服务体系，以及东北地区水稻育秧大棚建设，建设基本农田1360万亩，县级农技站720个。

### (二)粮食最低收购价政策

为进一步提高种粮效益，保持市场粮价平稳，保护和调动农民种粮积极性，2010年国家根据种粮成本变化情况，继续稳步提高粮食最低收购价格。

2009年10月12日，国家公布提高2010年小麦最低收购价。其中，白小麦由每市斤0.87元提高到0.9元，红麦和混合麦由每市斤0.83元提高到0.86元。

2010年初，国家公布提高2010年稻谷最低收购价。其中，早籼稻由每市斤0.9元提高到0.93元，2010年中晚籼稻由0.92元提高到0.97元，粳稻由0.95元提高到1.05元。9月11日，国家发展改革委出台《2010年中晚稻最低收购价执行预案的通知》，明确了执行最低收购价格收购的时间。其中，江苏、安徽、江西、河南、湖北、湖南、广西、四川8省（区）为2010年9月16日至2010年12月31日；辽宁、吉林、黑龙江3省为2010年11月16日至2011年3月31日。

2010年10月12日，国家公布继续提高2011年小麦最低价格。其中，白小麦、红小麦、混合麦最低收购价分别提高到每50公斤95元、93元和93元，比2010年分别提高5元、7元和7元。

### (三)粮食收购和进出口政策

2010年9月底，国务院对做好秋粮收购和市场调控工作做出部署，主要包括：一是规范收购市场秩序。严格审核收购资格，启动实施对经营者最高库存量限定的规定，加强收购资金监管，督促骨干企业严格执行收购政策。二是适当调整销区采购相关补贴政策。取消关内销区采购东北粳稻的运费补贴政策，继续对南方销区饲料消费大省的企业到东北地区采购玉米给予费用补贴。三是控制玉米深加工过快增长。四是适时有序安排储备回补库存。五是继续实施大豆临时收储政策。

## 三 主要粮食品种生产成本分析

### (一)2010年粮食生产成本收益变化情况

据全国价格主管部门成本调查机构的调查显示，2010年粮食与上年相比：单产持平，成本上升，价格上涨，补贴增多，种粮收益创历史新高。具体情况是：

#### 1.单产持平

受气候条件不稳定影响，2010年主要粮食作物单产呈不同变化趋势。总体来看，三种粮食平均（稻谷、小麦、玉米，下同）每亩产量423.5公斤，与上年持平。其中，受春季低温干旱及下半年南方降雨较多影响，稻谷和小麦亩产分别为447.8公斤和370公斤，分别比上年减少14.7公斤和8.1公斤，减幅分别为3.2%和2.2%；玉米产区的气候条件好于上年，平均亩产452.7公斤，比上年增产22.7公斤，增幅5.3%。

### 2.成本上升

2010年三种粮食平均每亩总成本和现金成本分别为672.7元和348.5元，分别比上年增加41.8元和22.1元，增幅分别为6.6%和6.8%。主要成本项目变动情况：一是主要受用肥旺季化肥价格同比下降影响，虽然每亩化肥施用量（折纯）比上年增加5.8%，但每亩化肥费仅为111元，比上年减少6.7元，减幅5.7%；二是由于机械化率提高和机械作业价格上涨，每亩机械作业费84.9元，比上年增加12.4元，增幅17.1%；三是由于种子价格上涨以及用量增加，每亩种子费39.7元，比上年增加6.2元，增幅18.5%；四是由于劳动力价格持续上涨，虽然每亩用工数量比上年减少4%，但每亩人工成本仍达226.9元，比上年增加8.4元，增幅3.8%①；五是由于种粮用地需求继续保持旺盛，推动土地价格持续上涨，每亩土地成本133.3元，比上年增加18.6元，增幅16.2%。

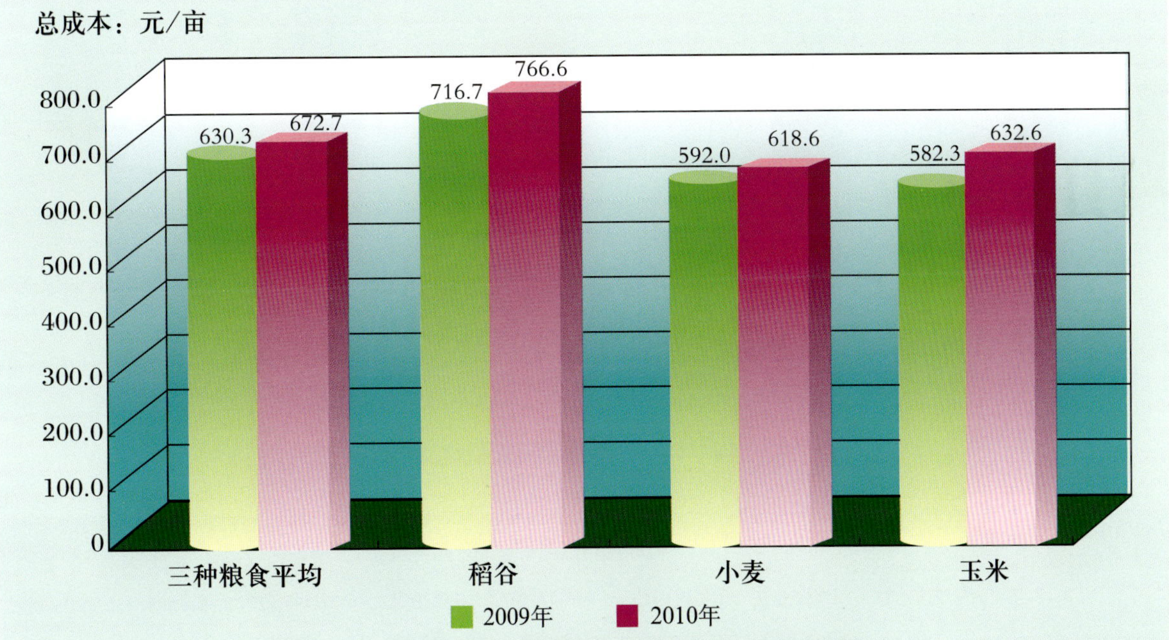


**图1－4 2010年三种粮食每亩总成本变化图**

### 3.价格上涨

受成本持续增加、供求结构变化、涨价预期、投机炒作及国际粮价上涨等多种因素影响，2010年粮食价格继续大幅上涨。农民出售三种粮食全年平均价格每50公斤103.8元，比上年上涨12.5元，涨幅13.7%。其中，稻谷、小麦和玉米分别为118元、99元和93.6元，分别比上年上涨18.9元、6.6元和11.6元，涨幅分别为

①从2010年起，家庭用工劳动日工价计算公式中的全年劳动天数由365日改为250日，文中2009年的人工成本按新公式进行了调整。

19.1%、7.1%和14.1%。

#### 4.收益增加

2010年三种粮食平均每亩净利润和现金收益分别为227.2元和551.3元，分别比上年增加65.2元和84.9元，增幅分别为40.2%和18.2%。每亩实际收益（现金收益加补贴收入）达611.7元，比上年增加88.9元，增幅17%，再创历史新高。其中，稻谷、小麦和玉米每亩实际收益分别为719.3元、477.4元和638.5元，分别比上年增加17.9%、6.8%和24.9%。

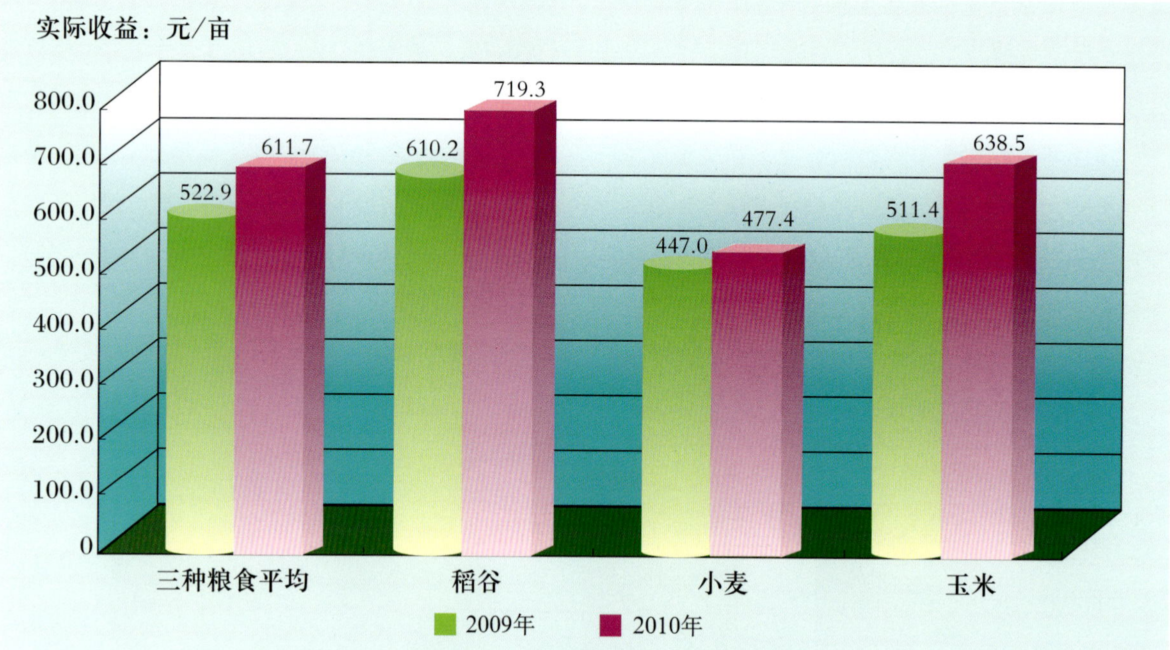


**图1－5 2010年三种粮食每亩实际收益（现金收益加补贴收入）变化图**

### 表1－1 2010年粮食成本收益比较表(一)

单位：元

| 品种 | 每亩总成本 | | 每亩净利润 | | 每50公斤总成本 | | 每50公斤平均出售价格 | |
|---|---|---|---|---|---|---|---|---|
| | 2009年 | 2010年 | 2009年 | 2010年 | 2009年 | 2010年 | 2009年 | 2010年 |
| 三种粮食平均 | 630.3 | 672.7 | 162.4 | 227.2 | 72.6 | 77.6 | 91.3 | 103.8 |
| 稻谷 | 716.7 | 766.6 | 217.6 | 309.8 | 76.0 | 84.0 | 99.1 | 118.0 |
| 早籼稻 | 675.4 | 702.2 | 135.6 | 99.3 | 80.0 | 89.7 | 96.0 | 102.4 |
| 中籼稻 | 690.7 | 750.4 | 262.7 | 353.0 | 68.4 | 74.3 | 94.4 | 109.2 |
| 晚籼稻 | 668.9 | 717.4 | 176.1 | 257.0 | 78.6 | 88.3 | 99.2 | 120.0 |
| 粳稻 | 831.6 | 896.7 | 296.3 | 529.8 | 78.0 | 86.0 | 105.8 | 136.9 |
| 小麦 | 592.0 | 618.6 | 125.5 | 132.2 | 76.2 | 81.6 | 92.4 | 99.0 |
| 玉米 | 582.3 | 632.6 | 144.2 | 239.7 | 65.7 | 67.9 | 82.0 | 93.6 |

表1—2　2010年粮食成本收益比较表(二)

单位：元

| 品种 | 每亩现金成本 | | 每亩实际收益（含补贴收入） | | 每50公斤现金成本 | |
|---|---|---|---|---|---|---|
| | 2009年 | 2010年 | 2009年 | 2010年 | 2009年 | 2010年 |
| 三种粮食平均 | 326.1 | 348.5 | 522.9 | 611.7 | 37.6 | 40.2 |
| 稻谷 | 388.8 | 426.1 | 610.2 | 719.3 | 41.2 | 46.7 |
| 早籼稻 | 360.5 | 378.7 | 510.8 | 484.5 | 42.7 | 48.4 |
| 中籼稻 | 334.2 | 356.3 | 683.6 | 819.6 | 33.1 | 35.3 |
| 晚籼稻 | 361.6 | 403.3 | 542.6 | 636.2 | 42.5 | 49.6 |
| 粳稻 | 498.9 | 566.2 | 703.9 | 937.3 | 46.8 | 54.3 |
| 小麦 | 325.1 | 331.5 | 447.0 | 477.4 | 41.9 | 43.7 |
| 玉米 | 264.4 | 287.9 | 511.4 | 638.5 | 29.8 | 30.9 |

### (二)2010年粮食和主要经济作物效益比较

2010年粮、棉、油、烟的生产成本均继续呈上升趋势，粮、棉、油的收益增加，烤烟的收益减少。粮食相对棉花的比较效益继续下降，相对油料和烤烟的比较效益继续上升。

从比较效益来看，2010年棉花价格大幅上涨，收益增加，粮棉实际收益比（以棉花为1）由上年的0.53下降到0.34。由于油菜籽收益增加幅度低于粮食，粮油实际收益比（以油菜籽为1）由上年的1.58上升到1.68。由于烤烟收益减少，粮烟实际收益比（以烤烟为1）由0.36上升到0.46。

从实际收益水平来看，2010年粮食亩均实际收益低于棉花和烤烟，高于油菜籽。其中，三种粮食各品种亩均实际收益均高于油菜籽，粮食与烤烟的实际收益水平差距缩小。2010年每亩烤烟实际收益1344.2元，仍然高于每亩粮食全年实际收益（按一年两季粮食作物计算，北方地区一亩小麦和一亩玉米的实际收益合计为1115.9元，南方地区一亩早籼稻和一亩晚籼稻实际收益合计为1120.7元，平均每亩粮食实际收益为1118.3元），但收益差距由上年的442.8元减小为226元。2010年棉花价格大幅上涨，收益增加，每亩棉花实际收益1798.5元，比每亩粮食实际收益多680.3元。由于油菜籽收益增幅较小，每亩实际收益仅为363.5元，低于各粮食品种。

## 四　2010年油料作物生产情况及2011年发展趋势

2010年，在复杂的天气、市场和政策环境影响下，油料生产获得了丰收，油料总产量创历史新纪录，实现自2008年以来的“三连增”，确保食用植物油自给率保持基本稳定。

## (一)2010年油料生产继续增产

据统计，全国油料总产量3230万吨，比上年增产76万吨，增长2.4%。但增产量和增长幅度明显低于前两年（2008年油料增产384万吨、增幅约15%；2009年增产201.5万吨，增幅6.8%）。2010年油料生产主要呈现以下特点：

### 1.面积继续扩大

2010年全国油料作物播种面积为1389.0万公顷，比上年增加23.6万公顷，增幅1.7%。花生、油菜、向日葵等主要油料面积扩大，芝麻、胡麻等特色油料作物面积减少。2010年花生面积452.7万公顷，比上年增加15万公顷，增幅3.4%。油菜面积737万公顷，比上年增加9.2万公顷，增幅1.3%。向日葵面积98.4万公顷，比上年增加2.5万公顷，增幅2.6%。芝麻、胡麻面积共77.1万公顷，比上年减少4.2万公顷，减幅5.2%。

### 2.花生增产多

在5种主要油料作物中，增产最多的是花生，2010年全国花生在面积、单产双增加的情况下，产量达到1564.4万吨，创历史新纪录，比上年增加93.6万吨，增幅6.4%。向日葵和胡麻也比上年增产，其中向日葵产量达到229.8万吨，比上年增产34.2万吨；胡麻比上年增产3.5万吨。花生增产占3种作物增产总量的71.3%。2010年油菜籽产量1308.2万吨，比上年减少57.5万吨，减幅4.2%。芝麻比上年减产3.5万吨。

### 3.增减产的区域集中

2010年全国有20个省（区、市）油料增产，其余减产。增产10万吨以上的有辽宁、吉林、湖南3个省，共增产80万吨，其中辽宁增产44万吨、吉林增产20万吨、湖南增产16万吨。减产10万吨以上的有贵州、云南、安徽、江苏4个省，共减产57.3万吨，其中贵州、云南因严重干旱，油菜产量比上年分别减少18.8万吨和15.4万吨，减幅达27%和37%；安徽因面积减少和冬春低温冻害影响，油菜籽减产24.1万吨，减幅15%。

### 4.食用植物油自给率基本稳定

2010年油料、大豆增产，棉花减产导致棉籽油减产，茶籽油、玉米油等稳中略增，扣除食用部分，国产油料折油总量1020多万吨。按照2010年食用植物油消费量2400多万吨测算，食用植物油自给率稳定在42%以上。

2010年油料生产持续增产的主要因素：一是花生种植效益稳定。在油菜、大豆等作物种植比较效益明显下降的情况下，花生由于市场价格较好，种植效益比较稳定，使花生面积继续扩大，特别是东北农牧交错区，充分发挥花生比较耐旱耐瘠薄的特点，在干旱风沙区大力发展花生生产。加上气候总体正常和技术推广，全国花生平均亩产达到230公斤，比上年提高6公斤，创历史新高。二是加大政策支持力度。在继续实施良种补贴，油料大县奖励，大豆、油菜籽临时收储政策的基础上，2010年国家启动实施了花生良种补贴政策，补贴资金4亿元。其中，1亿元补贴花生良种繁育，每亩补贴50元；3亿元补贴大田用种，每亩补贴10元。此外，提高了大豆和油菜籽临时收储价格，大豆临时收储价格从上年的每公斤3.70元提高到3.80元；油菜籽从3.70元提高到3.90元。三是扩大高产创建规模。2010年国家继续加大油料高产创建实施力度，油菜万亩示范片由250个增加到270个；大豆万亩示范片由150个增加到180个；花生万亩示范片保持在100个。万亩示范片油菜平均亩产达到182公斤，比全国平均高64公斤；花生325公斤，比全国平均高95公斤；大豆200公斤，比全国平均高82公斤。油料主产区的省、地（市）、县及乡镇也纷纷安排资金，举办万亩、千亩、百亩高产示范片，通过示范片集成推广高产栽培技术，以点带面，促进平衡增产。四是加强行政工作推进和专家指导力度。为促进油料生产发展，各地召开各种会议研究和部署油料生产，在生产关键时节组织行政和技术人员下乡督导，组织专家制定并下发油料作物生产技术意见，并开展培训和现场技术指导等。

### (二)2011年油料生产发展趋势

2011年，油料生产面临的困难进一步加大。一是油菜、大豆等作物比较效益继续下降，影响农民种植油料的积极性。2010年以来各种粮棉油糖等农产品价格普遍上涨，但油料特别是油菜、大豆涨幅是最低的。加上补贴政策的影响，长江流域种植油菜的收益明显低于小麦，东北种植大豆的收益明显低于玉米，可能造成油菜、大豆等油料作物面积减少，特别是大豆面积有可能出现较大滑坡。二是机械化程度低。花生、油菜等油料作物播种、管理、收获大多以人工操作为主，费工费时。尽管近几年大力推广油料机种机收技术，但受多种因素制约进展缓慢。在人工成本不断增长的情况下，农民种植油料的积极性下降，成为制约油料生产发展的重要因素。三是极端天气日益频繁，对油料生产的影响加剧。四是食用植物油市场价格平稳运行，上涨空间比较小，对生产的拉动作用不突出。

总体分析，2011年油料生产将保持基本稳定的趋势，油料面积将基本稳定。如气候总体正常，油料总产有可能稳中有增。大豆因面积减少，产量难以稳定。其他油料资源如棉籽、油茶籽等将呈增长的趋势。

## 五 全国新增1000亿斤粮食生产能力规划实施情况

根据国务院办公厅印发的《全国新增1000亿斤粮食生产能力规划（2009～2020年）》（以下简称《规划》），2010年国家安排中央预算内投资65亿元，在规划确定的800个产粮大县启动实施了田间工程及农技服务体系建设。其中，田间工程项目主要是按照成片区开发、整体推进的原则，加强以小型农田水利为基础的田间设施建设，配套实施土地平整、机耕道、土壤改良等工程、技术措施，逐步把粮食生产核心区和非主产区产粮大县的中产田建成旱涝保收的高产田、把低产田改造成产量稳定的中产田，形成一批区域化、规模化、集中连片的商品粮生产基地；农技服务体系项目主要是按照综合建站、添平补齐的原则，新建或改造县级植保站、土肥站和技术推广站等，改善农技服务条件，提高病虫害防控、地力培肥、技术推广等粮食生产服务能力。

从项目安排结构看，田间工程是项目建设的重点，投资规模占项目总投资80%左右，县级农技服务体系作为粮食生产的支撑保障，投资规模占项目总投资20%左右。从分省投资安排情况看，按照《规划》提出的钱粮挂钩（即资金投入与粮食增产任务挂钩）的原则，粮食主产省是项目投入的重点，13个粮食主产省共计安排中央投资60.3亿元，占中央总投资的92.8%；11个非粮食主产省安排中央投资4.7亿元，占中央总投资的7.2%。

2010年是《规划》田间工程及农技服务体系建设项目全面启动实施的第一年，有关省（区、市）按照要求加强领导，明确责任，统筹规划，合理布局，细化具体建设任务，优化工程建设方案，落实地方配套投资，加强项目建设和资金使用监管，全力抓好项目实施工作，总体上看，项目建设进展顺利，开局良好。初步汇总，通过实施土地平整改良、灌排泵站改造、沟渠整治衬砌等田间工程项目建设，建成高产稳产粮田1300万亩左右，新增和改善灌溉面积800多万亩，形成了成片区的生产基地，实现了粮食规模化、区域化生产，提高了粮食生产能力和规模效益，为促进全国粮食连年增产发挥了积极作用。

此外，国家还安排中央投资60多亿元，用于规划范围内大型灌区续建配套与节水改造、大型灌排泵站更新改造项目建设；安排中央财政农业综合开发资金100多亿元，用于规划内部分产粮大县的中低产田改造、中型灌区节水配套改造和小型农田水利重点县建设补助；安排新增建设用地有偿使用费100多亿元，用于土地整理。初步预计，上述项目实施后，可恢复、改善和新增灌溉面积4000多万亩，项目区新增粮食生产能力80亿斤左右。

# 第二部分

## 粮食流通

# 一 2010年粮食流通情况分析

## (一)2010年粮食商品量32147万吨，商品率59%，比上年提高3个百分点

2010年，全国粮食商品量32147万吨，商品率为59%，比上年提高3个百分点。粮食商品量继续较大幅度增加的主要原因：一是各地特别是粮食主产区在党中央、国务院的坚强领导下，努力克服较为严重的自然灾害等不利因素的影响，粮食生产再创历史最高水平。粮食增产以及农民生活方式的转变，使农民出售的余粮数量继续增加，可供市场流通的商品粮数量比上年增加2400万吨，增幅为8%。二是国家继续采取粮食最低收购价和临时收储等强农惠农政策，有效保护了种粮农民利益，促使农民积极售粮。分品种看，除早籼稻由于减产，商品量下降外，其他主要粮食品种均有不同程度的增加。分地区看，商品量增加主要集中在东北和黄淮海地区，全国共有9省（区）商品粮增量在100万吨以上，其中黑龙江、吉林两省增量明显，在500万吨以上。全国有1/4的商品粮出自黑龙江、河南，两省粮食商品量分别为4311万吨和3916万吨。

## (二)粮食收购同比增加

2010年，国家在主产区继续实行小麦、稻谷最低收购价政策，并适当提高了最低收购价水平。江苏、安徽、山东、河南、湖北等5省启动了小麦最低收购价执行预案。开秤后，小麦收购价格逐步走高，在市场价格明显高于最低收购价水平时，国家有关部门果断停止了托市收购，维护了粮食市场稳定。由于稻谷市场价格高于最低收购价水平，预案没有启动。最低收购价政策的贯彻落实，为保护农民种粮积极性发挥了积极作用。2010年国家继续对油菜籽、大豆实行托市收购政策，收储价格也相应有所提高。为鼓励加工企业入市收购，对指定加工企业按照不低于国家确定的托市收购价格挂牌收购农民交售的油菜籽，中央财政继续按每市斤0.1元的标准给予一次性费用补贴，并适当增加了主产区纳入补贴范围的地方油脂加工企业数量。在政策的引导下，各类企业积极入市，收购进度较快，价格明显回升，市场机制得到了有效发挥，既保护了农民利益，促进了油料生产发展，又提高了国内油脂加工企业的竞争力，促进了国内食用油产业的健康发展。此外，为维护新疆地区粮食市场和社会稳定，国家有关部门下达了新疆地区2010年产小麦国家临时收储计划，同时将不完善粒在20%以内的芽麦也列入临时收储范围，由中储粮总公司组织收购。

2010年，社会各类粮食企业（包括国有粮食企业、重点非国有粮食企业和转化用粮企业）共收购粮食27975万吨（贸易粮，下同），与上年相比增加1337万吨。其中，收购小麦9410万吨，同比减少185万吨；大米5093万吨，同比增加247万吨；玉米11715万吨，同比增加1057万吨；大豆1438万吨，同比增加227万吨。

### 1.国有粮食企业收购粮食12406万吨，与上年相比减少2817万吨

其中小麦收购6178万吨，同比减少656万吨；大米2136万吨，同比减少502万吨；玉米3334万吨，同比减少1655万吨；大豆649万吨，同比减少4万吨。各主要粮食品种收购都减少，主要原因：一是受通胀预期影响，粮食市场价格上涨，小麦、稻谷最低收购价和玉米、大豆国家临时收储价格低于市场价，当年国家政策性收购量锐减；二是多元主体入市收购积极，收购量增加较多，而国有企业虽然自营收购增加，但因国家政策性收购减少较多，收购量占全社会各类企业收购的比重由上年的57%下降到44%。

2010年共收购最低收购价、国家临时收储等政策性粮2816万吨。其中收购最低收购价小麦2311万吨，国家临时存储小麦86万吨、玉米44万吨、大豆374万吨。

### 2.重点非国有粮食企业和转化用粮企业粮食收购量继续增加

2010年，各级粮食部门继续积极引导和鼓励多元主体入市收购，发挥市场机制的作用，促进粮食流通产业发展，增加农民收入。全年重点非国有粮食企业粮食收购10000万吨，比上年增加2756万吨，增幅达38.0%，其中小麦、大米和玉米三大谷物品种的收购量分别比上年增加430万吨、733万吨、1368万吨，大豆增加208万吨。重点转化用粮企业粮食收购5569万吨，比上年增加1398万吨，增幅达33.5%，其中玉米收购比上年增加1344万吨。

## (三)粮食销售同比增加

2010年，为实现中央提出的管理好通胀预期、稳定消费价格总水平、保障群众基本生活等目标，国家有关部门适时适量竞价销售政策性粮食，合理安排拍卖粮源，向市场定期投放国家政策性粮食，有针对性地增加了价格敏感地区和重点用粮地区的投放数量，确保了居民口粮消费和企业用粮需要。

国有粮食企业累计销售粮食18911万吨，比上年增加2218万吨，再创历史新高。分品种看，小麦销售7569万吨，同比增加475万吨；大米3048万吨，同比减少6万吨；玉米6455万吨，同比增加1193万吨；大豆1663万吨，同比增加517万吨。销售增加较多的主要原因：一是为确保粮食市场供应和价格稳定，国家有关部门加强宏观调控，增加政策性粮食投放量，同时加大对承储企业粮食出库的督导，政策性粮食销售出库较多；二是随着经济形势好转，饲料和养殖企业、加工和深加工企业开工率提高，粮食需求旺盛；三是市场行情较好，企业购销活跃，国有粮食企业销售增加。

2010年，公开竞价销售的政策性粮油品种和数量均大幅增加，投放数量和成交数量均创历史新高，全年国家政策性粮食销售出库达到7374万吨，占国有粮食企业销售总量的39%。其中中央储备小麦销售1万吨、大米204万吨、玉米852万吨；最低收购价小麦销售3468万吨、大米173万吨；国家临时存储进口小麦销售653万吨、大米销售338万吨、玉米销售1684万吨、大豆销售1万吨。

## (四)粮油市场价格整体稳步上扬，部分品种价格上涨幅度较大

2010年国内各种自然灾害频发重发，由于受劳动力和土地成本上涨推动种植成本上升、国家继续提高粮食最低收购价格、国际市场粮价上涨等因素的影响，国内粮油市场价格全面持续上行，但涨幅明显小于国际粮价上涨幅度，其中玉米、稻谷收购价格涨势强劲。据监测，2010年末，主产区国内各主要粮食品种每50公斤市场收购价格为：小麦100元、早籼稻101.6元、中籼稻107.6元、晚籼稻111.2元、粳稻133.3元，分别比上年同期增长7.8%、11.5%、15.3%、16.9%和23%；玉米、大豆收购价格为92.2元和192.6元，同比分别上涨13.1%和3.6%。受原粮收购价格上涨的推动，成品粮油零售价格也出现不同程度的上涨。2010年末，全国晚籼米、粳米和小麦粉每50公斤平均零售价格为182元、227元、169元，同比分别上涨10.3%、14.6%、7.6%；豆油、菜籽油和花生油每50公斤零售价格为534元、591元和983元，同比分别上涨14.1% 、13.9%和5.1%。

2010年，国家在主产区继续实行小麦、稻谷最低收购价政策，其中江苏等5个主产省在新粮上市初期启动了小麦最低收购价执行预案；在部分地区继续实行临时收储收购政策，对主产区油菜籽、大豆实行托市收购；对新疆2010年产小麦实行临时收储政策。最低收购价和国家临时收储政策的落实，保护了农民种粮积极性，维护了种粮农民利益，增强了粮食宏观调控能力，为保证市场供应、稳定粮食价格、促进粮食产业健康发展发挥了积极作用。

## (五)社会粮食库存总量继续增加，库存粮食品种结构和地区结构矛盾依然存在

### 1.国有粮食企业库存同比减少

2010年，在党中央、国务院的坚强领导和地方各级党委、政府及各部门的共同努力下，粮食生产实现了连续七年增产，但受经济环境和自然灾害的影响，粮食市场价格上涨压力较大。为稳定市场价格，保证市场供应，国有粮食企业政策性粮食收购减少、销售增加，年末国有粮食企业库存减少，但仍处于较高水平，完全可以保证市场供应。国有粮食企业库存结构发生变化：国家政策性粮食库存减少较多，商品周转库存增加，地方储备库存增加，地方政府调控区域市场的能力进一步增强；小麦、大米、玉米库存减少，大豆库存增加；主产区库存比例下降，主销区、产销平衡区库存比例上升，粮食库存品种结构和区域布局继续优化。

### 2.非国有粮食企业库存和转化用粮企业粮食库存均增加

国家有关部门和各地粮食部门采取多种措施，引导和规范各类粮食经营和加工企业的收购行为，积极为各类粮油经营企业提供信息服务，鼓励多元主体参与粮食流通、活跃粮食市场，非国有粮食企业和加工转化企业粮食经营量继续增加，年末非国有粮食企业库存增加，转化用粮企业粮食库存也增加。

### 3. 城乡居民存粮大幅增加

2010年末农户和城镇居民存粮在30000万吨左右，比上年增加3300万吨。从品种和地区看，小麦、稻谷、玉米等主要粮食品种库存均比上年增加，部分主销区和产销平衡区库存相对平稳，

东北三省一区、河北、山西、安徽、山东、新疆等地库存增加较多。城乡居民存粮继续上升的主要原因：一是由于粮食增产较多、农户储粮条件改善、市场价格不断上涨，国家收购政策有力支持等因素，使得农民更加学会关注市场变化，适时出售手中余粮，期待惜售迟销获益；二是人口刚性增长，城镇化进程加快，达到50%，城镇居民存粮增加较多。

# 二 2011年粮油流通形势预测

## （一）粮食生产稳定发展，粮食供需基本平衡，食用植物油产需缺口较大

2011年，国家继续完善各项强农惠农政策，加大了粮食生产基础设施建设的投入力度，粮食生产仍将保持良好的发展态势。由于继续扩大粮食种植面积的空间有限，预计2011年粮食播种面积与上年基本持平，如果粮食主产区不发生大的自然灾害，粮食产量将保持基本稳定，但粮食总产已经连续七年增产，继续增长的难度非常大。当年国内粮食消费仍将保持稳步增长的趋势，粮食供需总量保持基本平衡，但个别品种矛盾突出。分品种看，小麦、籼稻产略大于需，粳稻产需基本平衡，玉米产需趋紧，大豆产需缺口将进一步加大，需要进口弥补。

预计2011年食用植物油消费增速放缓，但由于国内油料产量增长的动力和空间均有限，产不足需的矛盾依然突出，食用植物油和油料的进口量将会有所增加。

## （二）多元主体入市积极，粮食市场购销活跃，省际间流通数量稳步增加

由于城镇化进程的逐渐加快、粮食生产集约化程度的不断提高和农民生活方式的悄然改变，我国粮食商品率逐年稳步上升。随着国家新增1000亿斤粮食生产能力规划的实施，核心产区和后备产区粮食综合生产能力将进一步提高，粮食生产向主产区集中的趋势更加明显，奠定了全国粮食大市场、大流通的格局，粮食流通进一步活跃。预计2011年粮食省际间流通数量将会保持增长态势，国有粮食企业仍将发挥主渠道的作用，但多元主体包括外商企业将更加积极主动地参与粮食经营，粮食市场流通形势更加繁荣。

## （三）粮食市场价格存在上涨压力，总体将继续保持在高位运行，变动空间不会太大

预计2011年市场粮价整体将保持平稳上升的走势，但变动的幅度和空间不会太大。推动粮价上涨的主要原因：一是由于国际原油价格不断上涨，带动化肥、柴油等农资价格上涨，加上劳动力价格上涨，推高了粮食生产成本，将直接推动粮价上涨；二是2011年国家继续提高小麦、稻谷

最低收购价格水平，在必要时还会采取玉米、大豆、油菜籽等临时收储政策，这将在一定程度上引导市场价格在高位运行；三是国内流动性仍比较充裕，市场对粮食等农产品涨价的预期依然较强；四是世界粮食产量下降、消费增长较快，库存减少较多，粮食供需由基本平衡转向偏紧；五是在全球流动性过剩的情况下，粮油等大宗农产品金融属性凸显，投机炒作推高粮价的可能性较大。抑制粮价上涨的因素：一是2010年国内粮食再获丰收，产量创历史新高，国家粮食库存处于较高水平；二是国家加大粮食宏观调控力度，定期向市场投放国家政策性粮食，继续实行小麦、稻谷和食用植物油定向销售政策，有效增加了市场投放数量，有利于维护市场价格的基本稳定；三是国家高度重视粮食生产和流通工作，一系列强农惠农政策的实施，有力地促进了我国粮食生产的稳定发展，供需平衡的格局短期内不会改变；四是随着我国稳健货币政策的实施，将有利于稳定社会通胀预期，从而引导国内粮食市场价格的平稳运行。

分品种看，预计小麦、稻谷和玉米价格都将保持平稳向上运行趋势，在新粮上市前会出现小幅波动，但波动的幅度和持续时间都会小于往年。由于受国际市场影响较大，国内大豆和食用植物油价格将在较高价位随着国际价格的变动上下波动。

## 三 2010年粮油进出口贸易情况

### （一）粮食进出口情况

2010年我国粮食（包括大豆，下同）进口总量6050.4万吨，比上年增加1480.2万吨，增长32.4%，高于上年15.1个百分点；粮食出口总量136.2万吨，比上年减少30.7万吨，下降18.4%。全年粮食净进口量达5914.2万吨，比上年增加1510.9万吨，增长34.3%。

**表2-1 2009～2010年我国粮食进出口数量**

单位：万吨

| 品种 | 进口 | | | 出口 | | | 净进口 | | |
|---|---|---|---|---|---|---|---|---|---|
| | 2009年 | 2010年 | 增长(%) | 2009年 | 2010年 | 增长(%) | 2009年 | 2010年 | 增长(%) |
| 粮食 | 4570.2 | 6050.4 | 32.4 | 166.9 | 136.2 | −18.4 | 4403.3 | 5914.2 | 34.3 |
| 谷物 | 315.0 | 570.7 | 81.2 | 132.3 | 119.9 | −9.4 | 182.8 | 450.9 | 146.6 |
| 其中：小麦 | 90.4 | 123.1 | 36.1 | 24.5 | 27.7 | 13.2 | 65.9 | 95.3 | 44.7 |
| 大米 | 35.7 | 38.8 | 8.8 | 78.6 | 62.2 | −20.8 | −42.9 | −23.4 | −45.5 |
| 玉米 | 8.4 | 157.3 | 1762.2 | 13.0 | 12.7 | −1.74 | −4.5 | 144.6 | −3305.6 |
| 大麦 | 173.8 | 236.7 | 36.2 | | | | | | |
| 大豆 | 4255.2 | 5479.7 | 28.8 | 34.7 | 16.4 | −52.8 | 4220.5 | 5463.4 | 29.4 |

2010年粮食进出口主要特点是：

### 1.谷物进口明显增加，出口继续下降

据海关统计，2010年我国谷物及其制粉进口（包括大米、小麦、玉米及其制粉）570.7万吨，比上年增长81.2%，占全年粮食进口总量的9.4%，比上年上升2.5个百分点；谷物出口120万吨，下降9.4%。

从主要品种看：稻谷及大米进口38.8万吨，比上年增长8.8%。其中自泰国进口大米32.1万吨，占稻米进口总量的82.7%，比上年下降11.4个百分点；自缅甸、老挝、越南进口6.82万吨，占17.6%，比上年提高11.9个百分点。稻米出口62.2万吨，下降20.8%。其中对亚洲出口42.2万吨，下降7.7%；对非洲出口15.3万吨，下降41.4%。玉米进口157.3万吨，是上年的18.7倍，主要是自美国进口玉米150.3万吨，占进口总量的95.5%；出口玉米12.7万吨，与上年持平。小麦及其制粉进口123.1万吨，比上年增长36.1%，主要是国内对优质小麦需求增加；出口小麦及其制粉27.7万吨，比上年增长13.1%。

2010年实行进口关税配额管理的小麦、大米、玉米三大粮食品种实际进口量分别占关税配额市场准入量的12.8%、21.8%和7.3%。

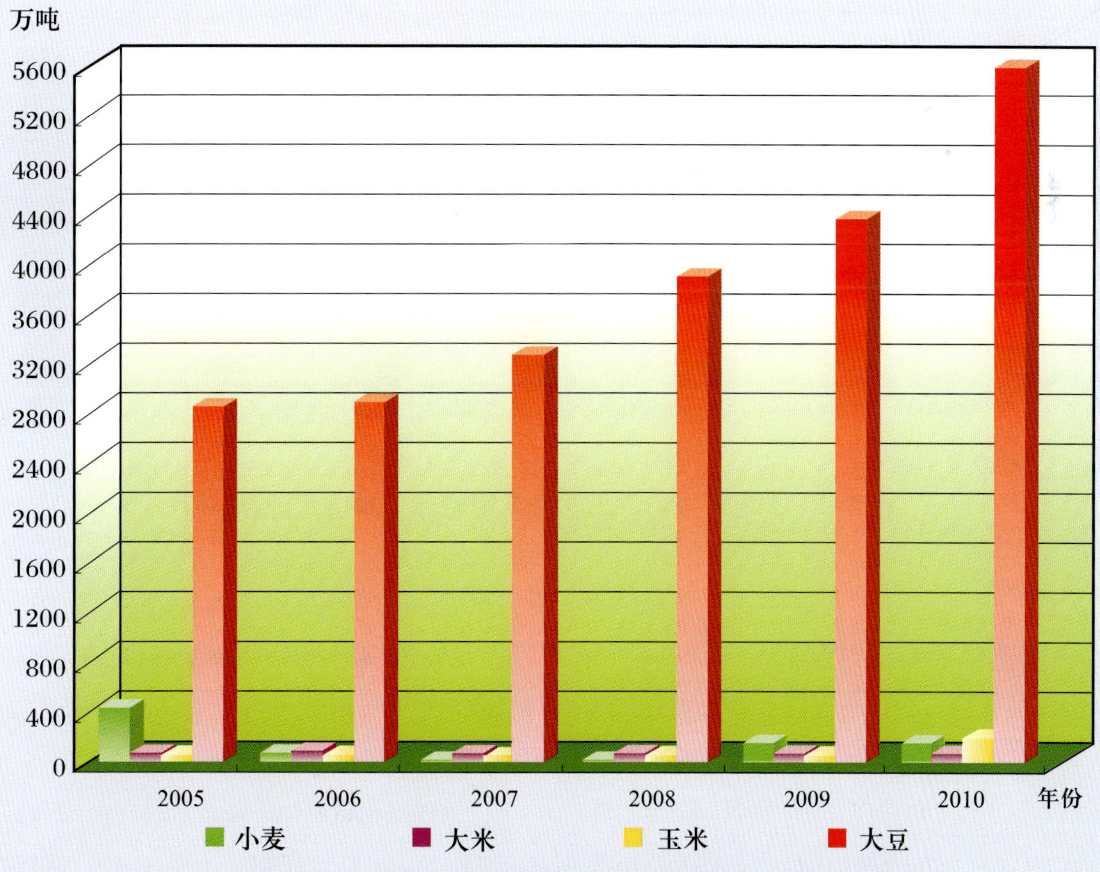


**图2-1 2005～2010年我国主要粮食品种进口情况**

2.大豆进口大幅增加

2010年我国进口大豆5479.7万吨，同比增加1224.5万吨，增长28.8%，占全年粮食进口总量的90.6%；大豆出口16.4万吨，下降52.8%。

从大豆进口国别看，自美国进口2359.4万吨，增长8.2%，占进口总量的43.1%，比上年下降8.2个百分点；自巴西进口1858.8万吨，增长16.2%，占进口总量的33.9%，下降3.7个百分点；自阿根廷进口1119万吨，增长198.8%，占进口总量的20.4%，提高11.6个百分点。

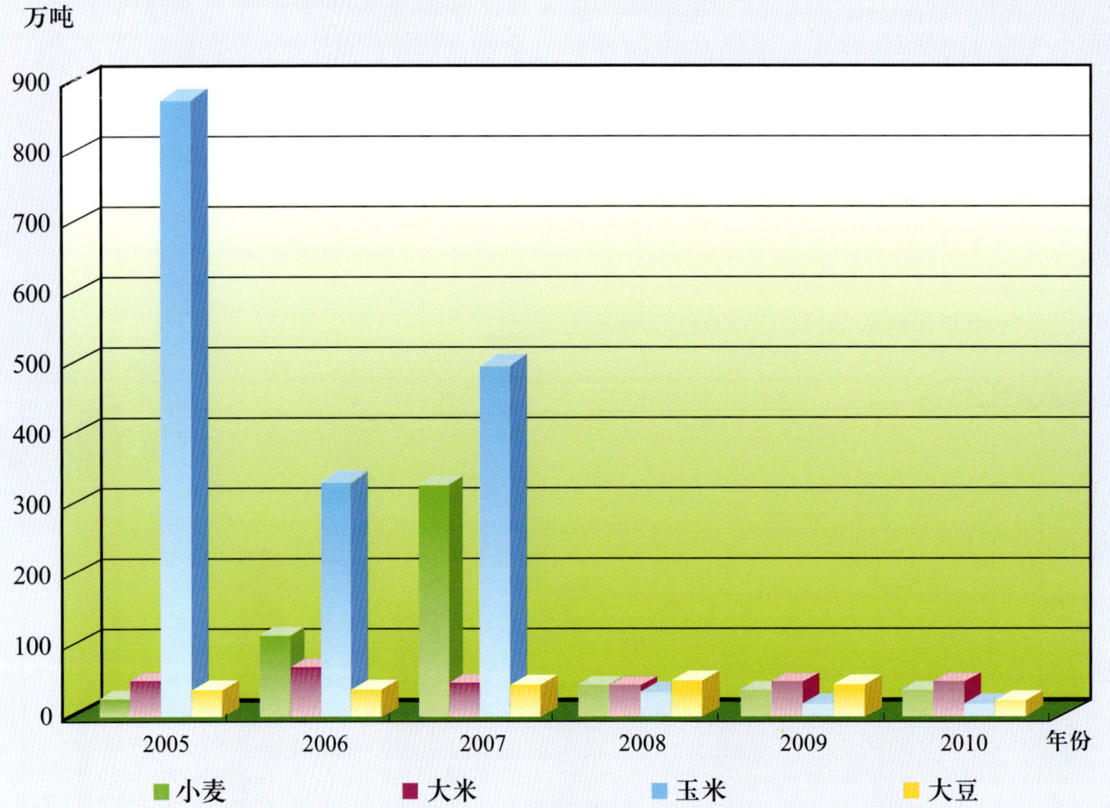


图2-2 2005～2010年我国主要粮食品种出口情况

## (二)食用植物油进出口情况

据海关统计，2010年我国食用植物油进口687.3万吨，下降15.8%，进口价值为60.27亿元，增长2.2%；出口9.2万吨，下降18.9%，出口价值为1.23亿元，下降19.2%。全年净进口678万吨，比上年下降15.8%。

2010年我国食用植物油进出口主要呈现以下特点：

1.主要品种进出口有增有减

豆油进出口大幅下降：进口134.1万吨，下降43.9%；出口5.9万吨，下降14.4%。菜籽油进口大幅增加，出口下降：进口98.5万吨，增长

### 表2–2 2009～2010年我国食用植物油进出口数量

单位：万吨

| 品种 | 进口 | | | 出口 | | | 净进口 | | |
|---|---|---|---|---|---|---|---|---|---|
| | 2009年 | 2010年 | 增长(%) | 2009年 | 2010年 | 增长(%) | 2009年 | 2010年 | 增长(%) |
| 食用植物油 | 816.3 | 687.3 | −15.8 | 11.4 | 9.2 | −18.9 | 804.9 | 678.0 | −15.8 |
| 其中：豆油 | 239.1 | 134.1 | −43.9 | 6.9 | 5.9 | −14.4 | 232.2 | 128.2 | −44.8 |
| 菜籽油 | 46.8 | 98.5 | 110.8 | 0.9 | 0.4 | −58.4 | 45.8 | 98.2 | 114.1 |
| 花生油 | 2.1 | 6.8 | 230.3 | 1.0 | 0.8 | −20.5 | | | |
| 棕榈油 | 511.4 | 431.4 | −15.6 | | | | | | |

110.8%；出口0.4万吨，下降58.46%。棕榈油进口下降：进口431.4万吨，比上年下降15.6%。

### 2.自阿根廷和东盟进口量下降

2010年，我国自东盟成员国马来西亚和印度尼西亚两国进口食用植物油合计431万吨，比上年下降15.7%。自阿根廷进口30.5万吨，下降84.7%；自巴西、加拿大、美国3国进口量大幅增加，全年进口合计210.2万吨，增加111.9%，占进口总量的30.6%，提高了18.4个百分点。

### 表2–3 2010年我国食用植物油进口主要国别情况

| 国别 | 进口量（万吨） | 比上年增长（%） |
|---|---|---|
| 总计 | 687.3 | −15.8 |
| 其中：马来西亚 | 268.1 | −19.3 |
| 印度尼西亚 | 162.9 | −9.0 |
| 阿根廷 | 30.5 | −84.7 |
| 巴西 | 90.4 | 81.2 |
| 加拿大 | 91.3 | 108.5 |
| 美国 | 28.5 | 421.0 |

### 3.进口平均价格大幅上涨

受国际市场油脂价格上涨影响，我国进口食用油价格均大幅上涨。2010年豆油进口均价为987.4美元/吨，上涨16.5%；菜籽油为934.8美元/吨，上涨15.9%；棕榈油为831.3美元/吨，上涨22.9%。

另据海关统计，2010年我国进口食用油籽202.8万吨，比上年下降43.7%。其中油菜籽进口160万吨，比上年下降51.3%，全部自加拿大进口，进口均价486.2美元/吨，比上年上涨48%。

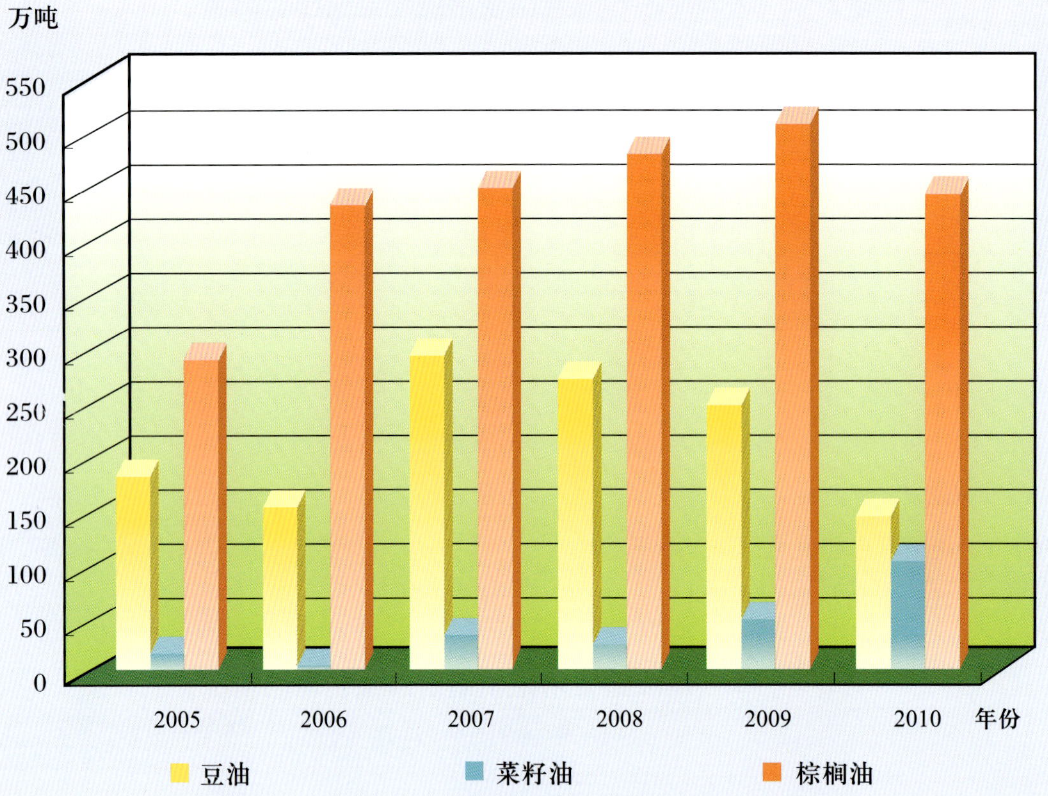


图2-3　2005～2010年我国食用植物油进口情况

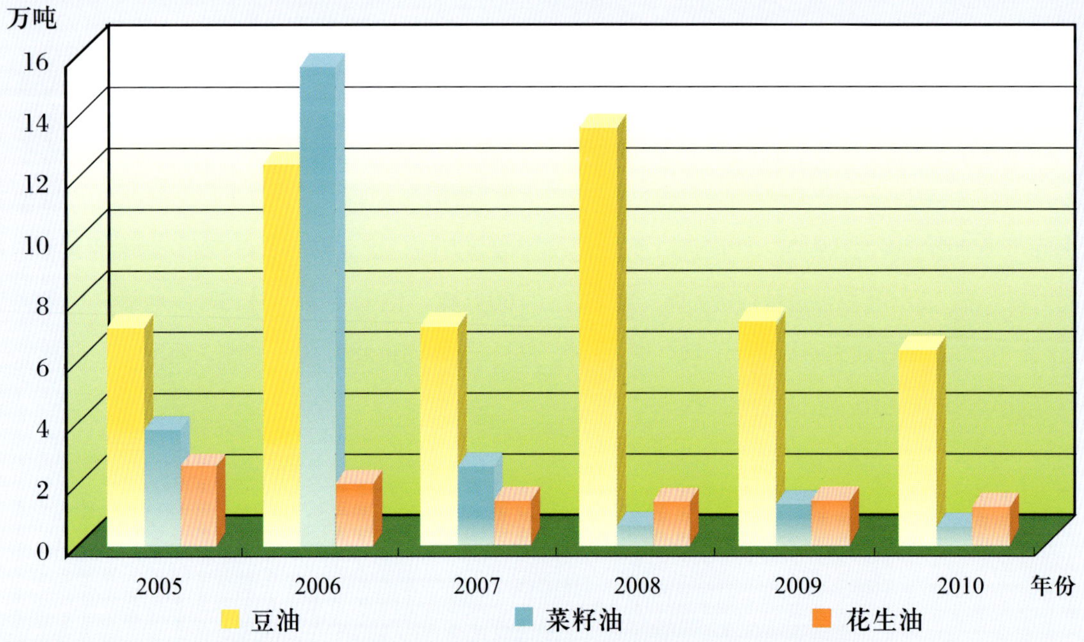


图2-4　2005～2010年我国食用植物油出口情况

# 四 2010年粮食价格情况分析及2011年预测

2010年，国内市场粮食价格持续上涨且涨幅较大，国际市场粮食价格先波动下降后大幅上涨。预计2011年国内市场粮食价格将稳中有升，国际市场粮食价格呈震荡上涨态势。

## (一)2010年粮食市场价格情况

### 1.国内市场粮食价格普遍上涨，收购价格涨幅大于零售价格，其中粳稻、玉米、粳米涨幅较大

(1)原粮收购价格上涨较多。2010年，受部分地区粮食因灾减产、部分品种需求增加较快、市场涨价预期和农民惜售心理较强，以及粮食生产成本上升、国家继续提高最低收购价等多种因素影响，国内粮食收购价格继续上涨且涨幅较大。全年平均，主产区稻谷、小麦、玉米三种粮食平均收购价格为每50公斤98.9元，比上年上涨12.1%，其中早籼稻、晚籼稻、粳稻、小麦和玉米分别上涨4.1%、8.5%、22.9%、7.8%和17.4%。

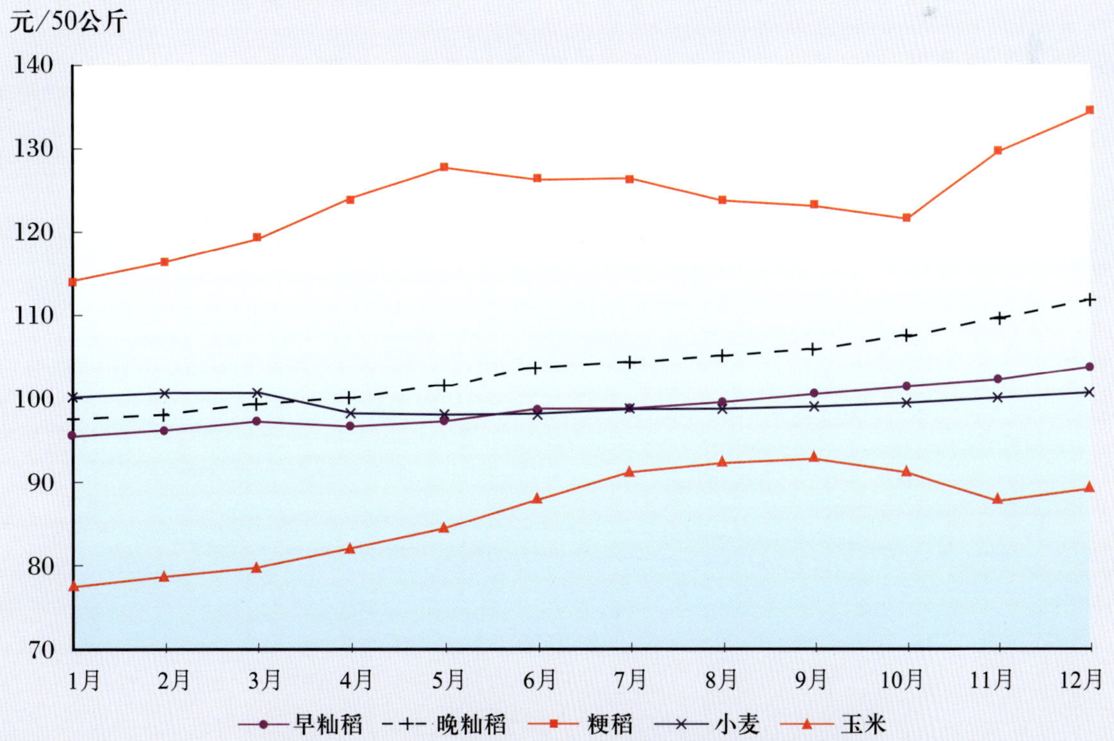


图2-5 2010年国内市场粮食收购价格走势图

一是粳稻收购价格先快速上涨后略有下降，新稻上市后再度上涨，涨幅居粮食各品种之首。受上年东北粳稻减产、需求增加较多、市场供应偏紧等因素影响，1～5月粳稻收购价格上涨较快；随着国家不断加大市场调控力度，6～10月持续小幅回落；新稻上市后，价格高开并持续上升，11月上涨较多，12月趋于平稳。全年平均，粳稻收购价格为每50公斤125.4元，比上年上升22.9%。

二是籼稻收购价格持续上升。新稻上市前，籼稻收购价格逐月小幅上升；新稻上市后，价格普遍高开高走。进入11月，随着元旦、春节临近，市场需求趋旺，加之市场涨价预期较强等因素影响，晚籼稻价格上涨较快，12月趋于平稳。全年平均，早籼稻、晚籼稻收购价格分别为每50公斤100.2元、104元，比上年上升4.1%、8.5%。

三是小麦收购价格呈先稳后涨再稳走势。1～5月小麦收购价格保持基本稳定，6月新麦上市后，受部分地区小麦减产、部分中储粮委托收购库点加价收购托市小麦等因素影响，新麦价格普遍高开且上市初期上涨较快；7～11月，随着国家规范收购市场秩序、加大储备投放、定向销售小麦等措施的落实，价格逐步趋于平稳，12月中旬后略有回落。全年平均，小麦收购价格为每50公斤100元，比上年上升7.8%。

四是玉米收购价格先快速上涨后稳中趋降，涨幅仅次于粳稻。受上年东北玉米因灾减产、需求增加等因素影响，1～6月玉米价格持续上涨；7月以后，随着国家增加储备玉米投放、取消酒精和玉米淀粉出口退税等一系列调控政策效果的逐步显现，价格趋于稳定并略有下降。全年平均，玉米收购价格为每50公斤86.1元，比上年上升17.4%。

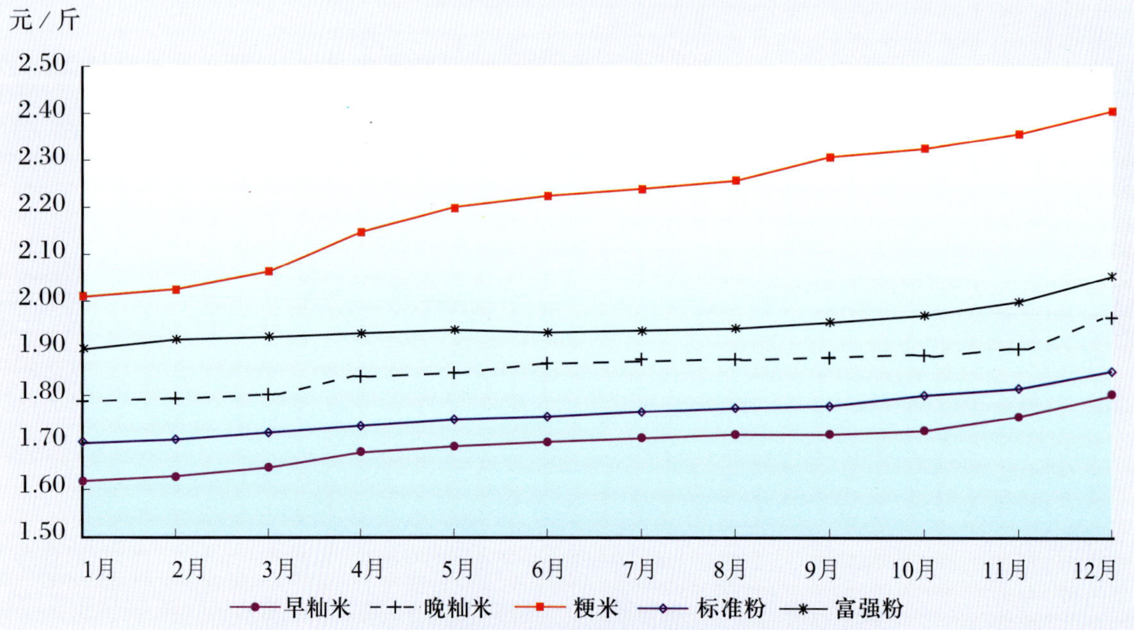


**图2-6 2010年国内市场成品粮零售价格走势图**

**(2)成品粮零售价格逐月小幅上升，全年价格涨幅较上年扩大。**受原粮收购价格上涨影响，2010年成品粮零售价格逐月上升，各品种价格涨幅较上年均有所扩大，其中粳米涨幅最大。全年平均，36个大中城市早籼米、晚籼米、粳米、标准粉和富强粉零售价格分别为每公斤3.42元、3.74元、4.44元、3.52元和3.94元，比上年分别上升9%、7.7%、17.6%、6.8%和6.6%，涨幅比上年分别高4.5个、3.3个、12.5个、2.6个和3个百分点。

### 2.国际市场粮食价格先波动下降、后大幅上涨，小麦、玉米价格高于上年，大米价格低于上年

2010年上半年，在全球粮食保持供大于需的格局下，国际市场粮食价格呈波动下降态势，其中大米降幅较大。下半年，因俄罗斯持续干旱导致小麦减产1/3左右，以及美国实行第二轮“量化宽松”货币政策、投机资金炒作加剧等因素影响，国际市场粮食价格大幅上涨。芝加哥市场小麦、玉米期货价格分别于12月29日、12月31日创2008年9月以来（28个月）新高，每吨分别达294美元、248美元，比6月份年内最低点上涨86.7%、93.6%，但仍比2008年3月、6月历史最高点低37.7%、16.7%。泰国大米现货价格12月1日创2010年2月以来（10个月）新高，每吨达547美元，比7月份年内最低点高27.5%，但仍比2008年5月历史最高点低45.3%。

**小麦。**由于全球小麦供应充足、需求偏弱，国际市场小麦价格1～6月波动下降。7～9月，俄罗斯、乌克兰和哈萨克地区持续干旱，小麦产量下降较多，受此影响，小麦价格大幅上涨，10～11月小幅回落，12月再度上涨。全年平均，芝加哥市场小麦期货价格为每吨213美元，比上年上升9.4%。

**玉米。**由于南美玉米产区天气良好，国际市场玉米价格1～6月波动下降。7～12月，受美国和南美玉米产区天气干旱、市场需求旺盛、石油价格震荡走高等因素影响，玉米价格持续大幅上涨。全年平均，芝加哥市场玉米期货价格为每吨168美元，比上年上升13.9%。

**大米。**1～7月，由于泰国、越南等稻米主产国新季稻米收获，市场供应增加，国际市场大米价格逐月下降。8～12月，受泰国、印度、巴基斯坦等稻米主产国遭遇洪涝灾害、国际市场大米需求趋旺等因素影响，大米价格持续上涨。全年平均，泰国市场大米（含碎10%）现货离岸价为每吨489美元，比上年下降11.4%；越南大米（含碎5%）现货离岸价平均为每吨424美元，比上年下降1.4%。

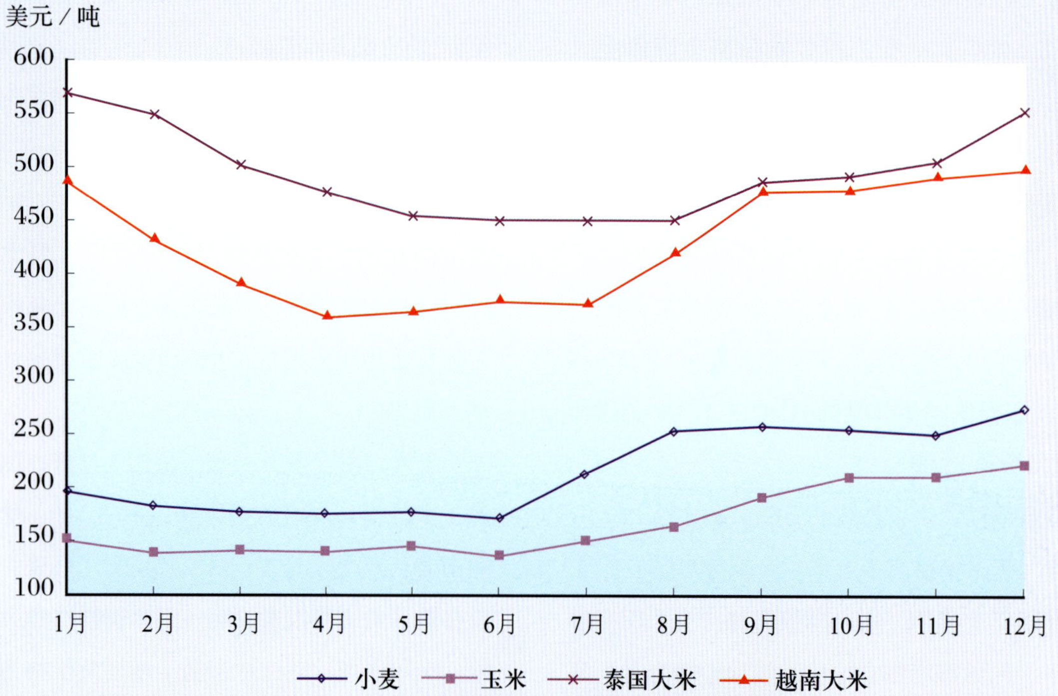


**图2-7　2010年国际市场粮食价格走势图**

## (二)2010年粮食价格运行的主要特点

2008～2009年，在国家连续提高粮食最低收购价和其他调控措施的综合作用下，国内粮食价格保持平稳上升态势。与前两年相比，2010年粮食价格运行呈现以下新特点：

### 1.价格涨势加快

前两年粮食价格总体呈温和上涨态势，进入2010年涨势明显加快，稻谷、小麦、玉米三种粮食主产区平均收购价格涨幅达12.1%，比2008年和2009年涨幅分别高3.6个和5.5个百分点。其中粳稻上涨最多，涨幅达22.9%，比前两年分别高19.8个和13个百分点；玉米次之，涨幅达17.4%，比前两年分别高11.6个和17.3个百分点。

### 2.各品种全面上涨

前两年，粮食价格在总体温和上涨的情况下，一般有个别粮食品种价格保持基本稳定，如2008年粳稻和2009年玉米价格均与上年持平略升，但2010年情况有所不同，稻谷、小麦、玉米各品种价格呈全面上涨态势。

### 3.新粮上市后价格普遍高开高走

往年新粮上市后，由于市场供应阶段性增加，一般情况下粮食收购价格呈低开平走态势。以小麦为例，新麦上市初期价格会短暂走低，启动最低收购价执行预案后价格逐步回升到最低收购价水平。如2009年新麦上市初期，主产区平均收购价格降为每市斤0.86元，比最低收购价低1分钱，启动预案后价格逐步回升，收购旺季平均收购价格为0.9元，比最低收购价高3分钱。但2010年新粮上市后，收购价格普遍高开高走。如6月初黄淮海地区新麦上市后，开秤收购价普遍在每市斤0.91～0.93元，比最低收购价高1～3分钱，之后继续上升，部分地区一周左右便上涨到每市斤0.96～0.98元，比最低收购价高6～8分钱，7月底后基本在每市斤0.99～1元左右，比最低收购价高9～10分钱。

### 4.原成比总体继续下降但降幅趋缓

近几年由于粮食加工行业竞争激烈，成品粮价格涨幅一直小于原粮，总体呈现“稻强米弱”、“麦强面弱”的特点，原成比（成品粮零售价与原粮收购价之比）逐年小幅下降。进入2010年，粮食加工行业竞争虽仍很激烈，但受原粮收购价格大幅上涨影响，加之人工、仓储成本增加较多，加工企业继续挖潜降耗的空间不大，成品粮零售价格也上涨较多，原成比虽总体继续下降但降势趋缓。2008～2009年，成品粮平均零售价与原粮平均收购价的比值（以原粮平均收购价为1）分别为1.78、1.73，比上年分别下降0.09、0.05，2010年比值为1.71，仅比上年下降0.02。

### 5.国内价格高于国际市场的价差大幅度缩小

国内小麦和玉米价格自2008年9月以来、大米价格自2010年3月以来一直高于国际市场。2010年上半年国际市场粮价波动下降，国内粮食价格高于国际市场的价差一度略有扩大，但下半年由于国际市场粮价大幅上涨，价差大幅度缩小。2010年12月，美国小麦、玉米和泰国大米离岸价格比国内批发价格每吨分别低30元、590元和250元左右，价差比年内最高点分别缩小850元、460元和480元，其中小麦价格上年底已与国际市场基本持平。

## （三）2011年粮食价格走势预测

### 1.国内市场粮食价格将继续上升

2011年国内粮食市场面临的形势更为复杂。一方面，粮食生产成本预计上升较多，玉米等部分品种需求旺盛，自然灾害可能多发、重发、频发，将影响和推动粮价上升；另一方面，国内粮食供需总量基本平衡，库存总体充裕，今年国家进一步加大了强农惠农力度，较大幅度提高了粮食特别是供需偏紧的粳稻最低收购价，增加了对种粮农民的各项补贴，组织好农业抗灾减灾工作，将进一步调动农民生产积极性，促进粮食生产稳定发展，有利于粮食价格保持稳定。

综合各方面因素分析，预计2011年国内市场粮食价格继续保持上升态势，但影响粮食生产和市场稳定的不确定性因素增多，受天气、交通运输等方面可能会出现异常情况以及季节性需求变化等因素影响，个别品种、个别时段、局部地区粮食价格可能会出现波动，但在国家加大市场调控力度的情况下，粮食价格不会出现全面大幅度上涨。

### 2.国际市场粮食价格将继续震荡上涨

2010/2011年度全球粮食供需趋紧，由上年度产大于需转为产不足需。据美国农业部2011年1月预计，2010/2011年度世界谷物产量为21.82亿吨，比上年度减产2.2%；需求量为22.41亿吨，比上年度增加2.2%；期末库存量为4.31亿吨，比上年度下降12.1%，为近三年以来的最低水平。2010年底、2011年初，澳大利亚、阿根廷等粮食主产国遭遇极端天气，加上美元贬值、石油价格上涨及投机资金炒作等因素，2011年国际市场粮价将继续震荡上涨。

# 第三部分

## 粮食供求形势

# 一 2010年粮食供求形势分析与2011年展望

2010年是新世纪以来我国经济社会发展环境极为复杂、自然灾害和重大挑战极为严峻的一年。为进一步应对国际金融危机冲击，促进国内经济平稳较快发展，巩固和发展农业农村的好形势，保持粮食生产稳定，保障国家粮食安全，中央进一步加强“三农”工作，加大了政策扶持和资金投入力度，在保持惠农政策连续性的基础上，采取全面实施全国新增千亿斤粮食生产能力建设规划、大幅度提高粮食最低收购价、加大国家临时存储粮油收储力度等政策措施，有效地保护了种粮农民利益，确保了党中央、国务院提出的稳粮增收目标的实现，保证了粮食流通顺畅和市场运行的平稳。据国家统计局统计，2010年粮食总产量达到54647.7万吨，比上年增产1565.6万吨，再创历史新高。粮食消费继续稳步增长，初步预计2010年粮食消费量55000万吨左右，粮食产需总量偏紧。分品种看，小麦产大于需；玉米消费增幅较大，产需趋紧；稻谷产需基本平衡，其中籼稻产需略有盈余，粳稻产需依然偏紧；大豆产需缺口进一步扩大，2010年大豆进口5479.7万吨，同比增加1224.5万吨；食用植物油产需缺口较大，2010年共进口食用植物油687.3万吨，比上年减少129万吨，主要是大豆进口增加较多，替代了部分植物油进口。2010年为稳定市场价格，实现管理好通胀预期的目标，国家加大了玉米、小麦、粳稻等政策性粮食的销售力度，加上当年政策性粮食收购较少，国家粮食库存有所减少，但仍处于较高水平，完全可以保证市场供应。

2011年，党中央、国务院继续加大强农惠农政策力度。明确要推进发展现代化农业，千方百计确保主要农产品供给安全，稳定粮食播种面积，增加农业生产补贴，稳步提高粮食最低收购价，落实“米袋子”省长负责制，认真搞好市场流通体系建设，确保群众吃上放心食品。要求大兴水利强基础、狠抓生产保供给、力促增收惠民生、着眼统筹添活力。继续大幅度增加“三农”投入，巩固完善强化强农惠农政策，毫不放松地抓好农业生产，切实保障主要农产品有效供给。要将稳定发展粮食生产作为2011年“三农”工作的首要任务。加快全国新增千亿斤粮食生产能力规划实施进度，抓紧制定实施全国粳稻生产发展规划，加快健全粮食主产区利益补偿机制。大力改善农产品流通和市场调控，运用多种调控手段，努力保持农产品价格合理水平，畅通农产品流通渠道，加快形成流通成本低、运行效率高的农产品营销网络。党中央、国务院连续第八年出台了关于“三农”的中央一号文件，强调要全面加快水利基础设施建设，确保粮食安全、经济安全、生态安全和国家安全。针对2011年粮食生产面临的形势，国务院决定以增加重要紧缺品种供给和推广落实防灾减灾增产关键技术为重点，开展全国粮食稳定增产行动。中央出台的扶持农业和粮食发展的政策措施密度之大、力度之重极为罕见。初步预计，如果粮食主产区不发生大的自然灾害，粮食生产将继续获得丰收，消费保持平稳增加，当年国内粮食供需保持基本平衡。

# 二 主要粮食品种供求形势分析

## (一)2010年稻谷供需形势

### 1.稻谷供给和需求状况

2010年国内稻谷产量继续提高，需求刚性增长，稻谷进出口量维持在较低水平。国内稻谷继续维持供大于求格局，但结构性供需矛盾较为突出，表现为粳稻供应偏紧，而籼稻供应较为充裕。

(1)稻谷产量增加，进口增加。2010年，国家继续提高稻谷最低收购价、加大种粮补贴，农户种植稻谷积极性提高，稻谷面积继续扩大，产量也有所增加。据海关总署统计，2010年共进口大米36.6万吨，同比增加2.9万吨，增幅8.5%。主要进口国为泰国，进口目的是调剂国内品种余缺。

(2)稻谷需求增加，出口下降。据国家粮油信息中心估计，2010年国内稻谷消费增至18468万吨，较上年增加150万吨，增幅0.8%。其中食用消费15900万吨，较上年增加250万吨，增幅1.6%，主要原因是人口增加和农村消费增长。工业消费与上年持平，为1050万吨；饲料及损耗量估计为1400万吨，较上年减少100万吨，降幅6.7%，主要原因是稻谷价格上涨，稻谷饲用比价效益下降。据海关总署统计，2010年共出口大米59.6万吨，较2009年减少16.4万吨，减幅21.6%。主要出口国为韩国、日本和非洲等国。

### 2.稻谷市场价格走势及成因

受国家继续提高稻谷最低收购价、市场需求旺盛、种植成本上升以及价格预期提高等因素推动，2010年国内稻米价格总体呈现震荡上扬态势。年末主产区早稻价格较年初上涨了约15%，晚稻价格较年初上涨了约20%，粳稻价格较年初上涨了约25%。

(1)粳稻价格高开高走。2009年国家继续对东北地区进关稻谷实行运费补贴政策，执行期至2010年4月30日止。稻谷加工和贸易企业在2009年新粮上市后积极收购，市场价格高开高走，并在2010年5～6月达到价格高点。7～9月国家加大了粳稻定向销售的调控力度，粳稻价格逐渐回落。10月新稻陆续上市，粳稻供应仍将偏紧的市场预期使各类型市场主体普遍看好后市，积极入市，价格重演上年高开高走的局面，涨势在年内持续。

(2)下半年籼稻价格涨幅加大。受粳稻价格持续上涨和早稻最低收购价继续提高等因素推动，上半年籼稻价格小幅上涨。7～9月受粳稻调控力度加大而形成的价格下跌压力、籼稻竞价交易投放力度加大的影响，全国籼稻价格走势稳中偏弱。由于2010年早稻减产，新产早稻收购价格持续上行，10月新季中晚籼稻上市后，籼稻价格涨幅继续加大，涨势持续到年末。

(3)稻谷市场价格运行表现出四方面特点。一是宏观经济运行环境是价格上涨的基础性因素。通胀预期催生市场看涨心态。国内经济运行平稳向好，市场需求回升；流动性过剩问题持续，通胀预期难消。二是惠农政策频出是价格上涨的支撑性因素。过去几年政府逐年提高稻谷收购价，既保障了农民的最低种植收益，也使得农户的售粮价格预期与稻谷的实际市场价格逐年上升。2010年2月，国家宣布早籼稻（三等，下同）、中晚籼稻、粳稻最低收购价分别提高到每50公斤93元、97元、105元，较2009年分别提高3元、5元、10元。2008年和2009年实施东北地区进关稻谷的运费补贴，助推市场竞争性收购。三是结构性供需矛盾是价格上涨的决定性因素。近年来稻谷产量不断提高，消费平稳增长，供求状况明显改善。但粳稻消费较快增长，特别是东北粳米消费区域“南移西扩”势头明显，市场上已经显现出了“粳稻供应偏紧、籼稻相对宽松”和“粳强籼弱”的特征。从长期看，粳稻生产继续增长制约因素较多，市场供求偏紧将成为常态。四是政策性销售对价格异常波动起到了调控和缓冲作用。为保障稻谷市场供给，稳定稻谷市场价格，2010年国家继续采取竞价交易的方式向市场投放政策性稻谷，并根据当年市场特点对具体交易活动进行了相应调整，包括3月后开始对粳稻实施定向销售，以确保重点省区和企业的原料供应；调低籼稻拍卖底价，增加2009年产籼稻参拍数量，后期又多次完善拍卖细则，以实现通过价格杠杆来引导粳稻和籼稻的市场消费。上述措施对调控稻谷价格起到了积极作用。

## (二)2010年小麦供需形势

### 1.小麦供给和需求状况

2010年我国小麦产量较上年持平略减，进口量增加，需求增加，小麦出口下降，供需形势继续保持当年新增供给大于需求的格局。

(1)小麦略有增产，进口量增加。据海关总署统计，2010年中国共进口小麦121.8万吨，较上年增加32.5万吨。国内优质小麦供应偏紧，对于加拿大、美国和澳大利亚小麦进口需求上升，国际小麦价格大幅上涨，刺激上半年进口数量增加。

(2)小麦需求增加，出口略增。2010年我国小麦国内总需求量为11049万吨，较上年增加440万吨，增幅4.1%。其中，2010年我国小麦制粉消费量为8150万吨，占国内消费量的73.8%，较上年增加100万吨，增幅1.2%；饲料用小麦消费量为1350万吨，占国内消费量的12.2%，较上年增加300万吨，增幅28.5%；小麦工业消费量为1080万吨，较上年增加40万吨，增幅3.8%。据海关总署统计，2010年我国出口小麦28万吨，较上年增加了3万吨。

### 2.小麦市场价格走势及成因

受小麦最低收购价政策托升、市场价格预期提高以及国际小麦价格大幅上涨的推动，2010年国内小麦价格继续保持上涨势头。但在国家增加投放储备以及规范小麦收购秩序的控制下，小麦价格涨幅总体处于较低水平。2010年国家通过竞价交易、定向专场交易等方式向市场投放小麦3600万吨左右，市场供应充足。

(1)上半年国内小麦价格保持平稳偏弱运行。国家继续增加托市小麦投放数量，4月起最低收购价小麦每周投放量由第1季度的400万吨提高到450万吨，临时存储进口小麦每周投放80万吨，各地区中央储备和地方储备轮换出库，市场供应充足。5月下旬有关部门发布了2010年小麦最低收购价执行预案，明确了2010年白小麦（国标三等，下同）最低收购价格为0.90元/斤，红小麦和混合麦为0.86元/斤。执行区域包括河北、江苏、安徽、山东、河南和湖北6个主产省，执行时间为2010年5月21日到9月30日。但河北最后没有启动预案。6月新麦自南往北收割上市，收购工作展开。收购主体入市积极，主产区小麦收购进度超过上年。新陈小麦价格在6月实现快速接轨，比正常年份提前1～2个月。

(2)进入7月小麦价格逐渐上涨，7月中旬普通新麦价格超过开秤前陈麦价位，到11月份中旬达到年内高点。新麦收购初期市场收购快速升温，为控制小麦价格上涨，7月下旬国家举办了面粉加工企业最低收购价小麦专场交易会，共投放500万吨小麦，当周竞价交易最低收购价小麦投放总量达到了创纪录的950万吨，大型粮油企业贸易粮收购逐渐谨慎。自7月中旬起国家暂停小麦托市收购。最低收购价小麦收购量为2264.6万吨，较往年明显减少。但是小麦价格上涨预期仍然强烈，农产品炒作、物价上涨预期以及国际小麦价格快速上涨成为小麦价格上涨推手。随后8～11月，受农户销售小麦积极性不高、用粮企业需求刚性增加以及贸易企业惜售等原因的推动，小麦价格逐渐推高到年内高点。与6月底开秤时小麦价格低点相比，石家庄、济南和郑州等地区新麦价格累计上涨了220～270元/吨。

(3)11月中旬起国家调控政策效果持续显现，小麦价格平稳回落。受定向销售小麦等国家稳定市场价格措施影响，小麦原粮的市场提价收购力量减弱，收储企业和贸易商的价格预期降低，12月全国小麦和面粉价格出现较大幅度下调。国家开始向5家骨干面粉企业定向销售280万吨政策性小麦，要求其面粉出厂价下调并在3个月内保持价格稳定。2010年最后一周国家再次修改小麦竞价交易细则，放开对中小面粉企业参与竞价交易的限制，竞价交易成交价格持续回落。政策性小麦库存总量充裕，调控措施的持续作用压制小麦市场价格。12月末石家庄白小麦出库价格在2160元/吨，较11月末下调70元/吨，较上年同期上涨了10元/吨；德州中等白小麦出库价格2130元/吨，较11月末下调40元/吨，较上年同期上涨了10元/吨；郑州中等白小麦出库价格2070元/吨，较11月末下调30元/吨，较去年同期上涨了70元/吨。

## (三)2010年玉米供求形势

### 1.玉米供给和需求状况

2010年我国玉米产量和进口量增加，玉米消费大幅增加，出口量略有下降，玉米节余数量大幅下降。

(1)玉米产量和进口量增加。国家粮油信息中心初步估计，2010年全国玉米播种面积为3250万公顷，较上年增加131.7万公顷，增幅4.2%。

全国玉米产量预计为17250万吨，较上年增加853万吨，增幅5.2%。2010年进口玉米157.2万吨，较上年增加148.9万吨。

(2)玉米需求大幅增加，出口量下降。国内玉米总消费量为15970万吨，较上年增加1347万吨。其中，玉米饲料用消费量为9900万吨，较上年增加620万吨；工业用消费量为4500万吨，较上年增加670万吨。2010年出口玉米12.7万吨，较上年减少0.2万吨，减幅1.6%。

### 2. 玉米市场价格走势及成因

2010年国内玉米价格保持上涨态势。用粮需求大幅上升，需求旺盛，供应偏紧，国家增加投放储备。市场看涨预期强烈，推动价格上行。市场预期管理难度较大，造成玉米价格波动加大。

(1)1～2月国内玉米价格呈现季节性回落。华北和东北地区玉米上市量增长，市场供应紧张局面逐渐改变，用粮企业库存有明显提高。2月国内玉米需求转入季节性低谷，畜禽价格持续回落，养殖利润迅速下降，饲料企业普遍减少采购。货币政策从1月微调逐渐扩大到2月的信贷从紧，玉米市场收购资金不足，粮食价格看涨心态弱化，多渠道收购力度下降，对于粮油价格回落的作用显著。

(2)3～5月国内玉米价格上涨加快，大连玉米平仓价格由3月初的1820元/吨上涨到5月末的2000元/吨，涨幅达到180元/吨；广东玉米价格由1900元/吨上涨到2100元/吨，涨幅达到200元/吨。主要原因有：一是2009年东北玉米可供量减少，以及2010年春播灾害多发重发，西南地区大旱、东北地区的玉米播期推迟，产量前景影响市场预期，后期市场普遍看涨，加工和贸易企业担心粮源，普遍提高库存数量。二是全球的金融危机影响逐渐消退，深加工企业开工恢复正常并有所增长。三是农民不再集中售粮，而是根据市场行情售粮，造成市场阶段性供求关系改变。四是国内外基金炒作制造紧张气氛，大连玉米期价上涨推高看涨预期。

(3)6月国内玉米价格回调，国家调控力度加大抑制价格上涨。5月25日开始临时存储玉米竞价交易数量由80万吨增加到100万吨，并自6月起投放中央储备玉米。后期多次修改交易细则，抑制市场投机，政策性玉米成交价格大幅回落。6月用粮企业积极进口美国玉米，国内市场看涨心理存在压力。由于东北地区苗情良好，市场看涨预期降低。贸易企业销售玉米库存积极性明显提高，用粮企业采购玉米积极性下降。大连玉米价格回落到1940元/吨，比5月下跌60元/吨，广东玉米价格回落到2010元/吨，比5月下跌90元/吨。

(4)7～8月国内玉米价格继续上涨。大连、锦州等北方港口玉米平仓价格最高达到2030元/吨，广东玉米价格最高达到2130元/吨。主要原因有：一是生猪价格上涨，饲料生产回暖，饲料企业采购力度加大；淀粉、酒精加工利润回升，加工企业增加采购。二是高质量玉米供应偏紧，用粮企业对于水分低容重高的临时存储玉米和国储玉米需求非常旺盛。三是市场看涨预期难以减弱，预期管理难度加大。7月东北和华北黄淮地区局部地区发生洪涝灾害，不利于玉米生长；美国玉米库存数据大幅减少、严重干旱导致俄罗斯和欧洲部分国家小麦大幅减产，国际小麦和玉米价格大幅上涨；8月中旬大量投机资金涌入玉米期货市场，玉米期货价格大幅上涨，影响到市场预期。

(5)9月以后国内玉米价格走势偏弱。受国家宏观调控力度加大、关内新产玉米逐渐上市以及市场看涨心态因玉米丰收形势明朗而减弱等因素的多重影响，华北地区购销企业积极销售商品玉米，玉米供应相对充足，出库价格小幅走低。国家修改东北地区国储玉米竞价交易细则，严格审查制度并严肃处理了个别违规企业，正式下发《关于严肃纪律切实做好政策性粮食出库工作的通知》。

(6)10月以后新玉米上市价格高开高走。新玉米开秤价格普遍高于上年同期，受新玉米上市数量不足、东北陈玉米供应紧张、台风不利天气袭击、期货价格大幅上涨等因素影响，玉米价格持续上扬，华北黄淮地区玉米收购价格上涨了100元/吨。东北地区收购价格也较开秤时上涨了40～50元/吨，玉米上市进度反常，农户对于玉米价格预期较高，惜售心理严重，造成新玉米上市不足；淀粉、酒精、饲料加工利润回升，用粮企业库存薄弱，不断提高收购价格。10月底华北黄淮地区玉米收购价格高于上年同期300～360元/吨，东北地区玉米收购价格高于上年同期280～300元/吨。

(7)11月下旬以后玉米价格回调。受国家物价调控政策的影响市场预期降低，农户惜售心理减弱，国内玉米产区迎来玉米上市高峰，产区玉米收购价格持续小幅下调，用粮企业收购数量明显增加。受国家落实最高库存责任、银行信贷资金明显收紧、市场看涨预期减弱等因素影响，国内央企、外资企业以及其他大型购销企业收购积极性明显减弱，国内产区收购市场力度受到抑制。12月国内淀粉、酒精等产品价格回落，加工企业加工利润降低；受国家抛售储备猪肉的影响，生猪价格开始偏弱运行，下游饲料养殖需求下降。12月中下旬东北地区出现连续雨雪天气，全国大部分地区也都出现不同程度的雨雪天气，玉米上市量相对低于11月下旬和12月初时的高峰水平，抑制了玉米价格下跌。2010年年底大连港口中等玉米平仓价格2060元/吨，广东港口中等玉米交货价格2160元/吨，均较2009年底提高240元/吨。

## (四)2010年大豆供求情况

### 1.大豆供给和需求状况

2010年我国大豆产量恢复性上升，主要是得益于大豆生长期间良好的天气，单产较高，抵消了播种面积下降对产量的影响。全年进口大豆再次刷新历史纪录，国内大豆供给充足，年底港口进口大豆库存量超过600万吨，全年沿海地区油厂开工率较高。东北内陆地区大豆供给虽然充足，但加工收益低于沿海地区，油厂开工率普遍较低，国产大豆榨油消费同比下降，大豆榨油重心进一步向沿海地区倾斜。

(1)国内大豆增产，进口量刷新纪录。2010年我国大豆产量1508万吨，同比增加22万吨，增幅为1.5%。全年进口大豆5480万吨，比2000年增加1225万吨，增幅达28.8%。大豆进口量大幅上升主要受两方面因素推动：一是阿根廷豆油溶剂残留超标，我国豆油进口总量同比下降了44%。二是上半年进口大豆成本一直低于国产大豆，价格优势突出，油厂订购积极性较高。受产量与进口量增加影响，全年大豆新增供给总量刷新历史纪录，达到7000万吨，同比增加1247万吨，增幅21.7%。

(2)国内大豆消费量呈增加趋势，出口量减少。2010年我国大豆需求总量6536万吨，同比增加866万吨，增幅15.3%。其中国内大豆消费量共计6520万吨，同比增加885万吨，增幅15.7%；大豆出口量16万吨，同比减少19万吨，降幅54.3%。2010年国内大豆食用及工业消费量为950万吨，同比增加50万吨，增幅5.6%；榨油消费量为5500万吨，同比增加850万吨，增幅18.3%。其中国产大豆榨油消费量为300万吨，同比减少200万吨。国产大豆榨油消费减少的主要原因是2010年国产大豆压榨利润较低，且临储大豆竞价销售多次流拍，政策大豆流入市场同比显著减少。进口大豆榨油消费量5200万吨，同比增加1050万吨，增幅25.3%，主要原因一是豆油进口减少，需要压榨较多大豆弥补豆油进口的不足，二是进口大豆加工收益高于国产大豆，全年油厂开工率总体较高。

### 2.大豆市场价格走势及成因

2010年国内大豆价格总体呈现先抑后扬态势，国际市场大豆供需、大豆与其他农作物的比价关系以及国家宏观调控，是影响国内大豆价格走势的主要因素。我国大豆价格走势可分为三个阶段。

第一阶段是1～6月，我国大豆价格总体呈振荡下行走势。在这一阶段，南美大豆获得丰收，其中巴西大豆产量达到6900万吨，同比增加1120万吨和19.3%，刷新历史纪录；阿根廷大豆产量5450万吨，同比增加2250万吨和70%，从上年减产中显著恢复，并刷新历史纪录。南美大豆丰收使市场供给充足，在供给面上对价格形成压制。在宏观经济层面，欧洲债务危机在这一阶段从发展到蔓延，再到升级，对金融和大宗商品市场形成较大影响。全球股市普遍下跌，市场避险情绪高涨，美元走高，大宗商品价格走低，芝加哥大豆期货价格下跌了14.6%，进口大豆成本下降。据监测，年初订货的进口完税成本为3920元/吨，到6月末，订货的进口大豆完税成本下降至3400元/吨，降幅13.2%。1～6月，黑龙江油厂大豆压榨平均亏损115元/吨，油厂收购大豆意愿很低，国产大豆价格受到压制。6月底，哈尔滨地区油厂大豆收购价格3520元/吨，比年初下降300元/吨，降幅7.9%；青岛港进口大豆分销价格为3400元/吨，比年初价格下降400元/吨，降幅11.8%。在这一阶段，受国家临时存储大豆收购影响，黑龙江大豆价格一直高于沿海大豆分销价格和进口大豆到货价格。

第二阶段是7～11月中旬，我国大豆价格持续上涨。在这一阶段，以俄罗斯为主的东欧国家严重干旱，谷物产量显著下降。在金融市场，对欧洲债务问题的谨慎心态逐步缓解，基金在农产品期货市场大举买进。供需面及资金面共同推动农产品价格走高。11月中旬，芝加哥大豆期货价格比7月初上涨了25.3%，进口大豆成本由7月初的3400元/吨上涨至4590元/吨，涨幅35.0%。哈尔滨地区油厂大豆收购价格3940元/吨，比7月初上涨420元/吨，涨幅11.9%；青岛港进口大豆分销价格为4350元/吨，比7月初上涨950元/吨，涨幅27.9%。在这一阶段，进口大豆到货价格和沿海进口大豆分销价格后来居上，价格高于黑龙江大豆收购价格，输入性成本压力显著上升。

第三阶段是11月中旬至12月底，我国大豆价格高位回落后呈振荡走势。在这一阶段，《国务院关于稳定消费价格总水平 保障群众基本生活的通知》发布，从16个方面稳定消费价格总水平。临时存储菜籽油、临时存储大豆竞价交易密集展开，有效增加了市场供给，国内大豆、豆油价格高位回落。美国大豆库存偏低，芝加哥大豆期货价格受到支撑，价格回落后逐渐回升，走势强于国内。12月底，芝加哥大豆期货价格比11月中旬上涨了4.1%，进口大豆成本由11月中旬的4590元/吨下降至4530元/吨，降幅1.3%。哈尔滨地区油厂大豆收购价格3900元/吨，比11月中旬下降40元/吨，降幅1.0%；青岛港进口大豆分销价格为4100元/吨，比11月中旬下降250元/吨，降幅5.7%。

# 三 食用油脂油料供求形势分析

2010年我国油料产量连续第三年增加，并创历史最高纪录。当年我国油料进口量继续增加、植物油进口量下降，但全年植物油进口量加上进口油料折油仍超过上年。虽然2010年我国植物油消费需求大幅增加，但供应一直保持充裕，国内油脂油料价格变化主要受国际市场影响。上半年因南美大豆产量大幅增加，国际市场油脂油料价格不断下跌，国内价格呈现震荡回落走势；下半年国际市场油脂油料价格持续上涨，国内价格也不断上涨。

## (一)油料总产量再创历史最高纪录

2010年我国油料（不包含棉籽和大豆）总产量达到3230万吨，比上年增长2.7%，连续第二年创历史最高纪录。其中油菜籽产量估计为1315万吨，下降3.7%；花生产量估计为1565万吨，增长6.4%，创历史最高纪录。虽然2010年我国大豆播种面积下降，但由于单产明显提高，全年大豆总产量仍较上年小幅增加；由于棉花播种面积和产量继续下降，2010年我国棉籽产量连续第二年下降。国家粮油信息中心估计，2010年我国油籽总产量（包含大豆和棉籽）为5834万吨，较上年增加34万吨；扣除油籽种子、食用和出口，2010年国产油籽折油总产量在1000万吨左右（包括玉米油、米糠油等其他小品种食用植物油）。

## (二)用植物油及油料折油进口量与上年持平

2009年我国食用植物油及油料进口折油总量在1900万吨左右，与上年基本持平。当年进口食用植物油（包含棕榈油硬脂）826.2万吨，比上年减少13.1%。其中，进口豆油134.1万吨，比上年减少105万吨，减幅为43.9%；进口菜籽油98.5万吨，比上年增加51.7万吨，增幅高达110.5%；

注：文中引用的2010年产量、需求及现货价格数据来自国家粮油信息中心，进口数据来自海关总署。

进口棕榈油569.6万吨，比上年减少74.5万吨，减幅为11.6%。2010年我国进口油籽（含大豆）5704.6万吨，比上年增长23.1%，进口油籽折油1070万吨左右。其中，进口大豆5479.7万吨，比上年增加1224.5万吨，增幅高达28.8%；进口油菜籽169.0万吨，比上年减少168.6万吨，减幅达51.3%。

## (三)油籽和食用植物油出口量下降

2010年我国出口油籽（含大豆）87.7万吨，比上年下降19.9%。其中，出口大豆16.4万吨，下降52.7%；出口花生仁12.7万吨，下降27.4%。当年我国出口食用植物油9.6万吨，比上年下降17.2%。其中，出口豆油5.9万吨，下降14.5%；出口菜籽油3804吨，下降58.3%。

## (四)油脂油料供应量继续增加

2010年我国油料总产量再创历史新高，但由于棉籽产量下降，油籽总产量较上年仅出现小幅增加，国内产不足需局面继续存在。在国内油料压榨能力不断增加和油粕消费持续增长情况下，对进口油料和食用植物油依赖性依然较强。但受国家进口政策调整影响，2010年食用植物油和油菜籽进口量明显下降，大豆进口量大幅增加。2010年我国油籽新增供应量大幅增加，但不同品种油籽供应情况差异较大，其中大豆供应呈现过剩局面，油菜籽和其他油籽供应偏紧。虽然2010年我国食用植物油进口量下降，但由于国内产量继续增加，全年食用植物油新增供应量仍高于上年，国内食用植物油供应总资源继续保持充裕。

## (五)国内油脂油料价格走势及成因

2010年国内油脂油料价格走势分为三个阶段：

第一阶段是1月初到7月中旬：受南美大豆产量和美国大豆种植面积大幅增加、全球经济复苏进程缓慢以及欧洲债务危机影响，国际市场油脂油料价格呈现震荡下降走势，国内油脂油料价格也震荡回落，1月初沿海地区一级豆油价格集中于7800～8200元/吨，到7月上旬震荡回落至7000～7200元/吨。

第二阶段是7月中旬到11月上旬：受国际市场小麦、玉米和棉花等农产品价格大幅上涨、美国农业部不断下调大豆和玉米产量及期末库存、美联储二次量化宽松政策出台、拉尼娜天气导致南美干旱等利多消息影响，国内外油脂油料期货和现货价格持续上涨，不断刷新两年来新高。11月上旬沿海地区一级豆油价格集中于10400～10600元/吨，较7月上旬大幅上涨3400元/吨左右，累计涨幅超过47.0%。

第三阶段是11月中旬到12月底：受国家宏观调控力度不断加大，尤其是国家开始竞价销售临时存储菜籽油和大豆，国内油脂油料供应增加以及国际市场油脂油料价格大幅回调影响，11月中下旬国内植物油价格出现阶段性回落，11月底沿海地区一级豆油价格集中于9400～9600元/吨，较月初下降800元/吨。进入12月后，受国际市场油脂油料价格再次上涨影响，国内植物油价格跟盘上涨，到12月底，沿海地区一级豆油价格又回升至10000～10200元/吨。

### (六)国家对油脂油料市场调控进一步加强

2010年国内油脂油料价格先抑后扬，尤其是下半年国内油脂油料及其他农产品价格持续上涨，国家对油脂油料市场调控力度明显加大。2010年国家出台的油脂油料市场主要调控政策有：

2010年中央1号文件明确将实施花生良种补贴试点。4月9日，农业部、财政部联合发布了《2010年花生良种补贴项目实施指导意见》，在辽宁、吉林、河北、山东、河南、江苏、安徽、湖北、广东、广西、四川等12省（区）实行花生良种补贴，其中大田生产每亩补贴10元，良种繁育每亩补贴50元。财政部为花生良种补贴拨款4亿元，其中花生生产第一大省河南获补贴9700万元。

3月底，商务部和国家质检总局发布通知，从4月1日开始，来自阿根廷豆油进口许可证的发放工作将由原来各地省级商务机关统一收归商务部，同时要求确保所有进口大豆毛油货船的溶剂残留水平不得超过100ppm，如果超标，进口豆油货船将不准在港口卸载。

4月1日，国务院公布了2010年临时存储油菜籽收购价格为3900元/吨，较上年提高200元/吨。5月21日，国家发展改革委等5部门联合下发了《关于做好2010年油菜籽收购有关工作的通知》，决定继续在主产区对油菜籽实行临时收储。中央财政对参与委托收购的地方和中央企业给予200元/吨的一次性费用补贴，参与中央储备菜籽油轮换的企业也享受同一政策。中储粮总公司继续按照国家规定的价格委托企业收购油菜籽，并加工成临时存储菜籽油。

10月20日，国家有关部门首次在全国联网的批发市场公开竞价销售临时存储菜籽油，12月3日开始公开竞价销售临时存储大豆。临时存储菜籽油和大豆投放市场，对稳定国内油脂油料价格起到重要作用。

11月，国家决定继续在东北地区实行大豆临时收储政策，国标三等大豆临时收储价格为3800元/吨，较上年提高60元/吨，但取消了对大豆压榨企业的收购费用补贴。

## 四 杂粮供求形势分析

2010年杂粮供求形势，是前紧后平。上半年偏紧，尤其是5～6月时，绿豆等个别品种的价格突涨，而且涨幅较大，致货源短时紧缺。下半年逐渐平稳，价格比上年同期略高，但供求形势总体仍保持基本平衡。

### (一)2010年杂粮供给量4635万吨，比上年增加246.2万吨，增幅5.6%

#### 1.杂粮产量

2010年杂粮种植面积和产量比上年略有增加。

2010年杂粮种植面积为1473.9万公顷，比上年增加3.9万公顷，增幅0.3%。谷子、绿豆、红小豆和马铃薯的种植面积有所增加。其中谷子的种植面积为81万公顷，比上年增加2.2万公顷，增幅2.8%；绿豆的种植面积为73.5万公顷，比上年增加4.2万公顷，增幅5.7%；红小豆的种植面积为16.2万公顷，比上年增加0.8万公顷，增幅4.7%；马铃薯的种植面积为520.4万公顷，增加12.3万公顷，增幅2.3%。而大麦、高粱等其他品种均有减少。大麦58万公顷，比上年减少4.6万公顷，减幅8%；高粱的种植面积54.7万公顷，比上年减少1.3万公顷，减幅2.3%。

2010年杂粮总产量4305吨，比上年增加140.2万吨，增幅3.4%。产量增加较多的品种是高粱、谷子、绿豆、红小豆和马铃薯。高粱虽面积减少但产量增加，高粱产量为246.8万吨，比上年增加79.1万吨，增幅47.2%，主产区内蒙古、辽宁、吉林、四川、贵州5省(区)的产量达195.3万吨，比上年增产80.6万吨，超过全国高粱增产数量；谷子产量为156.2万吨，增加33.7万吨，增幅27.5%；绿豆产量为95.4万吨，增加18.5万吨，增幅24%；红小豆产量25万吨，比上年增加2.7万吨，增幅12%；马铃薯产量为1615.8万吨，增加151.2万吨，增幅10.3%。大麦等其他品种减产，大麦产量197.2万吨，比上年减少34.6万吨，减幅14.9%。

2.杂粮进口

2010年杂粮进口总量为330万吨，比上年增加106万吨，创历史新高；增幅47.3%，增幅略低于去年，但仍是近年来进口增幅较高的一年。主要是大麦、绿豆、豌豆进口增加较多。大麦进口量达236.7万吨，比2009年增加62.9万吨，增幅36.2%，成为我国除大豆以外进口量最多的粮食品种。绿豆的进口数量近8万吨，比上年增加7.4万吨，增加11.3倍。豌豆进口数量55.7万吨，比上年增加16.4万吨，增幅41.7%；马铃薯淀粉进口14.2万吨，比上年增加10.7万吨，增幅逾3倍。

## (二)2010年杂粮的需求量约4634.4万吨，比上年增加76.2万吨，增幅1.7%

1.杂粮国内消费

2010年杂粮国内消费量为4496.3万吨，比上年增加103.7万吨，增幅2.4%。从用途来看，其中：工业（食品）用粮2410.2万吨，比上年增加244.1万吨，增幅11.3%；饲料用粮1095.8万吨，比上年增加73.4万吨，增幅7.2%；直接食用990.6万吨，比上年减少213.5万吨，减幅17.7%。从品种来看，绿豆和大麦增加幅度较大，绿豆消费量91.2万吨，比上年增加41.2万吨，增幅82.4%；大麦消费量432.6万吨，比上年增加28.2万吨，增幅7.0%。其他品种增减变化不大。

2.杂粮出口

2010年我国杂粮出口由上年的146个国家和地区减到138个，出口数量138.1万吨，比上年减少30.5万吨，减幅18.1%；创汇额10.24亿美元，比上年减少0.17亿美元。芸豆出口75.8万吨，比上年增加6.2万吨，增幅8.9%，创汇5.3亿美元，比上年增加0.4亿美元，出口数量和创汇均创历史新高，仍是杂粮诸品种中出口最大的品种。此外，豌豆、扁豆、高粱略有增加，其他品种均为减少，绿豆出口数量减幅较大，出口量为12.2万吨，比上年减少15.2万吨，减幅55.5%。

## （三）国内外杂粮市场行情及价格走势

2010年杂粮出口数量和创汇虽有所减少，但出口价格与上年相比略有上涨，平均每公斤上涨0.121美元。除燕麦、大麦等少数品种价格下降外，大部分品种均为上涨，尤其是杂豆类品种上涨的幅度较大。每公斤出口价格绿豆上涨0.541美元；红小豆上涨0.469美元；豌豆上涨0.306美元；蚕豆上涨0.223美元；豇豆上涨0.21美元；扁豆上涨0.09美元；芸豆上涨0.018美元。除杂豆类外，高粱的价格也有所上涨，每公斤上涨了0.086美元。

2010年国内杂粮市场略有变化，由于产量和进口量增加，出口数量减少，杂粮供给量和国内消费量也相应增加，供求形势总体仍保持基本平衡。但是，绿豆市场波动较大，由于2009年绿豆面积减少，产量下降，出口增加，国内供给量也明显下降，加之少数经营企业的炒作，使2010年5～6月绿豆的价格突涨，由平时每公斤5.8元左右，猛升到18.30元左右，个别地方甚至超过20元。由于绿豆价格上涨，也拉动了部分其他杂粮价格的上涨。7～8月后价格有所回落，市场趋于平稳，但价格仍高于往年。因受国际市场影响，国际市场杂粮一直比国内看好，出口的价格也比国内市场略高。

# 第四部分

## 粮食流通体制改革

# 一 粮食流通体制改革稳步推进

2010年，各级粮食部门深入学习实践科学发展观，认真贯彻党的十七大，十七届三中、四中、五中全会和中央经济工作会议，中央农村工作会议精神，积极转变粮食行政管理职能，继续完善粮食价格形成机制，扎实推进国有粮食企业改革和发展，切实加强粮食宏观调控，粮食流通体制改革继续稳步推进。

## (一)积极转变粮食行政管理职能，认真落实粮食安全责任

按照政府职能定位和保障国家粮食安全的要求，继续完善政策措施，加快推进政企分开，规范政府调控与企业经营之间的关系，国有粮食企业自主经营、自负盈亏的经营机制进一步完善，粮食行政管理部门工作重心转到了市场调控、监管和行业指导、服务上。

积极推进现代粮食流通产业发展，着力构建新型粮食购销服务网络体系，努力提高全社会粮食流通管理和服务水平，努力保护种粮农民利益，努力保障粮食有效供给，切实维护粮食市场基本稳定。

加强粮食价格形成机制、粳稻供需平衡、粮食产销衔接、国际粮食贸易和食用植物油安全战略等重大战略性问题研究，提出政策措施建议。研究编制《粮食行业“十二五”发展规划纲要》及相关专项规划，确保粮食行业“十二五”开好头、起好步。

各地粮食行政管理部门认真落实粮食行政首长负责制。云南省高度重视粮食行政首长负责制的考核工作，在省委、省政府统一领导下，由省粮食局牵头负责进行全省集中考评，并细化考核指标，完善考核内容，加大奖惩力度。江苏省为保证粮食行政管理职能得到加强和有效履行，全面落实地方保障粮食安全的责任，省政府办公厅下发了关于做好新形势下粮食工作的通知，同时将制定“米袋子”省长负责制下市县长分级负责制考核办法，对责任制落实情况进行检查考核。浙江省根据2009年度粮食安全责任制考核情况和工作实际，修订完善了2010年度粮食安全责任制考核办法，省政府与各市政府签订了新一轮《粮食安全责任书》，明确耕地保护、稳定生产、搞活流通的各项任务，确保粮食安全责任制落到实处。

## (二)继续完善粮食价格形成机制，加强粮食成本利润调查

综合考虑粮食生产成本、供求关系变化和宏观经济形势等因素，2010年国家继续稳步提高小麦和稻谷最低收购价格，白小麦和红小麦、混合麦分别提高到每公斤1.80元和1.72元，平均提价幅度为3.6%；早籼稻、中晚籼稻和粳稻分别提高到每公斤1.86元、1.94元和2.10元，平均提价幅度为6.5%。油菜籽、大豆临时收储价格由2009年的每公斤3.70元分别提高到3.90元、3.80元。

为做好粮食产销和成本利润调研工作，在总结近年来工作经验的基础上，国家粮食局研究制定《粮食产销和成本利润调研工作方案》，明确了调查内容、对象、方法和经费补贴等相关事项，并开发了统计软件，印制了《工作手册》。2010年，在全国25个省（区、市）对8个主要粮油品种进行产销和成本利润调查，各地做了大量基础性工作，为合理确定价格水平提供了可靠依据。辽宁省粮食局制定了《辽宁省粮食产销和成本利润调研工作实施方案》，组织召开全省调研工作座谈会，对软件的使用进行培训，并制定了调研质量评估工作办法，对开展调研工作的市县粮食部门工作进行评估。江苏省粮食局在做好调研基础工作的同时，积极协调省财政部门，落实了调查农户补助配套经费。

## （三）加强粮食宏观调控，切实保供稳价

做好保证供应和稳定粮油价格工作。落实国家保证粮油供应和稳定消费价格总水平、保障群众基本生活的部署，把握政策性粮油销售节奏和力度，2010年安排销售政策性粮食8133.0万吨、食用植物油50.2万吨。指导和督促做好中央储备粮油轮换工作，在市场粮价过高时果断停止中央储备粮企业入市收购。适时增加玉米投放数量，加强竞买企业资格审核，保证饲料和养殖企业的玉米需要。定向销售最低收购价小麦278.0万吨，指定大型骨干面粉加工企业按国家要求加工小麦粉投放市场。各地按照国务院关于“把握节奏、保持力度”的要求，与国家调控政策相配合，京、津、沪、浙等粮食主销区加大地方储备粳稻投放力度，有些省增加了大豆、食用植物油投放。这些措施的实施，有效地保证了粮食市场供应，维护了粮价基本稳定，为国家管理好通胀预期发挥了重要作用。

加强储备粮管理、军粮供应和粮食应急体系建设。进一步加强中央储备粮行政管理，调整中央储备粮品种结构和区域布局，提高了中央储备食用油、大豆的比重，增加了西南、西北等地区的库存量。根据新时期军粮供应的特点，积极采取有力措施，保障了部队日常供应，圆满完成了各项重大应急保障任务。2010年国家专项安排向西南、西北旱灾地区调运粮食142.0万吨，指定企业限时加工中央储备粳稻25000吨投放云南市场，及时将36760吨救灾用粮发放到地震、泥石流灾区的灾民手中。上海市和广东省精心组织安排，保障了上海世博会和广州亚运会等重大活动的粮油供应和质量安全。

## （四）扎实推进国有粮食企业改革和发展，促进企业做优做大做强

继续深化国有粮食企业改革，积极推进企业兼并重组，优化企业布局和结构，支持企业做优做大做强。截至2010年底，全国国有粮食企业总数16549个，比“十五”期末减少40.5%；企业净资产878.2亿元，比“十五”期末增加909.3亿元，企业整体市场竞争力明显增强。

继续妥善解决企业历史遗留问题，2010年消化处理企业经营性挂账54亿元，占“十一五”期间消化总额的22%，为企业改革和发展创造了良好条件。

继续加强对企业经营管理工作的指导，强化扭亏增盈目标考核制度，落实扭亏增盈信息通报

制度和对重点企业经营分析制度，调动了企业抓好经营管理的积极性和主动性。2010年国有粮食企业实现盈利60.85亿元，比上年增盈6.81亿元，实现自2007年以来连续四年统算盈利。

# 二 现代粮食流通产业发展成效显著

随着粮食流通体制改革的不断深入，2010年，各级粮食部门按照党的十七届三中全会《关于推进农村改革发展若干重大问题的决定》中关于发展现代农业、确保国家粮食安全和《国家粮食安全中长期规划纲要（2008～2020年）》关于积极发展现代粮食流通产业的有关精神，以及全国粮食局长会议的部署，采取了多种措施大力推动现代粮食流通产业发展，取得了显著成效。

## （一）积极推进粮食市场体系建设

2010年，粮食市场体系建设以编制《全国粮食市场体系建设与发展“十二五”规划》和起草《粮食批发市场管理办法》为抓手，扎实开展各项工作。一是加强对粮食批发市场建设情况的调查研究。着重组织开展了“北粮南运”中主产省粮食流量流向、粮食批发市场组织粮食流通的形式、统一竞价交易平台的构建等重点课题的调研，为进一步加强粮食批发市场发展的指导提供了理论支持。二是认真编制《全国粮食市场体系建设与发展“十二五”规划》。研究制定规划编制工作方案，多次召开座谈会征求有关专家、批发市场等方面的意见，系统总结“十一五”时期粮食市场体系建设情况，形成《规划》初稿。三是切实加强粮食批发市场建设的指导。进一步加强国家粮食局重点联系粮食批发市场制度建设，截至2010年底，已联系48家批发市场；建立了重点联系粮食批发市场动态调整机制，及时对部分重点联系市场进行了调整；研究起草《粮食批发市场管理办法》初稿并多次征求意见和修改完善。

总体来看，2010年粮食收购、零售、批发、期货市场稳步发展，经营规模进一步扩大，结构布局逐步优化，服务功能进一步完善。全国统一的粮食竞价交易系统进一步健全，在配置粮食资源、服务宏观调控中继续发挥重要作用。

## （二）切实加强粮食宏观调控体系建设

一是粮食最低收购价政策、临时收储等收购政策进一步完善。国家粮食局认真研究粮食产需和市场形势，会同有关部门在新粮上市前研究制定并及时公布小麦、早籼稻、中晚稻最低收购价执行预案和玉米、大豆、油菜籽临时收储工作方案，扩大政策性粮油收购范围，完善启动、监管和补贴机制，根据粮油市场情况适时在主产区启动最低收购价和临时收储，稳定了市场价格，保护了农民利益。针对前期市场粮价涨幅较大、多元市场主体入市收购粮食意愿强烈等不同于往年的特殊情况，国家有关部门健全了粮食企业最低最高库存量制度，逐户核定企业最高库存量，全面开展收购资格核查，督促和引导企业均衡收购，防止和打击囤积居奇，有效稳定了市场预期，维护了收购市场秩序。2010年，全国各类粮食企业收购粮食30246万吨，其中国有粮食企业收购13352万吨，托市收购粮食（含油料）3055万吨，为市场调控提供了重要的物质基础。二是粮食储备调节机制进一步健全。指导和督促做好中央储备粮油轮换工作，在市场粮价过高时果断停止中央储备粮企业入市收购。进一步完善粮食竞价销售政策，采取有效措施解决“出库难”及“转圈粮”问题。适时增加玉米投放数量，加强竞买企业资格审核，保证饲料和养殖企业的玉米需要。各地按照要求积极充实地方粮油储备，健全储备体系，提高储备粮油管理水平。三是粮食产销衔接机制进一步健全。深化粮食产销合作，黑龙江金秋粮食交易合作洽谈会、福建七省市粮食产销协作洽谈会、中国国际粮油产品及设备技术展览会等产销合作机制不断发展，促进了产区粮食有稳定的销路，销区粮源有可靠的保障，为解决我国粮食区域供求不平衡矛盾发挥了重要作用。

## (三)进一步发展粮食产业化体系

一是国有粮食企业改革不断深化。2010年全国国有粮食企业通过改制改组调整到16549家，企业结构和布局优化，市场竞争力不断提高，资产规模达到8291.6亿元，净资产达到878.2亿元，企业整体市场竞争力明显增强。二是粮食产业化经营积极推进。为充分发挥重点粮油产业化龙头企业的影响和带动作用，促进企业做大做优做强，国家粮食局和中国农业发展银行重新认定了1938个重点支持的粮油产业化龙头企业，在流动资金、固定资产购置、技术升级改造、技术研发引进、粮食生产基地建设、粮油订单收购等方面给予重点支持，促进了粮食产业化经营的发展。三是粮食流通基础设施条件进一步改善，粮油加工业快速发展，粮油科技创新体系初步建立。四是“放心粮油”工程不断推进。据不完全统计，截至2010年底，全国各类“放心粮油”销售网点达到17万多个，其中农村网点6万多个，粮油产品总体合格率达到95%以上。

## (四)进一步健全粮食流通行政执法监督保障体系

一是粮食流通法制体系建设积极推进。粮食部门深入贯彻《粮食流通管理条例》和《中央储备粮管理条例》，积极制修订相关配套制度办法，依法履行工作职责。各地加快粮食立法进程，出台相应的地方法规、规章和规范性文件，为推进粮食依法行政提供制度保障。在《粮食法》列入十一届全国人大立法规划后，国家发展改革委、国家粮食局会同有关部门，坚持开门立法、民主立法和科学立法的原则，广泛深入调查研究，多方征求意见建议，各级粮食部门积极建言献策，《粮食法》研究起草工作进展顺利并取得阶段性成果。二是粮食监督检查工作逐步形成长效机制。监督检查工作体系逐步健全，粮食监督检查工作逐步实现了经常化、制度化、规范化。截至2010年底，全国省、市、县三级粮食行政管理部门设立监督检查机构的比例分别达到100%、84.1%、71.8%，取得粮食行政执法资格的人员共计达2.59万人。三是粮食质量监管工作取得积极进展。全国粮食质量监测体系基本建成，截至2010年底，隶属于各级粮食行政管理部门的粮油检验机构达793个。继续对中央储备粮承储库点和部分地方储备粮承储库点进行质量专项抽查，促进了储备粮质量合格率和宜存率的提高。组织开展粮食收获质量和卫生调查、监测，为制定粮食收购质价政策和加强质量安全管理提供重要依据。四是加强粮食仓储规范化和粮食安全生产管理。认真贯彻实施《粮油仓储管理办法》，各地和企业积极建立和完善粮油仓储管理规章制度，开展粮油仓储规范化管理活动，规范仓储管理行为。针对2009年粮食行业安全生产事故较多的情况，各级粮食部门采取切实有效的措施，强化安全生产工作，有效提高全行业安全生产水平，2010年粮食安全生产形势明显好转，未发生重大安全生产事故。五是加强粮食收购资格审核和中央储备粮代储资格认定工作。截至2010年底，全国具有粮食收购资格的经营者8.75万家；具有中央储备粮（油）代储资格的企业1851户，资格仓容（罐容）9181.5万吨，企业布局趋于合理。

# 三 国有粮食企业改革现状分析及对策

## (一)国有粮食企业改革和发展取得的成效

2010年以来，面对国内外经济和粮食市场复杂形势，各级粮食部门以科学发展观为指导，紧紧围绕粮食流通工作大局，努力克服困难，不断深化国有粮食企业改革，国有粮食企业改革和发展工作取得新进展。

### 1.经营环境逐步改善，企业负担进一步减轻

2010年，各地按照国家有关部门的文件精神，限期划转占用商业银行贷款政策性挂账，因地制宜消化经营性挂账，取得明显成效。当年消化经营性粮食财务挂账54亿元。同时，指导企业认真执行《关于部分国家储备商品有关税收政策的通知》（财税〔2009〕151号），落实储备粮企业有关税收减免政策，大大减轻了企业负担。

各地积极采取多项政策，扩大富余职工再就业渠道，维护职工合法权益。通过采取返聘安置、转岗技能培训、加大服务力度等多种措施，千方百计促进富余职工再就业。当年安置国有粮食企业富余职工再就业人数2.2万人，其中粮食部门安置1.5万人。“十一五”期间，累计安置国有粮食企业富余职工再就业人数49.4万人，其中粮食部门安置31.5万人。

### 2.企业产权制度改革不断深化，继续发挥主渠道作用

2010年，各地进一步深化国有粮食企业产

权制度改革，通过兼并重组，促进了企业布局和结构进一步优化。截至2010年底，全国国有粮食企业总数16549个，其中购销企业11618个，分别比上年减少1614个、949个，减幅分别为8.9%、7.6%。现有国有粮食企业中改制企业数10766个，其中购销企业8045个，分别占现有企业数的65.1%、69.2%。尽管国有粮食企业数量减少，但仍继续发挥粮食购销主渠道作用。2010年，国有粮食企业多渠道取得收购资金2700多亿元，收购粮食13352万吨。

#### 3.加快转变发展方式，企业经济运行质量不断提高

2010年，在各级粮食部门的大力指导下，国有粮食企业积极转变经营机制，搞活粮食购销，加强经营管理，企业经济效益进一步提高，全年实现统算盈利60.9亿元，同比增长12.7%。其中地方国有粮食企业实现统算盈利28.3亿元，同比增长28.2%，高于全国15个百分点，有27个省（区、市）实现了统算盈利，北京、天津、吉林、上海、江苏、浙江、安徽、山东、河南、广东、新疆等省（区、市）盈利额都在1亿元以上。

#### 4.积极支持产业化龙头企业发展，推动产业结构优化升级

国家粮食局与中国农业发展银行联合下发了《关于印发重新审定的重点支持粮油产业化龙头企业名单的通知》（国粮财〔2010〕54号），对重新审核确定的1938家重点支持的粮油产业化龙头企业和其他符合条件的产业化龙头企业予以公布，并继续在生产设备购置、技术升级改造、技术引进和生产基地建设等方面给予信贷支持。2010年农业发展银行发放粮油产业化龙头企业贷款1099.8亿元，其中山东省落实粮油产业化龙头企业贷款67亿元，有力支持粮食产业化龙头企业发展。截至2010年年底，全国国有粮食企业中规模以上粮食产业化龙头企业达到929个。

### (二)当前国有粮食企业改革和发展存在的主要问题

一是企业历史遗留问题没有彻底解决，经营性挂账较多，企业富余职工分流安置存在资金缺口。二是在粮食流通市场化条件下，既方便农民售粮，又适应国家粮食调控需要的粮食购销主渠道新网络尚未完全建立起来。三是国有粮食企业竞争力相对较弱，在多元主体增多、外资企业进入、市场竞争更趋激烈的条件下，国有粮食企业的经营和发展面临较大挑战。四是企业经营环境仍需进一步改善，部分国有粮食企业仓储设施陈旧，一些财税、金融政策没有落实到位，基层企业贷款难的问题普遍存在。

### (三)下一步推进国有粮食企业改革和发展的对策

#### 1.继续妥善解决企业历史遗留问题，减轻企业负担

重点是落实有关政策措施，采取多种方式做好经营性挂账的消化处理工作。争取有关部门支持，多渠道筹措资金，解决前几年国有粮食企业富余职工分流安置的资金缺口，落实社会保障和再就业政策，维护职工合法权益。

#### 2.进一步推进国有粮食购销企业战略重组，支持企业做大做优做强

加大对基层国有粮食购销企业产权制度改革力度，以优势骨干企业为主体，实行跨区域兼并重组，组建公司制、股份制粮食购销企业，作为国家

掌握粮源的重要基础，构建粮食购销主渠道新网络，增强购销服务功能。着力培育若干个国有或国有控股的区域性地方大型粮食经营企业；支持大型粮食经营企业跨区域兼并重组或强强联合，实现优势互补；鼓励大型粮食经营企业对基层粮食购销企业的兼并重组，延伸购销网络。

### 3.扶持骨干粮食产业化龙头企业发展，完善产业链条

鼓励有条件的地方发展粮食产业（物流）园区，支持国有粮食企业结合“退城进郊”向粮食产业（物流）园区聚集。鼓励和支持骨干粮食产业化龙头企业收购兼并和参股基层国有粮食购销企业，延伸和完善产业链条；推动有条件的粮食产业化龙头企业向科研、生产、收购、加工、销售一体化发展，增强企业竞争力。支持大型骨干产业化龙头企业培育知名品牌，增强企业带动力和影响力。发挥骨干粮食产业化龙头企业在国家粮食应急加工和保障成品粮供应需要方面的重要作用。

### 4.因地制宜发展城乡连锁经营，拓宽企业经营服务领域

充分利用现有国有粮食企业仓储设施和场地资源优势，综合考虑地理条件和农村消费水平因素，完善农村服务网点，发展粮油连锁经营，推进“放心粮油”进农村活动。积极开展面向农户的粮食代购、代销、代存、代加工业务，扩大经营范围，活跃农村粮食市场，搞好为农服务。以企业带动为主、政府支持为辅，因地制宜建设城镇粮油食品配送中心，发展快餐连锁经营，方便城镇居民生活。

### 5.落完善国有粮食企业改革和发展的政策

争取地方政府支持尽快妥善解决未占用农发行贷款的政策性亏损。积极争取和落实粮食企业有关税收政策，为继续发挥粮食购销主渠道作用创造良好条件。继续争取落实支持粮食流通产业发展的各项财政、金融政策，为保障粮食安全奠定坚实基础。帮助企业协调落实粮食收购资金，支持企业开展粮油购销，促进发展增收。

# 四 国有粮食企业经营管理情况分析

## （一）国有粮食企业经营管理情况

2010年，各级粮食部门以科学发展观为指导，认真贯彻落实中央一系列强农惠农政策和粮食宏观调控政策，采取多种有效措施，积极应对粮食市场复杂形势，进一步加强对国有粮食企业经营管理工作的指导，抓好粮食购销和产业发展，国有粮食企业经营管理继续保持良好发展势头。在连续三年统算盈利的基础上，当年实现统算盈利60.85亿元，其中中央企业盈利32.56亿元，地方国有粮食企业盈利28.29亿元，北京、吉林、江苏、山东等27个省（区、市）国有粮食企业实现统算盈利。

## (二)国有粮食企业经营管理情况分析

2010年国有粮食企业在复杂粮食市场形势下继续保持盈利的主要原因：一是各级粮食部门高度重视国有粮食企业经营管理工作，通过建立国有粮食企业改革和发展工作联系点制度，及时分析和掌握企业经营管理情况，采取多种有效应对措施，促进企业搞好经营管理。二是认真研判粮食市场形势，指导企业严格执行国家粮食购销政策，有序入市收购，做好最低收购价粮和临时存储粮食的收购工作，发挥主渠道作用。同时，积极协调落实粮食收购资金，指导企业抓住小麦、水稻、玉米等主要粮食品种价格高走稳走的市场机会，灵活开展自主粮食购销，扩大经营量，提高经济效益。三是指导企业认真执行国家有关粮食财务挂账处理政策，及时划转占用商业银行贷款政策性挂账，采取多种方式消化处理经营性挂账，落实粮油储备企业有关税收减免政策，为国有粮食企业经营发展创造了有利条件。四是推动企业进一步深化改革，完善购销网络和产业链条，转换经营机制；争取财政、金融政策支持，促进粮食产业化发展，提高经营活力。五是指导企业加强内部管理，尤其是财务管理，搞好节支增收，进一步提高企业经营管理质量。

尽管国有粮食企业实现连续四年统算盈利，但继续保持企业良好发展态势还面临不少困难：一是通胀预期增强，加上我国粮食区域性、结构性矛盾比较突出，加剧了市场粮价波动，国有粮食企业经营面临较大市场风险；二是基层企业历史遗留问题尚未完全解决，自主经营仍比较困难，企业减亏增盈的基础还不牢固；三是企业的经营环境需要进一步改善等。

## (三)进一步做好国有粮食企业经营管理工作的措施

各级粮食行政管理部门要以科学发展为主题，以加快转变经济发展方式为主线，按照全国粮食局长会议的总体部署，进一步做好国有粮食企业经营管理工作。继续协调落实各项粮食财务政策，妥善解决国有粮食企业经营性挂账等历史遗留问题，切实减轻企业负担；认真贯彻落实国务院有关文件精神，指导和督促国有粮食企业有序入市收购，搞好粮食购销，夯实企业经营基础，促进粮农增产增收；推动企业继续深化改革，做大做优做强，增强竞争能力和经营活力；积极争取政策和资金支持，努力改善企业经营发展环境；指导企业进一步强化内部管理，尤其是财务管理，有效运营资产，降低成本费用，防范经营风险，不断提高企业经营管理质量。

# 第五部分

## 粮食宏观调控

# 一 2010年粮食最低收购价政策执行情况

考虑到种粮成本提高等多种因素，为调动农民种粮积极性，保护农民利益，促进粮食增产和农民增收，2010年国家在主产区继续实行小麦、稻谷最低收购价政策，并适当提高了最低收购价水平。在总结近几年经验的基础上，国家发展改革委、国家粮食局会同有关部门研究制定了小麦、早籼稻、中晚稻最低收购价执行预案，进一步完善了监管和补贴机制，细化具体操作措施，提高了预案的可操作性和针对性。江苏、安徽、山东、河南、湖北等5省适时启动了小麦最低收购价执行预案。收购期间，各级粮食行政管理部门及时派出工作组，深入基层调研、检查指导收购工作，协调解决收购过程中出现的新情况和新问题，保证收购工作顺利进行。在小麦市场价格明显高于最低收购价水平时，果断停止了托市收购，维护了粮食市场稳定。由于稻谷市场价格高于最低收购价水平，早籼稻、中晚稻均没有启动预案。

据统计，2010年共收购最低收购价小麦2311万吨，基本满足了农民的售粮需求。最低收购价政策的有效实施，对于引导市场预期，稳定市场价格，保护农民利益、促进农民增收具有积极作用。

# 二 2010年国家临时收储政策要点及调控效果

2010年，国家继续对油菜籽、大豆实行托市收购政策，临时收储价格也相应有所提高，油菜籽、大豆临时收储价格分别提高到3.90元/公斤和3.80元/公斤，比2009年分别提高了0.20元/公斤和0.06元/公斤。国家粮食局会同有关部门及时下发文件，分别对油菜籽、大豆临时收储工作作出具体部署。冬、春油菜籽主产区托市收购工作分别于2010年6月1日、9月1日先后启动。东北地区大豆临时收储工作于2010年11月1日开始启动。

为鼓励加工企业入市收购，对指定加工企业按照不低于国家确定的托市收购价格挂牌收购农民交售的油菜籽，中央财政继续按每公斤0.20元的标准给予一次性费用补贴，并适当增加了主产区纳入补贴范围的地方油脂加工企业数量。截至2010年底，指定的中央和地方油脂加工企业共收购油菜籽364万吨。各类企业积极入市，收购进度较快，价格明显回升，市场机制得到了有效发挥。既保护了农民利益，促进了油料生产发展，又提高了国内油脂加工企业的竞争力，促进了国内食用油产业的健康发展。

为保护种粮农民利益，切实维护粮食市场和社会稳定，国家有关部门下达新疆地区2010年产小麦国家临时收储计划150万吨，由中储粮总公司在新疆组织收购，实际收购86万吨。同时，针对新疆部分地区的芽麦问题，将不完善粒在20%以内的小麦列入临时收储范围。这也是国家连续第二年在新疆地区实施小麦临时收储政策。

2010年以来，由于国内玉米市场价格持续上涨，新玉米上市后仍保持较高水平，各类市场主体积极入市收购，国家临时收储玉米工作没有启动。

## 三 2010年临时存储粮油购销调运情况

### (一)收购情况

一是继续对主产区油菜籽实行托市收购政策。截至2010年底，中储粮总公司直属企业及委托企业临时收储油菜籽收购241万吨，指定的中央和地方油脂加工企业收购364.1万吨。二是东北三省和内蒙古自治区执行大豆临时收储政策。截至2010年底，共收购临时存储大豆106.9万吨。三是下达新疆维吾尔自治区2010年产小麦临时收储计划150万吨，截至2010年底共收购临储小麦86万吨。

### (二)销售情况

2010年，为实现中央提出的管理好通胀预期、稳定消费价格总水平、保障群众基本生活等目标，根据国内粮食市场需求和价格等情况，在地方各级粮食行政管理部门、有关粮食批发市场的积极配合下，国家有关部门适时适量安排竞价销售政策性粮食，确保了居民口粮消费和企业用粮的需要。

为防止粮价过快上涨，国家有关部门合理安排拍卖粮源，定期向市场投放国家政策性粮食，有针对性地增加了价格易波动地区和重点用粮地区的投放数量。同时不断完善交易细则，严格限定竞买企业资格和竞买量，要求竞买企业尽快运回并加工投放市场。各地粮食行政管理部门认真做好对竞买企业资格条件的审核工作，督促企业严格执行相关规定，确保了交易活动顺利进行，增强了调控的针对性和有效性。全年累计成交政策性粮食8134万吨。为确保食用植物油市场供应，还适时投放部分国家临时存储食用植物油和大豆，有效地稳定了食用油市场价格。2010年共成交食用植物油50万吨。

针对2010年粮食市场的复杂形势，有关部门加大工作力度，创新工作机制，采取多种办法完善销售方式。安排两次大型面粉加工企业小麦专场定向拍卖， 对5个主销区指定大米加工企业实行粳稻定向竞价销售，组织指定加工企业参与食用植物油竞买等。通过采取以上措施，粮油市场调控取得了明显成效。

为切实做好政策性粮食销售出库工作，国家粮食局会同有关部门下发了《关于严肃纪律切实做好政策性粮食出库工作的通知》（国粮电〔2010〕19号），对粮食销售出库各环节提出了明确要求。各地认真抓好落实工作，切实维护国家政策的权威性、严肃性，增强了宏观调控效果。

### （三）调运情况

2010年，国家有关部门共下达4批政策性粮油跨省移库计划522万吨，同时还根据调控需要进行了计划调整。目前跨省移库计划已全部完成。通过组织政策性粮油跨省移库，有效充实了销区和薄弱地区库存，优化了库存布局，对保障市场供应和价格稳定发挥了积极作用。

## 四 粮食市场体系建设

### （一）2010年粮食市场体系建设和发展情况

2010年是“十一五”收官之年。国家粮食局继续组织实施《全国粮食市场体系建设“十一五”规划》（以下简称《“十一五”规划》），积极推进全国统一粮食竞价交易平台建设，加强对粮食批发市场建设指导与扶持，加强粮食市场体系建设的调研和理论研究，推进了全国粮食市场发展和建设。地方粮食部门进一步加大粮食市场体系建设工作力度，引导和支持粮食市场发展，粮食市场体系建设取得明显成效。

#### 1.粮食收购市场

2010年，国家进一步健全粮食收购市场准入制度，依法开展粮食收购资格核查，切实加强粮食收购市场监管，规范粮食收购活动，维护了正常的粮食收购市场秩序。截至2010年底，全国31个省（区、市）均已出台粮食收购资格审核管理办法；具有粮食收购资格的粮食经营者达到8.75万个，比“十五”末增加 2.54万个。其中国有及国有控股企业1.75万个，其他多元市场主体7.00万个，分别占总数的20%、80%。“十一五”期间，国有粮食企业继续发挥主渠道作用，收购粮食比“十五”时期增加23%，在为国家提供了粮食宏观调控物质基础的同时，有力地促进了种粮农民增产增收。其他多元市场主体积极入市收购，方便了农民售粮，活跃了收购市场，搞活了粮食流通。

#### 2.粮食零售市场

2010年，各级粮食部门积极引导发展多种粮食零售渠道，粮食零售市场在探索中不断发展，超市和粮油连锁店等零售网点在城乡发展较快，零售供应网络逐步健全，大中城市粮油应急供应网点建设稳步推进。“B－TO－C”粮食电子商务继续稳步发展，一些大型粮油集团也积极拓展网上粮油产品零售渠道，如中粮集团推出了大型网上购物平台“我买网”，直接通过网络销售其粮油产品。粮油产品连锁经营方面也有了一些新的突破，杭州粮油批发市场依托市场的品牌，在地方财政的支持下，以开设批发市场直销点的模式，在51个社区建立连锁经营店，取得了较好效果。此外，放心粮油进农村活动继续深入推进，截至2010年底各地放心粮油生产企业已建立各类销售网点17万多个，其中农村网点6万多个。

### 3.粮食批发市场

2010年，各级粮食行政管理部门重点加强了对粮食批发市场建设的指导和扶持，粮食批发市场基础设施建设和现代化水平明显，各类粮食批发市场功能定位基本明确，形成了以国家粮食交易中心为龙头、商流市场和成品粮市场为骨干的粮食批发市场体系。一是国家粮食局进一步健全重点联系粮食批发市场制度，实行了重点联系单位动态调整制度，确保发挥重点联系市场的龙头和示范作用，更好地为国家粮食宏观调控服务。2010年，新批复郑州庆丰粮油大米市场为国家粮食局重点联系大中城市成品粮批发市场，同时不再将河南省方欣粮油批发市场列为重点联系单位。目前，国家粮食局共有重点联系粮食批发市场48家，其中商流粮食批发市场22家，成品粮批发市场26家。二是全国统一粮食竞价交易平台建设进一步推进，在国家粮食宏观调控中发挥了更大的作用。2010年，以22家国家粮食交易中心为主体的统一竞价交易平台，共交易国家政策性粮食8134万吨，较2009年的6550万吨增长了24.2%，年度交易量、交易额、经济效益均创历史新高，很好地发挥了国家粮食宏观调控载体作用。三是各类粮食批发市场发展建设取得了积极进展。2010年，各类粮食批发市场进一步重组整合，粮食批发市场主体多元化，布局结构趋于合理。到2010年底，我国共有各类粮食批发市场411家，其中国有及国有控股207家，股份制81家，民营123家；商流市场136家，成品粮市场264家，综合性市场11家。据不完全统计，2010年全国各类批发市场年成交量达1.35亿吨，按照粮食总产量54647.7万吨，商品率56%计算，各类批发市场交易量约占全年商品流通量的41.1%，成为粮食流通的重要渠道。

### 4.粮食期货市场

2010年，我国粮食期货市场交易活跃，各品种交易价格总体看有一定幅度的上涨。从成交量看，2010年全国粮食期货成交量和成交金额为66521.77万手和303295.61亿元，比上年分别增长了1.01%和10.04%，其中早籼稻期货交易大幅走高，成交量、成交金额分别比上年增加1276.98%和1457.59%；玉米期货成交也比较活跃，成交量、成交金额分别增长115%和170.3%；硬白小麦成交有所增长，其余品种则出现不同幅度下跌。从价格走势看，各粮食期货品种相比与前两年的情况看，波动幅度都有所收窄。主要粮食品种走势：小麦上半年价格平稳，下半年由于国家提高最低收购价、部分产区减产以及通货膨胀预期等多方面因素影响，价格不断走高，之后在国家政策调控下呈现盘整态势；玉米上半年呈现平稳运行、温和上涨的走势，下半年则受国际市场及国内其他粮食品种和下游加工产品价格走高等因素带动影响，快速走强；早籼稻上半年市场价格持续走低，7月后，受2010年早稻减产预期影响，市场价格普遍看涨，此后在国家宏观政策调控下早稻价格在高位稳定；大豆上半年窄幅波动、横盘整理，下半年在国际市场带动下振荡上扬、稳步走高，在调控政策作用下年底略有回调。从各粮食品种价格走势看，主要有两个特点：一是各品种之间联动更加明显；二是国家粮食宏观调控对市场影响力明显增强。

**表5-1 2010年度粮油期货合约交易情况表**

单位：成交量：万手，成交额：亿元

| 品种名称 | 2010年成交量 | 2009年成交量 | 同比增减 | 2010年成交额 | 2009年成交额 | 同比增减 |
|---|---|---|---|---|---|---|
| 早籼稻 | 5370.49 | 390.02 | 1276.98% | 12662.75 | 812.97 | 1457.60% |
| 优质强筋小麦 | 1160.93 | 1366.94 | −15.07% | 2995.34 | 2903.73 | 3.15% |
| 硬白小麦 | 7.02 | 4.03 | 74.19% | 15.25 | 7.7 | 98.05% |
| 豆一 | 7478.72 | 8501.42 | −12.03% | 30852.02 | 31121.85 | −0.87% |
| 豆二 | 2.94 | 6.41 | −54.13% | 12.36 | 23.32 | −46.99% |
| 玉米 | 7199.91 | 3348.82 | 115.00% | 15366.83 | 5684.9 | 170.31% |
| 豆粕 | 25116.38 | 31080.81 | −19.19% | 77303.25 | 89116.36 | −13.26% |
| 豆油 | 18281.25 | 18967.38 | −3.62% | 155530.42 | 137825.82 | 12.85% |
| 菜籽油 | 1904.13 | 2191.37 | −13.11% | 8557.39 | 8130.39 | 5.25% |
| 总计 | 66521.77 | 65857.2 | 1.01% | 271810.37 | 275627.04 | 10.04% |

注：①数字资料来源于郑州商品交易所和大连商品交易所。
②成交量、成交额均按双边计算。

## (二)2011年粮食市场体系建设工作思路

2011年是“十二五”开局之年，国家粮食局将以编制和出台《全国粮食市场体系建设与发展“十二五”规划》为契机，大力推进粮食市场体系建设。一是认真编制和组织实施粮食市场体系建设与发展“十二五”规划。修改完善《全国粮食市场体系建设与发展“十二五”规划》，并正式印发实施；规划出台后督促各地抓好贯彻落实和组织实施工作，引导地方粮食市场建设合理布局、有序推进。二是加强粮食市场规章制度建设，修改完善《粮食批发市场管理办法》，尽快以规章形式出台，规范粮食批发交易行为，维护正常粮食交易秩序。三是继续完善全国粮食竞价交易体系建设。引导和扶持国家粮食交易中心进一步加快建设步伐，提升服务功能；积极推进各类政策性粮食进入全国粮食竞价交易系统交易，进一步发挥统一竞价交易平台在提高宏观调控效率、降低调控财政成本、维护价格和供应基本稳定、保障国家粮食安全等方面的作用。四是进一步完善重点粮食市场联系制度，重点扶持大中城市成品粮批发市场设施升级改造。五是加强粮食流通渠道和形式的研究，鼓励和支持企业积极探索和发展新型粮食渠道，开拓和发展农村粮食流通网络，搞活粮食流通。

# 五　粮食储备体系建设与管理

2010年，各级粮食行政管理部门继续加强粮食储备体系建设与管理，各项工作成效显著。一是国家有关部门及时下达年度轮换计划并督促实施，明确要求优先安排轮换不宜存和储存时间较长的粮油，确保储备粮油品质良好。进一步强调储备粮油轮换要服从和服务于国家宏观调控需要，把握好轮换时机和节奏，防止粮油市场价格出现大幅波动。中储粮总公司认真组织实施，轮换工作进展顺利，截至2010年末，中央储备粮轮换计划实际完成94%左右，确保中央储备粮常储常新、质量良好。二是2010年底国家有关部门启动了中央储备部分品种轮换补库收购工作，进一步充实中央储备粮油库存，增强国家宏观调控的物质基础。三是2010年初国家有关部门先后下达两批中央储备粳稻跨省移库计划，以优化储备布局，保障销区市场供应。四是2010年3月，国家有关部门对各地落实地方储备情况进行了通报，要求各地进一步充实地方粮油储备，加大工作力度，切实增强地方政府市场调控和应急保障能力，贯彻落实粮食省长负责制和确保国家粮食安全的有关要求。同时，各地还积极落实成品粮油和小包装粮油储备，应急保障物质基础进一步增强。

总体来看，2010年地方粮油储备规模稳步增加，布局和品种结构进一步优化，调控区域市场的能力显著提高，管理和运行机制不断健全，经营管理水平迈上了一个新台阶。

# 六　粮食产销合作现状与展望

2010年，粮食产销合作继续健康发展，合作水平不断提高，合作内容不断丰富，合作规模不断扩大。一是认真落实东北粳稻运费补贴和玉米采购补贴政策。2009年关内销区采购东北粳稻（大米）运费补贴和玉米采购补贴政策执行期延续到2010年上半年，各地粮食部门认真组织，积极沟通协调，认真抓好政策的具体落实，有力地推动了东北稻米和玉米向关内销区的顺畅流通，缓解了东北地区的收储压力，优化了库存布局。二是不断健全产销衔接机制，深化产销合作，黑龙江金秋粮食交易合作洽谈会、福建七省市粮食产销协作洽谈会、中国国际粮油产品及设备技术展览会等产销合作机制不断发展，累计签订粮食购销协议2000多万吨，促进了产区粮食有稳定的销路，销区粮源有可靠的保障。

2011年，要继续加强“北粮南运”，支持销区企业到产区采购。要进一步加强与铁路等有关部门的沟通协调，完善促进产销合作发展的政策措施，积极引导粮食产销区建立利益协调机制，努力营造促进产销合作发展的良好环境，鼓励产区与销区建立多形式、深层次、长期稳定的粮食产销合作关系，努力扩大合作规模和范围。销区粮食行政管理部门要继续支持有实力的企业到产区开展订单生产、订单收购，或委托产区企业与农户签订单；产区粮食行政管理部门要继续为销区企业提供便利和服务，进一步提升产销合作水平，促进粮食有序顺畅流通。

# 第六部分

## 粮食依法行政

# 一 粮食行业依法行政扎实推进

2010年，粮食行政管理部门认真贯彻落实全国依法行政工作会议精神以及国务院《全面推进依法行政实施纲要》和《关于加强法治政府建设的意见》，围绕粮食流通中心工作，坚持依法行政，扎实推进依法管粮，取得了重要进展。粮食行政管理人员依法行政的意识和能力得到增强，粮食行政管理机关依法行政的水平逐步提高。

## (一)积极推进《粮食法》研究起草工作，起草工作进展顺利

2010年，《粮食法》再次列入国务院立法工作计划。国家粮食局与有关部门按照国务院的要求，坚持开门立法、民主立法和科学立法的原则，广泛深入调查研究，多方征求意见建议，《粮食法》研究起草工作已取得阶段性成果。

一是成立《粮食法》起草咨询机构。根据《粮食法》起草工作领导小组决定，经相关部门推荐，成立了由21位来自不同领域的专家学者组成的《粮食法》起草工作专家组，为起草工作提供咨询服务。

二是审议确定《粮食法》基本框架，研究起草《粮食法（草案）》条文。《粮食法》起草工作领导小组第二次会议讨论并原则通过了《粮食法》基本框架。根据会议讨论情况，结合部门意见和专家意见，对基本框架进行修改完善。根据审定的《粮食法》基本框架，抓紧研究起草具体法律条文，形成《粮食法（草案）》初稿，并征求各成员单位、专家以及地方粮食部门的意见。国家粮食局有关负责同志多次主持召开会议，认真研究各方面反馈的意见建议，对草案稿进行研究讨论和逐条修改。起草工作领导小组第四次会议研究审议并原则通过了《粮食法》草案稿。国家粮食局局长办公会审议并原则通过《粮食法》草案稿。

三是加强立法调研，多方听取《粮食法》起草的意见建议。组织开展多次调研，通过召开座谈会、实地调研、书面征求意见等多种形式，广泛听取中央有关部门、地方人民政府及其相关部门、种粮农民、种粮大户、粮食企业、人大代表、政协委员等社会各方面关于《粮食法》的意见建议。认真研究国外粮食相关法律，对美国、欧盟、加拿大、日本、澳大利亚等国家和地区的相关粮食法律进行梳理和研究。加强与各成员单位的沟通和协调，及时向各成员单位通报《粮食法》起草工作进展情况，多次征求各成员单位的意见，对反馈的意见进行认真研究，对涉及《粮食法》基本原则、主要制度和重要法律条文等重要问题，与各成员单位反复磋商达成共识。充分发挥专家组咨询服务的重要作用，先后召开三次专家组会议，认真听取了专家组各位专家的意见。

## (二)继续做好粮食普法依法治理工作，为依法行政营造良好的法律氛围

一是研究制定2010年普法工作要点。根据全

国普法办的要求，结合2010年粮食流通重点工作，研究制定了2010年粮食行业普法依法治理工作要点，对2010年普法工作的目标、任务和重点进行部署，确保普法工作有计划、有步骤推进。

二是突出宣传工作重点。为落实好全国粮食局长会议精神，更好地服务粮食流通中心工作，将《粮食流通管理条例》（以下简称《条例》）颁布实施六周年的宣传主题确定为“提高依法行政能力，保障国家粮食安全”，举办座谈会、面向全社会开展《粮食法》征文和《条例》知识竞赛、在局政府网开办《条例》宣传专栏等活动。各级粮食部门围绕宣传主题，深入宣传《条例》及各省（区、市）配套的粮食地方性法规规章，同时把《条例》宣传活动与依法行政实践结合起来，进一步提高了粮食生产者、经营者和消费者对《条例》的认知度，增强了粮食部门依法行政的意识和水平。

三是做好检查验收工作。按照全国普法办的统一部署，在粮食行业组织开展“五五”普法规划检查验收工作，认真制定检查验收指导标准，督促各地做好“五五”普法规划检查验收相关工作。

## （三）全面开展粮食规章规范性文件清理工作，认真梳理粮食行政执法依据

2010年，按照国务院的统一部署，全面开展粮食规章规范性文件清理工作。及时召开专题会议，学习传达国务院文件精神和国务院法制办清理工作会议要求，研究部署清理工作。为保证清理工作的顺利进行，成立了由国家粮食局相关负责同志任组长的粮食规章规范性文件清理工作领导小组，下设清理工作办公室，负责日常清理工作。制定详细的清理工作方案，对清理工作进行统一安排，明确清理工作的范围、原则、步骤和具体要求，确保按质按时完成清理工作。建立分工负责、相互配合的清理工作机制，研究确定粮食规章规范性文件清理范围，按照职责分工提出初步清理意见，并反馈清理工作办公室集中审核。集中审核后，再将清理意见反馈有关单位进行确认。最后，由清理工作办公室汇总清理意见，报清理工作领导小组审核。经过全面清理，粮食规范性文件保留89件，失效41件，废止17件。

## （四）依法做好粮食行政许可工作，加强粮食流通监管体系建设

认真做好粮食收购资格审核和中央储备粮（油）代储资格认定工作。根据《条例》规定和有关文件要求，对粮食经营者的收购资格进行全面核查，截至2010年底，全国具有粮食收购资格的经营者8.75万家。根据《中央储备粮管理条例》，认真做好中央储备粮（油）代储资格认定工作，企业布局趋于合理，截至2010年底，具有中央储备粮（油）代储资格的企业1851户，资格仓容（罐容）9181.5万吨。

认真做好粮食流通监督检查和质量监管工作。监督检查工作体系逐步健全，截至2010年底，全国省、市、县三级粮食行政管理部门设立监督检查机构的比例分别达到100%、84.1%、71.8%，取得粮食行政执法资格的人员共计2.59万人。全国粮食质量监测体系基本建成，截至2010年底，隶属于各级粮食行政管理部门的粮油检验机构达793个。

### （五）继续开展粮食依法行政示范创建活动，着力推进基层粮食部门依法行政

加强对基层粮食部门依法行政工作的指导和监督，通过召开座谈会、编印经验材料、印发工作动态等多种方式，及时总结推广示范单位依法行政工作的经验和做法，充分发挥示范单位的示范辐射带动作用，推动基层粮食部门依法行政工作的深入开展。

## 二 粮食收购资格审核全面完成

2010年，各级粮食部门根据《粮食流通管理条例》的规定和国务院有关文件的要求，认真开展粮食收购资格审核工作，全面核查粮食经营者的收购资格，切实维护粮食收购市场秩序。

### （一）全面核查粮食收购资格，规范粮食收购行为

各级粮食部门根据《粮食流通管理条例》规定和有关文件的要求，对本辖区粮食经营者的粮食收购资格开展了全面核查，重点对粮食收购者是否按照要求取得粮食收购资格，粮食收购条件是否有重大变化，有无涂改、倒卖、出租、出借《粮食收购许可证》行为，从事粮食收购是否遵守有关法律、法规和粮食收购政策，是否以欺骗、贿赂等不正当手段取得粮食收购资格，跨地区收购是否向收购地县级粮食行政管理部门备案，对代收代储是否签订正式合同和纳入委托企业的经营和库存统计等情况进行核查。对按规定需取得收购资格但未取得而从事粮食收购活动的，依法予以禁止；对已取得收购资格但不再符合条件或不履行规定义务的，视情节暂停或取消了其粮食收购资格。通过核查，规范了粮食经营者的收购行为，维护了粮食收购市场秩序，有效地促进了粮食收购工作的平稳开展。

国家粮食局对14家取得粮食收购资格的中央粮食企业进行了核查。经审核，符合粮食收购资格条件的7家中央粮食企业的粮食收购许可证继续有效；对主要登记事项发生变化的4家中央粮食企业依法办理了粮食收购许可证变更；依申请注销了3家中央粮食企业的粮食收购许可证。

地方粮食部门按照国家的统一部署，认真开展粮食收购资格核查工作，对违法违规行为进行了严肃处理。截至2010年底，共检查各类收购主体59655个次，暂停收购资格926例，取消收购资格2320例。

### （二）粮食收购市场呈现多元化格局，各类市场主体积极入市收购

各级粮食部门积极指导和督促国有粮食企业带头执行国家粮食收购政策，引导和规范其他多

元市场主体有序收购，合理布局收购网点，不断提高服务水平，方便农民售粮。截至2010年底，全国具有粮食收购资格的经营者达到8.75万家，比2009年增加0.2万家，其中，国有及国有控股粮食企业1.75万家，占全部的20%，其他多元市场主体7.00万家，占全部的80%。全国各类粮食企业收购粮食30246万吨。国有粮食企业作为国家粮食宏观调控的重要载体，2010年收购粮食13352万吨，托市收购（含油料）3055万吨，有力地促进了粮食稳定增产和农民持续增收，为市场调控提供了重要的物质基础。多元市场充分发挥了网点多、分布广、经营灵活、方便快捷的优势，对方便农民售粮、搞活粮食流通起到了重要作用。

# 三 粮食流通监督检查工作现状及对策

2010年，各级粮食部门深入学习实践科学发展观，认真落实党中央、国务院关于粮食工作的方针政策，围绕粮食流通工作中心任务，积极开展监督检查工作，在政策性粮食购销活动监督检查、粮油库存检查、粮食流通秩序的规范、涉粮案件的查处、监督检查工作体系的完善和长效机制建设等方面取得了明显成效，为确保国家粮食宏观调控政策落实到位、保护农民种粮积极性、维护粮食流通秩序、稳定粮食市场、保障国家粮食安全发挥了重要作用。

## （一）积极开展政策性粮食购销活动监督检查，服务粮食宏观调控

### 1.开展收购政策落实情况和市场检查

2010年粮食市场形势复杂，为稳定市场粮价，管理好通胀预期，确保收购政策落实到位，国家粮食局及时下发文件，召开专门会议，部署小麦、油菜籽、早籼稻和秋粮收购专项检查，并派出多个工作组，深入主产省检查指导。各地坚持边收购边检查，以检查促收购，结合粮食品种和当地市场开展了大量卓有成效的工作。小麦收购期间，各小麦主产省及时制定专项检查方案，严格开展检查，其他地区也同步开展了检查工作。秋粮收购开始后，各地按照国务院办公厅通知精神，重点对粮食经营者的收购资格、履行最高库存量义务、执行统计制度等情况开展了检查。通过检查，有效地维护了粮食收购秩序，保证了收购政策落到实处。

### 2.不断强化政策性粮食销售出库检查

2010年是政策性粮食销售数量最多的一年，各级粮食部门将政策性粮食销售出库检查摆在更加突出的位置，加大对“出库难”问题的查处力度。国家有关部门多次发文，明确政策、明确要求、明确责任。各级粮食部门及时开展政策性粮食销售出库专项检查，不断加大力度，强化措施，督促承储企业履行粮食出库义务，严厉查处

设置障碍拖延、阻挠出库，额外收取费用，以及买方违反规定转手倒卖等行为。按照《粮食流通管理条例》的规定，对违规企业从重从快查处，责成有关单位取消违规收储库点的政策性粮食收储业务，取消违规购买企业的入市竞买资格。通过检查，促进了粮食及时有效投放市场，维护了国家政策的严肃性，也促进了国家粮食销售政策措施的不断完善。据批发市场统计，2010年政策性粮食出库率达97%以上，粮食出库总体顺畅。

## (二)开展粮食库存检查，夯实调控的物质基础

### 1.深入开展粮食库存检查工作

2010年，各地在总结2009年全国粮食清仓查库经验的基础上，按照国家粮食库存检查工作部署，认真落实在地检查原则，组织企业全面开展自查，加大对重点地区、重点企业、重点环节的复查，并对2009年全国粮食清仓查库提出整改措施的落实情况进行认真复核。在此基础上，国家有关部门对内蒙古等5省（区、市）粮食库存检查工作进行了督查。另外，北京、河北、吉林、江苏、广西、西藏等省（区、市）还对地方储备粮管理和轮换情况进行了专项检查，广东省增加了省级储备粮入库卫生检测指标，海南省对省级储备粮承储企业进行了考核。这些工作有效地巩固了2009年全国粮食清仓查库工作成果，有力地促进了粮食库存监管长效机制的建立。

### 2.做好食用植物油库存检查的调研和试点工作

为保障我国食用植物油安全，2008年，国务院下发《关于促进食用植物油产业健康发展保障供给安全的意见》，要求“对中央和地方储备油进行定期全面检查和经常性随机抽查”。为贯彻落实国务院文件精神，国家有关部门对如何开展食用植物油库存检查进行了大量调研，继2010年3月赴河南省调研食用植物油库存管理工作后，又派出9个调研组，对7省18市30家重点油脂企业进行深入调研，根据各地实际情况，提出了“先试点、后铺开”的工作思路，在广泛征求意见的基础上，制定了试点工作方案和检查方法。9月，国家有关部门联合下发通知，决定在湖北省开展库存检查试点，其他省份同步组织实物测量合理误差率试验。为搞好试点，国家有关部门在武汉市对600多名业务骨干进行了专业培训，组织了现场演练，为各地统一定制配发了专用检查设备。10月，会同湖北省有关部门共同开展了食用植物油库存检查试点。通过试点，摸清了食用植物油库存管理情况，验证了检查方案的可行性、检查方法的科学性、检查工具的适用性，合理确定了实物测量差率标准，解决了检查工作的关键技术问题，为今年开展全国食用植物油库存检查积累经验，做好了准备。

## (三)开展面向全社会粮食流通的监督检查，维护粮食市场秩序

2010年，非国有企业粮食收购量已占收购总量的56%。多元主体搞活了流通，但也给监督检查带来挑战。面对这种形势，各级粮食部门积极转变观念和职能，抓紧学法用法，按照《粮食流通管理条例》赋予的职责，由过去只管国有企业转向对全社会粮食流通的监督检查。各地结合本地特点，有效开展了粮食收购资格核查、收购市场检查、粮食流通统计制度执行情况检查、粮食

经营者履行最高、最低库存量义务检查等。在重大节假日、举办国际国内重要活动期间，在发生重大自然灾害之时，粮食部门及时行动，加强市场粮油供应和质量安全检查，确保了粮食及时供应不断档，质量安全无事故。2010年世博会和亚运会期间，上海、广东两地加强了对粮油市场的监督检查，江苏对供应上海、广东的粮食实行批批质量检验把关。玉树地震发生后，青海省及时部署抗震救灾期间粮油市场检查工作，有效保障了灾区粮油供应。

2010年，各地粮食部门共开展各种形式的监督检查行政执法活动107650次，出动人员437933人次，检查企业367445户次，与上年相比，执法活动次数和检查企业户次分别增加5.2%、7.7%。从行政执法的情况看，粮食购销活动检查、粮食收购资格检查、粮食库存检查、统计制度执行情况检查以及粮食质量检查，分别占总检查次数的28.6%、16.9%、15.9%、11.8%、10.3%。粮食收购活动检查、政策性用粮购销活动检查和粮食收购资格检查的次数同比增加幅度较大，分别增加50.4%、41.2%和23.3%，这与当年国家粮食政策力度大，监督检查工作及时跟上的情况相吻合。

## (四)加强监督检查自身建设，巩固执法工作基础

### 1.机构和队伍建设相对稳定

截至2010年底，全国31个省级粮食行政管理部门和新疆生产建设兵团粮食局全部设有监督检查机构，其中独立设立监督检查机构的有28个，与其他处室合署办公的4个，机构、队伍相对稳定。全国市（地）级粮食部门中，内设监督检查机构个数为296个，比例达84.1%，比2009年底增加6个，提高了1.7个百分点。县（市）级粮食部门中，内设监督检查机构的有1764个，占71.8%，比2009年底增加33个，提高了1.4个百分点。全国市（地）、县（市）两级粮食部门成立粮食执法队1412个，比2009年底增加32个，其中市（地）级117个，县（市）级1295个。全国取得粮食行政执法资格的人员2.59万人。

### 2.执法队伍素质整体提高

为提高执法队伍素质，各级粮食部门广泛开展了形式多样的法律法规和有关粮食政策的学习培训，开展了粮食行政执法、粮食库存检查等业务培训。天津、山西、吉林、江苏、山东、河南、海南等省（市）采取专题调研、专家讲座、案例剖析、经验交流等形式，开展了行政执法培训。北京市组织执法人员参加公共法律考试和粮食流通专业知识考试，安徽省集中对市、县粮食局长开展了粮食监督检查业务培训。各地还以开展创先争优活动为契机，不断提高监督检查人员的政治思想素质和政策水平。

### 3.执法条件逐步改善

各级粮食部门积极争取政府和有关部门支持，落实监管经费，配备执法工具。截至2010年底，全国近1/2的市（地）、1/3的县（市）粮食部门得到了同级财政部门监督检查专项经费支持。超过2/3的省（区、市）配备了一定数量的执法专用车辆，各省及大多数市、县为粮食行政执法配备了电脑等器材设备。随着监督检查工作经费的逐步落实，各地执法条件显著改善，工作效率进一步提高。

#### 4. 启动“全国粮食流通监督检查示范单位”创建活动

为进一步推动监督检查体系、队伍和制度建设，不断提高监督检查工作整体水平，2010年国家粮食局启动了“全国粮食流通监督检查示范单位”创建活动。各地认真学习宣传创建方案，精心组织符合条件的市县粮食部门申报、推荐。经逐级审核把关，共有29个省（区、市）粮食局向国家粮食局推荐了62个候选单位，其中市级粮食部门13个，县级粮食部门49个。国家粮食局经过严格审核并上网公示，确定了49个市、县级粮食行政管理部门为首批“全国粮食流通监督检查示范单位”。山东、河南等地参照国家粮食局的做法，还开展了本省粮食流通监督检查示范单位创建活动，有力地推动了粮食流通监督检查工作的开展。

### （五）加强粮食流通监督检查工作的对策

#### 1. 加强体系建设，夯实监督检查工作基础

按照《全面推进依法行政实施纲要》、国务院粮改文件的要求，进一步落实监督检查工作职能，健全机构，落实编制、人员和经费，重点推动市、县两级粮食部门监督检查内设机构建设工作，充实一线执法力量。精心选拔熟悉政策、精通业务、经验丰富、作风正派的人员，充实监督检查队伍。组织开展粮油库存监督检查培训、粮食监督检查执法资格培训和执法实务培训，提高监督检查人员业务素质。开展粮食监督检查示范单位创建活动，促进体系建设和监督检查工作整体水平的提高。通过完善管理制度，规范执法行为，努力建设权责明确、行为规范、监督有效、保障有力的粮食流通监督检查体系。

#### 2. 做好粮食流通监督检查的重点工作

一是突出抓好国家粮食购销政策落实情况的监督检查，确保宏观调控目标的实现。加强对国家粮食收购政策落实情况的监督检查，及时组织对粮食最低收购价、国家临时收储等政策落实情况的监督检查，确保政策落实到位。督促收储库点严格执行收购政策，既不得压级压价损害种粮农民利益，也不得抬级抬价扰乱收购秩序，防止出现“转圈粮”等违规问题的发生。加强对政策性粮食销售出库的监督检查，加大最低收购价粮、临时储存粮等政策性粮食销售出库检查力度，确保竞价销售的粮食按照交易规则和政策要求及时出库。督促中央储备粮直属库及实际存储库点严格遵守政策性粮食销售出库的各项规定，不得以任何理由设置障碍阻挠、拖延出库，不得以任何名目额外收取费用。有关地区加强退耕还林、水库移民、救灾粮等政策性粮食供应的监督检查，确保政策性粮食及时供应到位。

二是认真做好粮油库存检查工作，为粮食市场宏观调控提供可靠依据。按照国家有关部门的联合部署，切实做好全国食用植物库存检查工作，重点查清中央储备油、国家临时存储油、地方储备油以及政策性食用植物油承储企业库存商品油的数量、质量、仓储管理情况以及相关统计管理、财务管理、补贴管理、轮换管理和库贷挂钩情况。对纳入粮食流通统计范围的其他商品油进行摸底调查。督促企业提高管理水平，确保各类食用植物油库存数量真实、质量良好、储存安全，推动食用植物油库存监管工作规范化、常态化、制度化。结合各地春季粮食库存普查工作，继续做好年度例行粮食库存检查，不断创新检查

方式，提高检查工作的针对性。通过检查，发现和解决粮食库存管理中存在的突出问题，不断夯实国家粮食宏观调控的物质基础。

三是深入开展面向全社会粮食流通的监督检查，为粮食保供稳价创造良好的环境。结合粮食流通工作实际，提高社会粮食流通监督检查的针对性、灵活性、有效性。开展粮食收购资格定期核查，严格粮食收购准入门槛；开展粮食收购活动检查，规范粮食收购行为；开展粮食最高库存量检查，促进粮食市场和价格稳定；开展粮食流通统计制度执行情况检查，提高粮食统计数据质量；开展粮食应急预案落实情况监督检查，切实提高粮食应急保障能力；开展粮食质量检查，积极督促、检查企业严格执行国家粮食质量标准、粮食质量管理制度、出证索证及出入库检验制度、按规定规范使用储粮药剂。搞好日常粮食质量安全监测，完善粮食质量档案，落实粮食质量安全追溯制度和责任追究制度。配合工商、质检等部门加强对粮油加工、批发、零售等重点环节的检查，加强对大型粮油批发市场、超市和农贸市场成品粮油的巡查。

### 3.严查涉粮案件

加大涉粮案件的查处力度，对群众反映强烈，领导和社会高度关注，特别是涉及政策性粮食库存、收购和销售出库，以及严重危害国家利益，扰乱正常粮食流通秩序的重大案件，要坚决查办，严肃处理，及时通报。认真受理举报和意见投诉，关注媒体舆情。规范办案程序，坚持客观公正办案，提高办案质量和效率。及时总结办案经验，提高办案能力。对典型案例深入剖析，分析成因，提出完善政策、改进工作的意见和建议。

# 四 粮食流通统计制度作用及成效分析

粮食流通统计是粮食宏观调控的基础性工作，在粮食流通全面市场化的形势下，做好全社会粮食流通统计工作，是改善和加强粮食宏观调控的重要前提之一。2010年，各级粮食行政管理部门积极应对粮食流通形势的发展变化，及时修订统计制度，组织开展全国粮食统计执法大检查，切实履行全社会粮食流通统计职能，不断加强市场监测，深入开展统计分析，获得了大量翔实的统计数据，提供了具有较高参考价值的分析材料和调查报告，为国家粮食宏观调控、管理好通胀预期、做好粮油市场保供稳价工作发挥了重要作用。

## （一）适时进行制度修订，部门统计调查体系日趋完善

按照《粮食流通管理条例》的规定和相关部门的要求，为不断适应市场形势的发展变化，满足粮食宏观调控的要求，《国家粮食流通统计制

度》自2005年正式实施以来，三次进行修订，对调查内容、项目和指标予以优化和精简，及时增加粮食宏观调控亟需的调查项目和指标，建立了涵盖粮食流通、粮食仓储设施、粮油加工业和粮食行业机构人员等四方面内容的部门统计调查体系，并且日趋完善。

### （二）充分发挥统计监督职能，不断扩大统计影响

2010年，在全国范围内组织开展了粮食统计执法大检查工作，对粮食行业贯彻执行新《统计法》、《统计违法违纪行为处分规定》和《国家粮食流通统计制度》的情况进行了全面检查。切实发挥了扩大统计影响、改进统计工作、提高统计能力的作用，强化了依法统计、科学统计的理念。特别是国家有关部门将企业执行统计制度情况作为制定粮食宏观调控政策的一项参考依据后，进一步强化了统计的监督职能。很多企业开始重视统计工作，主动要求纳入统计范围并报送统计数据，促进了粮食流通统计制度更好的贯彻执行，为开展社会粮食统计工作营造了良好氛围。

### （三）切实提高统计执行能力，为粮食宏观调控提供优质服务

一是全面掌握了全社会粮食流通状况。通过粮食统计旬（月）报、市场信息周报等日常统计工作，及时反映全国粮食收购、销售、库存、价格等变化情况；认真组织开展全社会粮食、食油供需平衡调查工作，全面掌握粮油生产、流通、消费、库存和省间流向等基本情况，对全国粮油供求现状、面临形势和未来发展趋势，进行深入分析和准确研判；在粮食收购旺季，建立收购信息五日报告制度，密切关注主产区粮食收购进展情况，及时上报收购进度、市场价格等信息。重点加强对最低收购价和国家临时存储粮食的收购数量、价格、跨省移库等情况的统计和分析，特别是加强了对政策性粮食定向销售的统计，准确掌控政策性粮食出库、加工和投放市场等情况；强化粮油市场监测，动态反映各地粮油市场价格变化情况，随时掌握粮油市场出现的新情况和新动态。

二是基本掌握了粮油加工企业数量、生产规模、区域分布，企业从业人员、专业技术人员数量，主要粮油产品的产量、库存量，主要原料年消费量，以及粮油加工业经营效益等情况，为科学制定粮油加工业发展规划、加快粮油加工业的结构调整、正确指导粮油加工健康发展提供了基础资料，为确定定向销售企业名单和投放规模提供了可靠依据。

三是基本摸清了全国粮食仓容规模、仓型、区域分布、使用状况，专用码头泊位数量、铁路专用线、散粮中转设施，仓库其他配套设施等情况，为提升仓储管理水平、优化储粮布局、合理安排粮食跨省移库发挥了积极作用。初步掌握了粮食流通基础设施建设项目、投资规模、区域分布、资金来源以及项目完成进度等基本情况，为加强粮食基础设施建设、增加仓储能力、加速粮食现代物流发展提供决策依据。

四是基本掌握了粮食行业机构设置、从业人员总数、年龄结构、学历构成、专业技术人员数量等基本情况，为加强粮食行业管理、组织从业人员的培训教育和职业技能鉴定、整体提升粮食行业水平提供了基础信息。

# 五 中央储备粮代储资格认定情况分析

2010年是开展中央储备粮代储资格认定的第六个年份，国家粮食局主要从健全制度和规范认定两个方面来加强对中央储备粮代储资格认定有关工作。

## (一)修订并颁布《中央储备粮代储资格认定办法实施细则》

2010年，针对代储资格认定工作中发现的一些问题，考虑到近年来我国粮油仓储设施条件得到很大改善的实际情况，为了进一步加强对代储资格企业的管理，规范代储资格认定程序，细化代储资格认定标准，做好与《中央储备粮代储资格延续申请办法》等相关制度的衔接，国家粮食局对原《中央储备粮代储资格认定办法实施细则》（以下简称《细则》）进行了修订，并于2010年10月26日以国家粮食局2010年第8号公告的形式发布，自2011年1月1日起施行。

修订后的《细则》共6章33条，较原《细则》增加了1章4条。主要变化是：增加了代储资格变更管理、代储资格证书管理、资格企业管理、审核标准等内容；调整了企业集团职能等内容；删除了代储资格延续申请、关于县级及县级以上粮食行政管理部门对申请企业仓房条件、检测条件、粮仓设备条件是否符合要求做出鉴定意见等方面的内容。

总体上看，新《细则》有以下特点：一是资格认定程序更加严谨，突出了省级粮食行政管理部门的审核责任；二是资格认定标准更加准确，将认定标准作为《细则》的附件一并发布，同时对相关审核指标进行了量化；三是突出了地区特色和管理特色，针对不同地区粮油仓储特点，提出了不同的审核标准。针对部分资格企业取得资格后在管理上出现滑坡的情况，增加了代储资格企业管理方面的条款。

## (二)中央储备粮代储资格企业分析

2010年，开展了两批中央储备粮代储资格认定，三批代储资格延续申请。截至2010年底，共有1673户企业取得了粮食类中央储备粮代储资格，取得资格仓容8922.1万吨；178户企业取得油脂类中央储备粮代储资格，取得资格罐容259.4万吨。

分地区资格企业状况分析：13个粮食主产区有粮食类资格企业1477户，占所有取得资格粮食企业的79.9%，仓容6971.6万吨，占全国总量的75.1%；油脂类资格企业138户，占所有取得资格油脂企业的73.4%，罐容183.5万吨，占全国总量的67.5%。7个粮食主销区有粮食类资格企业139户，占所有取得资格粮食企业的7.5%，仓容1109.4万吨，占全国总量的11.9%；油脂类资格企业20户，占所有取得资格油脂企业的10.6%，罐容61.9万吨，占全国总量的22.8%。11个粮食产销平衡区有粮食类资格企业233户，占所有取得资格粮食企业的12.6%，仓容1207.6万吨，占全国总量的13.0%；油脂类资格企业30户，占所有取得资格油脂企业的16.0%，罐容26.6万吨，占全国总量的9.8%。

## （三）保障粮食安全方面发挥的积极作用

中央储备粮代储资格认定工作从三个方面促进了全国粮油仓储工作。一是在设施建设和设备装配方面，中央储备粮代储资格认定标准已经成为各地规划建设粮库的基本标准。例如：仓容规模不低于2.5万吨，配备环流熏蒸、计算机测温、环流熏蒸等设备；配备输送、清理、计量等基本仓储运输设备。同时，一些老企业也按照代储资格认定标准对仓房进行了必要的改造。从仓储设施统计情况来看，近年来，粮油仓储设施增量持续增加，装备水平有了较大幅度的提升。

二是中央储备粮代储资格企业已经成为当地仓储管理的标兵和榜样，成为衡量一个企业仓储管理水平的重要指标。2009年，国家粮食局启动了全国粮油仓储企业规范化管理活动，于2010年5月表彰了326户“全国粮油仓储规范化管理先进企业”，其中57%的企业具有中央储备粮代储资格。

三是中央储备粮代储资格企业推动了先进粮食储藏技术的应用。除“四合一”技术外，近年来一些资格企业在低温储粮技术、气调储粮技术、绿色药剂防治技术、节能减排技术、计算机辅助管理技术等方面进行了有益探索，形成了管理特色，并在一定范围内得到了推广应用，创造了较好的经济效益和社会效益。

# 第七部分

## 粮食质量与标准

# 一 粮油标准化工作

2010年，国家粮食局继续开展标准制修订工作，解决了高水分粮食收购现场检验难题，启动一批涉及粮食质量安全和利用效率的基础标准研究项目，国际秘书处踏实做好分委员会管理、组织和协调工作，推动谷物与豆类国际标准化工作前进。

## (一)继续开展标准制修订工作

2010年，国家粮食局组织对现行粮油国家标准中需要进行修订的进行了清理，并根据粮食行业的实际需要，侧重在粮食质量安全、储存流通等方面提出了152项粮油标准新制修订项目，特别是结合《全国物流标准专项规划》，提出并落实了17项粮食物流标准计划，为促进我国粮食物流行业的发展打下了基础。2010年，国家标准委发布实施粮油国家标准共计55项，其中新制定标准45项，修订标准10项；国家粮食局发布实施了23项粮食行业标准。同时，国家粮食局报批国家标准21项。

**表7-1 2010年发布粮油国家标准和行业标准统计表**

| 序号 | 标准名称 | 标准号 | 实施日期 |
|---|---|---|---|
| 1 | 粮油检验 一般规则 | GB/T 5490-2010 | 2011-1-1 |
| 2 | 粮油检验 粮食及制品酸度测定 | GB/T 5517-2010 | 2011-3-1 |
| 3 | 动植物油脂 折光指数的测定 | GB/T 5527-2010 | 2011-3-1 |
| 4 | 粮油工业用图形符号、代号 第5部分：仓储工业 | GB/T12529.5-2010 | 2011-3-1 |
| 5 | 大米及米粉糊化特性测定 快速粘度仪法 | GB/T 24852-2010 | 2011-1-1 |
| 6 | 小麦、黑麦及其粉类和淀粉糊化特性测定 快速粘度仪法 | GB/T 24853-2010 | 2011-1-1 |
| 7 | 粮油机械 产品包装通用技术条件 | GB/T 24854-2010 | 2011-1-1 |
| 8 | 粮油机械 装配通用技术条件 | GB/T 24855-2010 | 2011-1-1 |
| 9 | 粮油机械 铸件通用技术条件 | GB/T 24856-2010 | 2011-1-1 |
| 10 | 粮油机械 板件、板型钢构件通用技术条件 | GB/T 24857-2010 | 2011-1-1 |
| 11 | 粮油检验 大豆粗蛋白质、粗脂肪含量的测定 近红外法 | GB/T 24870-2010 | 2011-1-1 |
| 12 | 粮油检验 小麦粉粗蛋白质含量测定 近红外法 | GB/T 24871-2010 | 2011-1-1 |
| 13 | 粮油检验 小麦粉灰分含量测定 近红外法 | GB/T 24872-2010 | 2011-1-1 |
| 14 | 动植物油脂 在开口毛细管中熔点(滑点)的测定 | GB/T 24892-2010 | 2011-1-1 |
| 15 | 动植物油脂 多环芳烃的测定 | GB/T 24893-2010 | 2011-1-1 |
| 16 | 动植物油脂 甘三酯分子2-位脂肪酸组分的测定 | GB/T 24894-2010 | 2011-1-1 |
| 17 | 粮油检验 近红外分析定标模型验证和网络管理与维护通用规则 | GB/T 24895-2010 | 2011-1-1 |
| 18 | 粮油检验 稻谷水分含量测定 近红外法 | GB/T 24896-2010 | 2011-1-1 |

续表

| 序号 | 标准名称 | 标准号 | 实施日期 |
|---|---|---|---|
| 19 | 粮油检验 稻谷粗蛋白质含量测定 近红外法 | GB/T 24897-2010 | 2011-1-1 |
| 20 | 粮油检验 小麦水分含量测定 近红外法 | GB/T 24898-2010 | 2011-1-1 |
| 21 | 粮油检验 小麦粗蛋白质含量测定 近红外法 | GB/T 24899-2010 | 2011-1-1 |
| 22 | 粮油检验 玉米水分含量测定 近红外法 | GB/T 24900-2010 | 2011-1-1 |
| 23 | 粮油检验 玉米粗蛋白质含量测定 近红外法 | GB/T 24901-2010 | 2011-1-1 |
| 24 | 粮油检验 玉米粗脂肪含量测定 近红外法 | GB/T 24902-2010 | 2011-1-1 |
| 25 | 粮油检验 花生中白藜芦醇的测定 高效液相色谱法 | GB/T 24903-2010 | 2011-1-1 |
| 26 | 粮食包装 麻袋 | GB/T 24904-2010 | 2011-7-1 |
| 27 | 粮食包装 小麦粉袋 | GB/T 24905-2010 | 2011-7-1 |
| 28 | 粮油机械 产品涂装通用技术条件 | GB/T 25218-2010 | 2011-3-1 |
| 29 | 粮油检验 玉米淀粉含量测定 近红外法 | GB/T 25219-2010 | 2011-3-1 |
| 30 | 粮油检验 粮食中赭曲霉毒素A的测定 高效液相色谱法和荧光光度法 | GB/T 25220-2010 | 2011-3-1 |
| 31 | 粮油检验 粮食中麦角甾醇的测定 正相高效液相色谱法 | GB/T 25221-2010 | 2011-3-1 |
| 32 | 粮油检验 粮食中磷化物残留量的测定 分光光度法 | GB/T 25222-2010 | 2011-3-1 |
| 33 | 动植物油脂 甾醇组成和甾醇总量的测定 气相色谱法 | GB/T 25223-2010 | 2011-3-1 |
| 34 | 动植物油脂 植物油中豆甾二烯的测定 第2部分：高效液相色谱法 | GB/T25224.2-2010 | 2011-3-1 |
| 35 | 动植物油脂 挥发性有机污染物的测定 气相色谱-质谱法 | GB/T 25225-2010 | 2011-3-1 |
| 36 | 大米 蒸煮过程中米粒糊化时间的评价 | GB/T 25226-2010 | 2011-3-1 |
| 37 | 粮食加工、储运设备现场监测装置技术规范 | GB/T 25227-2010 | 2011-3-1 |
| 38 | 粮油检验 玉米及其制品中伏马毒素含量测定 免疫亲和柱净化高效液相色谱法和荧光光度法 | GB/T 25228-2010 | 2011-3-1 |
| 39 | 粮油储藏 平房仓气密性要求 | GB/T 25229-2010 | 2011-3-1 |
| 40 | 粮油机械 打麸机 | GB/T 25230-2010 | 2011-3-1 |
| 41 | 粮油机械 喷风碾米机 | GB/T 25231-2010 | 2011-3-1 |
| 42 | 粮油机械 刷麸机 | GB/T 25232-2010 | 2011-3-1 |
| 43 | 粮油机械 袋式除尘器 | GB/T 25233-2010 | 2011-3-1 |
| 44 | 粮油机械 叶轮闭风器 | GB/T 25234-2010 | 2011-3-1 |
| 45 | 粮油机械 组合清理筛 | GB/T 25235-2010 | 2011-3-1 |
| 46 | 粮油机械 检验用锤片粉碎机 | GB/T 25236-2010 | 2011-3-1 |
| 47 | 粮油机械 淀粉洗涤旋流器 | GB/T 25237-2010 | 2011-3-1 |
| 48 | 粮油机械 重力曲筛 | GB/T 25238-2010 | 2011-3-1 |
| 49 | 粮油机械 微量喂料器 | GB/T 25239-2010 | 2011-3-1 |
| 50 | 粮油机械 螺旋脱水机 | GB/T 25727-2010 | 2011-3-1 |
| 51 | 粮油机械 气压磨粉机 | GB/T 25728-2010 | 2011-3-1 |
| 52 | 粮油机械 撞击松粉机 | GB/T 25729-2010 | 2011-3-1 |
| 53 | 粮油机械 清粉机 | GB/T 25730-2010 | 2011-3-1 |
| 54 | 粮油机械 长管蒸发器 | GB/T 25731-2010 | 2011-3-1 |
| 55 | 粮油机械 液压榨油机 | GB/T 25732-2010 | 2011-3-1 |
| 56 | 南方小麦粉加工精度标准样品特制一等 | LS/T 15111：1－2010 | 2010-2-1 |
| 57 | 南方小麦粉加工精度标准样品特制二等 | LS/T 15111：2－2010 | 2010-2-1 |

续表

| 序号 | 标准名称 | 标准号 | 实施日期 |
| --- | --- | --- | --- |
| 58 | 南方小麦粉加工精度标准样品标准粉 | LS/T 15111：3－2010 | 2010-2-1 |
| 59 | 北方小麦粉加工精度标准样品特制一等 | LS/T 15112：1－2010 | 2010-2-1 |
| 60 | 北方小麦粉加工精度标准样品特制二等 | LS/T 15112：2－2010 | 2010-2-1 |
| 61 | 北方小麦粉加工精度标准样品标准粉 | LS/T 15112：3－2010 | 2010-2-1 |
| 62 | 早籼米加工精度标准样品一级 | LS/T 15121：1－2010 | 2010-2-1 |
| 63 | 早籼米加工精度标准样品二级 | LS/T 15121：2－2010 | 2010-2-1 |
| 64 | 早籼米加工精度标准样品三级 | LS/T 15121：3－2010 | 2010-2-1 |
| 65 | 早籼米加工精度标准样品四级 | LS/T 15121：4－2010 | 2010-2-1 |
| 66 | 晚籼米加工精度标准样品一级 | LS/T 15122：1－2010 | 2010-2-1 |
| 67 | 晚籼米加工精度标准样品二级 | LS/T 15122：2－2010 | 2010-2-1 |
| 68 | 晚籼米加工精度标准样品三级 | LS/T 15122：3－2010 | 2010-2-1 |
| 69 | 晚籼米加工精度标准样品四级 | LS/T 15122：4－2010 | 2010-2-1 |
| 70 | 粳米加工精度标准样品一级 | LS/T 15123：1－2010 | 2010-2-1 |
| 71 | 粳米加工精度标准样品二级 | LS/T 15123：2－2010 | 2010-2-1 |
| 72 | 粳米加工精度标准样品三级 | LS/T 15123：3－2010 | 2010-2-1 |
| 73 | 粳米加工精度标准样品四级 | LS/T 15123：4－2010 | 2010-2-1 |
| 74 | 稻谷整精米率标准样品（籼稻） | LS/T 15321－2010 | 2010-7-1 |
| 75 | 稻谷整精米率标准样品（粳稻） | LS/T 15322－2010 | 2010-7-1 |
| 76 | 粮油检验 粮食水分测定 水浸悬浮法 | LS/T 6103－2010 | 2010-12-1 |
| 77 | 水浸悬浮法水分快速测定仪技术条件与试验方法 | LS/T 3705－2010 | 2010-12-1 |
| 78 | 稻谷整精米率标准样品制备技术规范 | LS/T 1216－2010 | 2010-12-1 |

《粮食水分测定——水浸悬浮法》和《水浸悬浮法水分快速测定仪技术条件与实验方法》两项行业标准的发布，解决了东北地区高水分冰冻玉米收购现场测定水分的技术难题。

2010年，国家粮食局积极参与卫生部组织的国家食品安全标准的清理和制订工作，首次承担了《食用大豆粕》国家食品安全标准的制定任务，会同卫生部有关标准管理和技术专家研究确立了粮油食品安全标准的基本定位和结构框架，为建立和完善粮油食品安全标准奠定了基础。

到2010年末，国家粮食局归口管理的国家标准共300项，其中粮油产品质量标准75项，检验方法标准166项，粮油机械标准25项，技术规范和管理类标准29项，术语、代号类基础标准5项；现行的行业标准190项，其中粮油产品质量标准69项，检验方法标准6项，粮油机械标准73项，技术规范和管理类标准24项，术语、代号类基础标准18项。

## （二）推动和开展粮油标准宣贯实施

随着粮食生产形势的发展和粮食流通体制的变化，新的粮食质量标准的发布实施，原国家发展计划委员会、国家粮食局、国家质检总局2001年发布的《关于执行粮油质量标准有关问题的规定》中有些内容已不适应新形势的要求。为更好地贯彻实施粮食质量标准，保证政策性粮食的收购、拍卖和运输，国家粮食局组织有关单位和专家对原《规定》进行了认真修订和反复测算，并多次与国家发展改革委、财政部、国家质检总局等有关部门进行了充分沟通，协商一致。2010年，国家粮食局和国家发展改革委、财政部、国家质检总局联合发布了《关于印发〈关于执行粮油质量国家标准有关问题的规定〉的通知》（国粮发〔2010〕178号）。修改后的《规定》，更加符合我国当前粮食生产、流通实际情况，将在国家粮食政策的贯彻，国家粮油质量标准的执行，粮食生产者、经营者和消费者利益的维护，政策性粮食购销活动的规范等方面发挥重大作用。

依据卫生部等10部门联合发布的整顿工作实施方案，国家粮食局办公室印发了《关于切实做好2010年粮油食品中违法添加非食用物质和滥用食品添加剂整顿工作的通知》，要求各级粮食行政管理部门切实做好粮油食品中违法添加非食用物质和滥用食品添加剂的整顿工作，开展专题调查和宣传。同时组织专家对国家标准中对粮油食品中允许使用的食品添加剂的情况进行了梳理汇总，编印了宣传手册，向有关单位提供宣传材料。据不完全统计，共有20个省份粮食部门组织开展了有关工作，在开展宣传的同时，采用调研、座谈、暗访等方式调查各类粮油食品加工企业和批发市场1555个，抽检粮油食品1526个批次，对发现的问题及时加以解决。

## (三)积极开展标准基础研究

### 1.主要蒸煮面食小麦品质评价体系研究

2010年，国家粮食局启动了主要蒸煮面食小麦品质评价体系研究项目工作。拟针对加工馒头、面条、饺子等我国主要蒸煮类面食品小麦的品种及品质要求，通过两年的时间，基本完成其三类传统中式食品实验室制作、评价方法和小麦理化品质性状与传统中式食品加工品质的相关性研究，探索新型面团流变学特性分析方法，初步提出中筋小麦品质评价体系的国家标准，为推动我国主要小麦的育种、生产、收储、流通以及传统面制主食品加工提供可操作的品质测定指标和执行标准。

### 2.粮食安全储存主要指标与标准研究

为在保障粮食储存质量安全的同时，提高储存粮食加工、食用品质，国家粮食局启动了粮食安全储存主要指标与标准项目研究。拟通过3年时间，针对稻谷、小麦、玉米、大豆等主要粮食品种，筛选出能够预测粮食储存状态发生突变（如发热、霉变等）的安全储存主要指标，研究粮食安全储存主要指标与粮食水分、温度和储存时间等的对应关系；初步提出粮食安全储存水分、温度、储存时间的关系曲线。

### 3.“地沟油”检测方法标准研究

2010年，针对社会各界高度关注的地沟油问题，国家粮食局组成专题调研组赴湖北，向有关专家了解地沟油使用情况及检测方法等。根据调研结果，国家粮食局在建议各级粮食行政管理部门继续积极配合有关部门加强食用油脂的安全监管的同时，积极组织开展技术研究，就地沟油检测技术和方法问题进行专题研讨，推动地沟油检测方法标准的研制工作。

## (四)认真及时答复人大有关标准提案

2010年，根据全国人大常委会办公厅批办意见，对主办的关于合理解决临储大豆水分、杂质出库减量的人大提案，国家粮食局认真、及时地进行了答复；对协办的关于尽快出台新的《小麦粉》国家标准、制定国家标准在面粉类食品中添加大豆蛋白等人大提案，向主办单位提供了有关材料和建议，得到了有关人大代表和主办单位的认可。

# 二 收获粮食质量和品质状况

2010年，为及时掌握新收获粮食的质量状况，指导粮食收购，国家粮食局组织各省继续开展了小麦、稻谷、玉米和大豆等收获质量调查和品质测报工作。对产粮较多省，统一安排在收获后第一时间到农户采集样品，采样范围累计涉及17个省224个市827个县（区），对采集的样品及时进行集中会检，共会检样品4310份，获得检验数据4.2万个。并将会检结果及时反馈有关地方粮食行政管理部门，同时将有关粮食品种的收获质量状况通过多渠道进行了发布，为粮食收购发挥了指导作用。针对安徽、江苏、湖北3省以及河南省驻马店、南阳、漯河等地区小麦赤霉病粒较多的情况，及时安排了有关真菌毒素专项检验，检验结果及时向国家卫生行政主管部门和食品安全主管部门进行了通报。

13个省（区、市）的粮食行政管理部门自行组织开展了当地主要粮食品种的收获质量调查工作，采样范围累计涉及118个地市594个县（区），共计采集检验样品14037份，获得检验数据16万个；17个省（区、市）的粮食行政管理部门组织开展了品质测报工作，采样范围累计涉及170个地市761个县（区），共计采集检验样品6770份，获得检验数据11.6万个。这些地方粮食行政管理部门也及时发布了粮食质量品质信息，促进了当地粮食种植品种的优化和优质粮食的产销衔接。

## (一)主要粮食品种收获质量品质

早籼稻。江西、湖南、湖北、安徽、广西、广东6个早稻主产省（区）会检共采集检验早籼稻样品396份，样品覆盖51地市144县。

上述6省2010年早籼稻整体质量明显下降。中等以上的占87%，较上年下降约10个百分点。其中，江西、湖南中等以上比例下降近10个百分点，湖北、安徽中等以上比例分别下降19和33个百分点。整精米率平均值57.6%，较上年下降1个百分点，其中广西、湖北略有提高，江西、湖南、安徽分别下降2.6、3.2、7.5个百分点。

6省（区）全部样品检测结果为：出糙率变幅70.2%～82.0%，平均值77.3%，一等至五等的比例分别为21%、38%、28%、11%、2%，中等以上的占87%；整精米率变幅15.1%～73.0%，平均值57.6%，大于等于50%（一等）和44%（三等）的比例分别为80%和91%；不完善粒变幅

0.9%～20.7%，平均值5.4%，主要为未熟粒。

浙江、重庆2省（市）调查结果为：中等以上比例分别为78%、99%，整精米率平均值分别为53.3%、51.6%。整体质量重庆较上年明显提高，浙江明显下降。

**中晚籼稻。**湖北、湖南、江西、四川、安徽、广西、河南、广东8个中晚籼稻主产省（区）会检共采集检验样品881份，样品覆盖73市216个县。

8省（区）2010年中晚籼稻总体质量较好，与上两年基本持平。其中，湖北质量品质为近年来最好，中等以上比例及整精米率水平均比正常年景有明显提高；江西、四川、广西、河南质量属正常年景；湖南、安徽中等以上比例及整精米率水平均较正常年景有所下降，为近年来最低，且安徽省一等品比例明显下降。

8省（区）全部样品检测结果为：出糙率变幅68.6%～82.2%，平均值78.0%，一等至五等的比例分别为30%、45%、20%、3%、1%，中等以上的占95%，等外品为1%，与前两年基本一致。整精米率变幅21.2%～75.6%，平均值60.9%，为近年来最高；大于等于50%的比例为90%，大于等于44%的比例为96%，与前两年基本一致。不完善粒变幅0.0%～37.7%，平均值4.6%。谷外糙米平均值0.3%，超标比例（>2.0%）约占1%。

浙江、福建、重庆3省（市）调查结果为：中等以上的比例分别为98%、92%、97%，与上年基本持平；整精米率平均为61.3%、57.8%、52.7%，较上年有所提高。

**粳稻。**黑龙江、吉林、辽宁、江苏、安徽5个粳稻主产省会检共采集检验样品452份，样品覆盖48个市的105个县和农垦总局的4个农场。

5省2010年粳稻总体质量为近年来较好水平，中等以上超过九成，整精米率水平为近年来最好。其中，黑龙江质量为近年来最好，一等品比例和整精米率水平大幅提高，但谷外糙米不达标现象非常严重。吉林、辽宁两省中等以上比例和整精米率水平接近近三年平均值，吉林省部分地区等外品比例较大。受生长后期干旱影响，江苏、安徽两省质量有所下降，一等品比例大幅降低；安徽整精米率水平明显降低，不符合等内品要求（大于等于49%）的较多。

5省全部样品检测结果为：出糙率变幅68.4%～85.5%，平均值80.3%，一等至五等的比例分别为40%、38%、15%、4%、1%，中等以上占93%，等外品为2%。整精米率变幅39.2%～77.8%，平均值68.7%；大于等于61%（一等）的比例为93%，大于等于55%（三等）的比例为96%。

浙江、宁夏两省（区）调查结果为：中等以上的比例分别为94%、99%，平均整精米率分别为66.8%、60.1%，大于等于61%比例分别为95%、59%。浙江省整体质量较上年略有下降，宁夏等级比例较上年有所提高，整精米率略有下降。

**小麦。**河北、山西、江苏、安徽、山东、河南、湖北、四川、陕西9个小麦主产省会检共采集检验样品1168份，样品覆盖88个地市的304个县。

2010年，小麦收获期间，部分省份的局部地区受异常气候影响，小麦出现不同程度的赤霉病粒现象，有关省份粮食部门及时采集样品，对小麦感染真菌毒素的情况进行了全面分析。

河北、山东、河南3省2010年整体质量正常，山东不完善粒较低，河南不完善粒较高；安徽、湖北整体质量为近年来最低；江苏、安徽、湖北小麦赤霉病粒较多；陕西整体质量有所提高，但不完善粒较高；山西整体质量略有下降；四川整体质量明显下降，生芽粒较多。

9省全部样品检测结果为：千粒重变幅25.2g～61.8g，平均值为42.9g；容重变幅668g/L～835g/L，平均值778g/L，一等至五等的比例分别为34%、33%、22%、8%、3%，中等以上占89%，较正常年景下降8个百分点。不完善粒总量平均值为9.4%，最大为89.1%，符合国家标准（小于等于10%）的比例超过七成，其中生芽粒超过10%的比例约二成，赤霉病粒大于1%的比例为24%。硬度指数变幅22%～79%，平均值68%，软麦比例为4%，硬麦比例为75%；籽粒湿面筋含量（14%水分基）平均值30.0%，变幅18.9%～38.6%；粗蛋白含量（干基）平均值14.6%，变幅9.9%～18.4%。

**玉米**。河北、山西、内蒙古、辽宁、吉林、黑龙江、山东、河南、陕西9个玉米主产省（区）会检共采集检验样品1159份，样品覆盖89个地市的304个县。

9省（区）2010年玉米总体质量较好，中等（容重≥650g/L）以上比例接近100%，较上年提高4个百分点。其中，黑龙江、内蒙古、山西、陕西质量明显好于上年，容重和一等品比例有大幅提高；黑龙江、内蒙古不完善粒明显降低。河北、河南质量较上年有所提高。吉林、辽宁、山东等级比例与上年基本一致，但不完善粒和生霉粒均有所增加。

9省（区）全部样品检测结果为：容重变幅633～785g/L，平均值728 g/L，较上年提高11 g/L；样品全部为中等（容重，≥650g/L）以上，一等至三等的比例分别为65%、30%、5%。不完善粒变幅0.0%～31.3%，平均值3.2%；其中符合中等要求（≤8.0%）的比例为94%，均与上年基本持平；不完善粒中主要为生霉粒和破碎粒。生霉粒变幅0.0%～28.9%，平均值1.4%，符合标准要求（≤2.0%）的比例为78%，较上年有所降低。

**大豆**。黑龙江、吉林和内蒙古3省（区）会检共采集样品253份，涉及3省（区）17个市的40个主产县（区）。

2010年，受大豆生长期间气候异常，病虫害情况较多的影响，3省（区）大豆损伤粒率（主要是病斑粒和虫蚀粒）较高，总体质量均较上年明显下降。3省（区）样品完整粒率平均值为86.0%，符合国标中等（三等，完整粒率≥85%）以上比例为62%，较上年下降17个百分点；损伤粒率平均值为8.1%，其中符合等内品要求的比例为55%，较上年降低35个百分点，病斑粒平均值为4.9%，虫蚀粒平均值2.5%。

## (二)优质（优良）和专用粮食品种品质状况

2010年，全国有15省（区、市）粮食行政管理部门，针对本省（区、市）主要推广种植的优质（优良）和专用粮食品种，组织开展了品质测报，累计采集检验样品6122份，涉及140余市的660余县，获得检验数据超过10万个。

**早籼稻**。湖北、江西、广东、重庆4省

（市）主要种植的优质（优良）中晚籼稻品种，全项目符合国家优质籼稻标准的比例，湖北省为5.7%，广东为4.5%，江西为22.7%，均与上年基本持平；重庆没有达标样品。垩白度、垩白粒率过高仍是制约达标的主要因素，整精米率也影响了江西的达标率。

**中晚籼稻。**浙江、福建、江西、湖北、广东、重庆6省（市）主要种植的优质（优良）中晚籼稻品种，全项目符合国家优质籼稻标准的比例，广东为27.4%，较上年提高1.6个百分点；浙江、福建、湖北3省分别为4.6%、12.2%和11.2%，均与上年基本持平；江西为31.6%，较上年下降3.7个百分点；重庆没有全项达标样品。垩白度、垩白粒率过高是制约达标的主要因素；同时，不完善粒过高也影响了重庆、江西的达标率；直链淀粉较低影响了浙江的达标率。

**粳稻。**辽宁、吉林、黑龙江、江苏、浙江、宁夏6省(区)主要种植的优质（优良）粳稻品种，全项目符合国家优质粳稻标准的比例，黑龙江、浙江、宁夏分别为26.3%、14.3%和58.3%，较上年分别提高16、5.7和45个百分点；江苏省为16.8%，较上年提高了8个百分点；吉林为36.6%，与上年持平；辽宁为32.0%，较上年下降5.5个百分点。制约达标的主要因素，浙江为垩白度、垩白粒率过高，黑龙江为整精米率、直链淀粉较低，吉林为不完善粒过高，辽宁为垩白度、直链淀粉过高，江苏为不完善粒、垩白度过高，胶稠度过低。

**小麦。**山西、江苏、山东、河南、陕西、宁夏6省（区）主要种植的优质（优良）小麦品种，全项符合国家优质小麦标准的比例，江苏为4.9%，较上年提高2个百分点。稳定时间较低是制约达标的主要因素。

**玉米。**山东、河北、河南、山西、陕西5个玉米主产省会检样品淀粉含量变幅70.0%～76.2%，平均值73.0%，符合淀粉发酵工业用玉米国家标准（GB/T 8613–1999）中等（二等，≥72%）以上要求的比例为91%；粗蛋白质含量变幅8.3%～12.7%，平均值10.3%，全部符合饲料用玉米国家标准（GB/T 17890–2008）要求（≥8.0%）；粗脂肪含量变幅3.7%～5.6%，平均值4.7%。

**大豆。**黑龙江、吉林、内蒙古3个玉米主产省（区）会检样品粗脂肪平均含量为19.5%（干基，下同），较上年提高1.1个百分点，符合高油大豆三等标准（粗脂肪含量≥20%）的比例为37%，较上年提高22个百分点；粗蛋白平均含量为39.5%（干基，下同），符合高蛋白大豆三等标准（粗蛋白含量≥40%）的比例为35%，与上年基本持平。

# 三 粮食质量安全监管体系建设

2010年，各级粮食行政管理部门以科学发展观为指导，进一步完善粮食质量监管制度，加强粮食质量检验监测体系建设，扎实推进粮食质量监管工作，切实维护粮食流通秩序。

## (一)粮食质量监管制度日臻完善

为全面履行《粮食流通管理条例》、《中央储备粮管理条例》赋予粮食部门的监管职责，2010年，国家粮食局制修订了一系列制度性文件：一是修订发布了《中央储备粮油质量检查扦样检验管理办法》，在总结近年来库存粮食质量检查实际经验的基础上，全面规范了粮食和食用植物油质量抽查扦样、检验和评价办法。二是会同国家发展改革委、财政部等部门修订发布了《关于执行粮油质量标准有关问题的规定》，对粮食收购、销售过程中非标准品粮食的增扣量（价）办法进行了进一步的调整完善。三是制定发布了《国家粮食质量检验监测机构管理暂行办法》，对粮食检验监测机构建设、机构任务、管理要求等进行了详细的规定。四是制定发布了《关于切实做好抗震救灾粮油供应质量安全工作的通知》，结合保障抗震救灾供应粮食质量安全的需要，明确了粮油应急保障供应中，质量安全检验把关制度和监管责任。

各地通过地方法规、规章以及规范性文件等方式，都相继出台了一系列制度性文件。北京、内蒙古、辽宁、江苏、浙江、安徽、山东、湖北、广东、贵州、云南、陕西、青海、宁夏等14个省（区、市）出台了15项涉及粮食质量安全监管的法规和文件，包括政策性粮食质量管理办法7项，其他质量管理文件8项。

在这些法规和文件中，北京、江苏、陕西等省（市）对地方储备粮入库、出库、储存等环节的质量监管和责任追究等作出了具体规定，浙江省还就储备成品粮的质量管理进行了专门规定。安徽、广东、宁夏等省（区）严格了地方储备粮入库的质量要求，增加了入库验收质量和卫生控制指标，进一步加强入库把关。内蒙古自治区就当地政策性粮食销售出库的质量监督和检查作出了专门规定。山东、陕西等省就粮食质量安全突发事件的报告和处置程序等进行了规范。云南对涉及粮食质量安全违规行为的处罚作了进一步细化规定。贵州就粮食质量检验人员资格条件和检验能力认定程序进行了规范，增加了粮食质量检验能力认定涵盖的粮油品种。辽宁特别加强了对当地销往上海、广州及周边地区粮油的质量安全监管，确保上海世博会和广州亚（残）运会及周边地区粮食质量卫生安全。青海明确和规范了各相关部门在抗震救灾政策性粮油产品出库、生产、储存、调运、供应等环节的质量监管职责和工作程序，保障了救灾粮油的供应安全。

## (二)粮食质量检验监测体系建设成绩显著

一是大力推进粮食质量检验监测体系建设。

2010年，国家粮食局研究编制了《全国粮食质量安全检验监测能力建设规划（2010～2015年）》，全面规划了各级粮食检验机构、国有粮食收储企业的检验能力建设要求。同时完成第三批国家粮食质量监测机构考核挂牌工作，目前国家粮食质量监测机构已达200个，其中省级32个，地市级138个，县级30个。

各省级粮食行政管理部门也结合本地实际，对本行政区域的粮食质量检验监测体系建设提出了规划要求，并积极开展检验监测机构建设工作。天津、河北、山西、内蒙古、辽宁、吉林、黑龙江、江苏、安徽、山东、河南、湖北、重庆、贵州、云南、甘肃等16个省（区、市）共有39个粮食检验机构转变为财政全额拨款单位，6个机构由自收自支转变为财政差额拨款单位。通过争取财政专项拨款和自筹资金，各级粮食检验机构新增仪器设备和实验室改造投入共计1.3亿元，其中省级2751.9万元（28个机构），地市级6952.1万元（145个机构），县级3564.1万元（186个机构）；新增单价2000元以上仪器设备2381台（套）；新增实验室及办公面积近2万平方米。

截至2010年底，隶属于各级粮食行政管理部门的粮食检验机构共计737个，其中省级及新疆生产建设兵团32个，市级229个，县级476个；通过计量认证的机构416个。在职人员5000余人，具有高、中级技术职称的近50%，其中专业检验技术人员近4000人。各级检验机构全年检测样品32万余份，为保障粮食质量安全起到了重要的技术支撑作用。

二是进一步提升国家粮食质量检测监测机构的检验技术水平。2010年，国家粮食局组织全国粮食检验监测机构开展了7项卫生指标检验比对考核，包括铅、镉、汞、无机砷等4项重金属和黄曲霉毒素B1、玉米赤霉烯酮、脱氧雪腐镰刀菌烯醇等3项真菌毒素。通过样品检验比对和开展专家现场分析，及时发现了检验操作中存在的问题，机构间检验结果的一致性有了显著的提高。

各省级粮食行政管理部门也根据本地实际和工作需要，不断开展地方粮食检验机构和粮食企业质检人员法律法规及技术培训。据统计，2010年共培训粮食质检人员近8000人次，有效提高了粮食从业人员的政策理论水平和检验技术能力。

## （三）粮食质量安全监管工作稳步推进

一是积极开展收获粮食质量安全监测与技术服务。在近年来原粮卫生调查的基础上，针对重点区域新收获粮食的重金属、真菌毒素和农药残留等污染情况进行全面监测，在全国26个省（区、市）的1037个产粮县，从农户采集粮食样品共计11319份，获得检验数据8.8万个，及时发现了粮食质量安全隐患，为指导粮食收购，从源头上加强粮食质量安全监管提供了重要依据。

二是规范开展收获粮食质量调查与品质测报。2010年，国家粮食局组织17个省份开展了新收获粮食的质量调查和品质测报工作。按粮食收获季节，组织采集有代表性的农户样品，采取会检方式对样品进行集中检验。在全国827个县，采集小麦、稻谷、玉米和大豆样品共计4355份，主要检验了收获粮食的常规质量和真菌毒素等项目，及时向社会和有关方面提供、发布粮食质量和品质信息，为完善粮食收购政策、优化粮食种植结构、帮助农民增产增收、促进粮食产销衔接和有效实施粮食质量安全监管提供了基础依据。

三是切实加强库存粮食质量监督抽查。各级粮食行政管理部门通过做好粮食收购质量检验、入库质量验收、储存期间质量监测和出库销售质量检验，切实保障粮食库存质量安全。在此基础上，以粮食的数量、质量和储存安全为检查重点，定期开展春季、秋季质量普查和不定期专项检查。

国家粮食局组织开展了2010年全国库存粮食质量安全例行抽查。抽查范围包括中央储备粮、最低收购价粮、国家临时存储粮、地方储备粮和一般商品粮，抽查内容为库存粮食的质量达标率、宜存率和主要卫生项目合格率。共计组织抽查了31个省（区、市）的1157个库点，抽检样品5370份，代表数量912.7万吨，取得检验数据12.45万个。抽查结果为：样品质量达标率97.3%、宜存率99.3%、卫生项目合格率96.9%。对于抽查发现的粮食质量安全问题，及时组织排查，采取有效措施，防止不符合卫生标准的粮食流入口粮和饲料市场。

四是开展粮油食品中违法添加非食用物质和滥用食品添加剂专题调查。为配合做好全国整顿违法添加非食用物质和滥用食品添加剂工作，各省级粮食部门结合本地实际，开展了有针对性的调查和宣传工作。据统计，25个省（区、市）的粮食部门采用调研、座谈、暗访等方式调查各类粮油食品加工企业和批发市场4414个，抽检粮油食品1534个批次。同时，通过座谈、培训、发放宣传材料等多种方式加强宣传，指导各类粮油加工企业，特别是中小企业正确使用食品添加剂。

五是世博会、亚运会、救灾粮油的质量安全得到充分保障。为全面保障世博会、亚运会期间粮油供应的质量安全，辽宁、江苏省专门下发通知，要求加强对发往上海、广州及周边地区粮油的质量监管，并严格执行出证制度。

“4·14”玉树地震发生后，青海地震灾区和宁夏等周边地区粮食部门为确保灾区群众的口粮供应和食用安全，切实加强救灾粮油质量监管，加大了监督检查力度。青海省成立了抗震救灾粮油产品质量监督检验小组，对救灾粮油定点加工企业的原料、成品、计量、包装、标签、运输车辆等情况进行现场监督把关，对粮油产品实施逐批次抽样检验；同时在玉树灾区设立了青海国家粮食质量监测中心玉树工作站，在救灾前线对物资发放点的粮食质量进行监测和检查。宁夏对负责救灾大米供应的定点加工企业增加了检验密度和采样比例，严格对每一批大米进行质量安全检测，保障了救灾大米的供应安全。

贵州省粮食局认真做好全省抗洪救灾粮食的供应和质量监管，及时开展灾后受浸受潮的储备粮调查工作，指导受灾企业做好受浸受潮粮食处理，减少灾后损失。

云南省粮食局积极应对严重旱灾，全面加强对救灾救济粮食出库的质量检查，加大抗旱救灾期间对市场粮油的监督检查，确保全省粮油市场的质量安全。

# 第八部分

## 粮食行业发展

# 一 粮食流通基础设施和物流体系建设

“十一五”时期粮食流通基础设施建设由以国家全额投资建设为主转变为以企业投资为主、中央和地方政府给予适当补助投资支持的新模式。各地积极筹措资金，加强省级粮食储备库、中心库、骨干库和物流中心等仓储物流设施建设；国家加大支持力度，粮食主产区和产销平衡区的农户科学储粮、储备粮库和油罐建设以及仓房维修改造得到大力推进；主销区和部分主产区集粮食仓储、物流、加工、信息和交易等多功能为一体的粮食物流园区建设模式得到较快发展，六大粮食物流通道主要粮食物流节点能力得到明显增强。五年间粮食流通基础设施建设累计投入资金约800亿元，其中企业投资约600亿元，中央和地方政府补助投资约200亿元。

2010年是“十一五”规划实施的最后一年，共安排中央补助投资54.8亿元用于粮油仓储设施、粮食现代物流设施建设和仓房维修改造、农户科学储粮专项。同时，各地积极筹措资金，加强粮食流通基础设施建设，取得了显著成效。

## (一)认真落实国家扩大内需政策，加强粮油仓储和物流体系建设

国家从2009年第四季度到2010年上半年安排了中央预算内投资42.6亿元，建设粮食储备仓容1500万吨，储备油罐175万吨，其中2010年安排中央预算内投资35.2亿元，用于补助466个粮食储备仓容和储备油罐项目，建设粮食储备仓容1290万吨，储备油罐141万吨。为推进粮食现代物流体系建设，2010年国家安排了中央补助投资6.5亿元，用于重点支持六大跨省流通通道和西部地区重要物流节点的118个粮食现代物流项目的建设。为实现《粮食现代物流发展规划》提出的到2015年全国跨省散粮运输比例达到80%的发展目标，国家有关部门积极推进“北粮南运”铁路散粮运输线路筛选研究工作。为贯彻落实中央新疆工作座谈会精神，支持新疆粮食流通产业发展和后备基地建设，国家粮食局组织召开全国粮食系统对口支援新疆工作会议，出台了支持新疆粮食流通发展的相关政策措施，促进新疆粮食流通工作跨越式发展。

2010年底，全国粮食仓储企业有效仓容达到3.49亿吨、油罐罐容1410万吨、粮食烘干能力1.1亿吨，基本能够满足粮油收购、储备需要。东北各港粮食发运能力和东南沿海接卸能力显著增加，长江通道初步形成，黄淮海流出通道重要节点建设开始启动，陕西、甘肃、新疆等西部地区初步形成了一批重要物流节点。

## (二)配合国家粮食宏观调控政策，积极推进粮食仓房维修改造和灾后重建

为解决我国粮食连续七年丰收后主产区收储烘干能力不足的矛盾，配合最低价收购政策的执

行，中央财政安排了4亿元补助资金，用于河北、内蒙古、辽宁、吉林、黑龙江、江苏、安徽、江西、山东、河南、湖北、湖南、广西、四川、新疆等15个启动最低收购价和临时收储政策省（区）的粮食收储库点的仓房维修改造。为应对当年发生的严重洪涝灾害，中央财政安排补助资金4亿元，对辽宁、吉林、安徽、江西、河南、湖北、湖南、广西、四川、新疆、福建、重庆、陕西等13省（区、市）洪灾损失的粮食仓房进行维修改造，保证了灾区粮食收储安全和粮食供应。2010年全国粮食仓房维修改造共投入资金近23亿元，维修改造仓容约3150万吨，主要集中在粮食主产区,同时，福建、重庆、陕西、广西、新疆等非主产区也积极筹措资金，加大对仓房维修改造的投入。通过维修改造，上述地区的仓储设施得到了较大改善，有效缓解了仓容不足和收储条件差的问题，进一步提高了科学储粮水平,保证了粮食收购工作的顺利进行。此外，根据汶川大地震和玉树地震及舟曲泥石流灾后粮食流通设施重建规划，国家落实灾后重建资金6亿多元，用于四川、陕西、甘肃、青海等省粮食流通设施灾后重建，保证了灾区粮食储存安全与市场供应。

## （三）加大中央投资补助力度，全面实施农户科学储粮专项

在2009年扩大试点成功实施的基础上，2010年全面实施农户科学储粮专项。国家发展改革委安排中央投资补助5亿元，加上地方配套和农户自筹资金，总投资约16.7亿元，在河北、山西、辽宁、吉林、黑龙江、浙江、安徽、福建、江西、山东、湖北、湖南、广东、广西、重庆、四川、贵州、云南、陕西、甘肃、青海、宁夏、新疆等23个省（区、市）为138万农户建设标准化小型粮仓。同时，加大了技术服务体系建设，依托国家粮食科技丰产工程产后课题承担单位成都粮科所和辽宁、吉林、黑龙江、湖南等省粮食科研机构建立了为专项提供技术支撑，对农户进行技术指导的服务体系。专项实施取得了良好的社会和经济效益,新型粮仓改变了传统储粮方式，推广了科学储粮技术，减少了农户储粮损失。据测算，138万套装具全部投入使用后，每年可储存粮食290多万吨，使用得当，项目农户每年约可减少储粮损失18万吨，相当于增加收入3亿多元。粮仓使用寿命15年以上，累计可增加农民收入几十亿元。

**表8-1 农户科学储粮专项建设情况表**

| 省份 | 仓型 | 套数（万套） | 总投资（万元） | 中央投资（万元） |
|---|---|---|---|---|
| 合计 | | 138 | 166862 | 50000 |
| 河北 | 彩钢板组合仓 | 10 | 4200 | 1260 |
| 山西 | 彩钢板组合仓 | 0.5 | 210 | 63 |
| 辽宁 | 钢骨架矩形仓 | 10 | 30000 | 9000 |
| 吉林 | 钢骨架矩形仓（大） | 14 | 52500 | 15692 |
| | 钢骨架矩形仓 | 1 | 3300 | 990 |
| 黑龙江 | 钢网式干燥仓 | 9.9 | 32670 | 9800 |

续表

| 省份 | 仓型 | 套数（万套） | 总投资（万元） | 中央投资（万元） |
|---|---|---|---|---|
| 浙江 | 彩钢板组合仓 | 2.7 | 1350 | 405 |
| 安徽 | 彩钢板组合仓 | 2.8 | 1176 | 353 |
| 福建 | 彩钢板组合仓 | 7 | 3500 | 1050 |
| 江西 | 彩钢板组合仓 | 3 | 1260 | 378 |
| 山东 | 彩钢板组合仓 | 10 | 4200 | 1260 |
| 湖北 | 彩钢板组合仓 | 8 | 3600 | 1080 |
| 湖南 | 热浸镀锌钢板仓 | 15 | 6750 | 2025 |
| 广东 | 彩钢板组合仓 | 8 | 4000 | 1200 |
| 广西 | 彩钢板组合仓 | 2 | 900 | 270 |
| 重庆 | 彩钢板组合仓 | 3 | 1290 | 387 |
| 四川 | 彩钢板组合仓 | 6.7 | 2881 | 864 |
| 贵州 | 彩钢板组合仓 | 5 | 2250 | 675 |
| 云南 | 彩钢板组合仓 | 3 | 1350 | 405 |
| 陕西 | 彩钢板组合仓 | 1.7 | 765 | 230 |
| 甘肃 | 彩钢板组合仓 | 5 | 2500 | 750 |
| 青海 | 彩钢板组合仓 | 2 | 1000 | 300 |
| 宁夏 | 彩钢板组合仓 | 2.5 | 1050 | 315 |
| 新疆 | 木骨架金属网仓 | 5.2 | 4160 | 1248 |

## (四)加强调查研究，编制粮食流通基础设施建设规划

按照国务院关于“十二五”规划编制工作总体要求和国家发展改革委关于做好“十二五”规划编制工作的通知精神，国家粮食局于2010年3月召开会议对全国粮食行业“十二五”规划编制工作进行了部署。根据我国粮食流通设施现状，以及《国家粮食安全中长期规划纲要》（国发〔2008〕24号）、《全国新增1000亿斤粮食生产能力规划（2009～2020年）》（国办发〔2009〕47号）、《粮食现代物流发展规划》（发改经贸〔2007〕2136号）和《粮油仓储设施建设方案》（发改经贸〔2009〕2875号）等文件要求，国家粮食局组织相关科研院所专家进行充分调研后，撰写了粮油仓储设施建设、仓房维修改造、粮食物流设施建设、农户科学储粮专项4份研究报告。在此基础上，研究编制了专项规划《“十二五”粮食流通基础设施建设规划》，以及子规划《“十二五”农户科学储粮专项建设规划》和《“十二五”粮食仓房维修改造规划》，明确了“十二五”期间粮食流通基础设施建设工作的目标及任务。各省（区、市）粮食局根据当地实际情况也积极编制粮食流通基础设施建设规划，北京、内蒙古、吉林等20多个省（区、市）以及中国储备粮管理总公司、中粮集团有限公司、中国华粮物流集团公司编制了专项设施规划，实现了国家、地方粮食流通基础设施建设规划的有机衔接。

## （五）坚持标准先行，加强粮食工程建设标准制修订工作

结合扩大内需中央投资粮油仓储物流设施项目建设，加快《粮食物流园区总平面设计规范》、《植物油库设计规范》等粮食工程建设行业标准和《粮食钢板筒仓设计规范（修订）》、《粮食钢板筒仓施工与质量验收规范》等粮食工程建设国家标准的制修订工作。其中，及时发布实施的《粮食工程可行性研究报告编制深度规定》（LS/T8006-2010）、《粮食工程建设标准体系》（LS/T8007-2010）、《粮油仓库工程验收规程》（LS/T8008-2010）、《粮食物流园区总平面设计规范》（LS/T8009-2010）等4项行业标准保证了扩大内需中央投资建设项目的投资管理、技术水平和建设质量。

为做好粮食工程建设标准的宣传贯彻工作，指导各地做好粮油仓储和物流设施建设项目管理工作，国家粮食局编写了《粮食工程建设标准解读》并组织宣贯培训，对粮食工程建设管理人员、设计人员以及施工、监理人员全面掌握粮食工程建设的各项标准和技术要求，严格执行粮食工程建设国家标准和行业标准，不断提高工程建设管理和技术水平起到了积极推进作用。

**表8-2 现行部分粮食工程建设标准**

| 序号 | 标准名称 | 编号 |
|---|---|---|
| 1 | 粮食仓库建设标准 | 建标[2001]58号 |
| 2 | 粮食钢板仓设计规范 | GB50322-2001 |
| 3 | 粮食平房仓设计规范 | GB50320-2001 |
| 4 | 磷化氢环流熏蒸技术规程 | LS/T1201-2002 |
| 5 | 储粮机械通风技术规程 | LS/T1202-2002 |
| 6 | 粮情检测系统（技术规程) | LS/T1203-2002 |
| 7 | 谷物冷却机低温储粮技术规程 | LS/T1204-2002 |
| 8 | 粮食烘干机操作规程 | LS/T1205-2002 |
| 9 | 粮食仓库安全操作规程 | LS 1206-2005 |
| 10 | 粮食仓库机电设备安装技术规程 | LS 1207-2005 |
| 11 | 粮食立筒库设计规范 | LS 8001-2007 |
| 12 | 粮食工程建设设计文件编制深度规定 | LS/T8002-2007 |
| 13 | 粮食工程建设设计施工图审查要点 | LS/T8003-2007 |
| 14 | 植物油库建设标准 | 建标118-2009 |
| 15 | 粮食仓房维修改造技术规程 | LS 8004-2009 |
| 16 | 农户小型粮仓建设标准 | LS/T8005-2009 |
| 17 | 粮食工程可行性研究报告编制深度规定 | LS/T8006-2010 |
| 18 | 粮食工程建设标准体系 | LS/T8007-2010 |
| 19 | 粮油仓库工程验收规程 | LS/T8008-2010 |
| 20 | 粮食物流园区总平面设计规范 | LS/T8009-2010 |

## （六）粮食流通基础设施建设投资统计显示，各项设施建设成效显著

统计显示，2010年度全国粮食流通基础设施建设项目年度完成投资232亿元，新建仓容4234万吨，其中各类仓房4147万吨（其中立筒仓和浅圆仓746万吨），农户小粮仓87万吨；新增油罐354万吨，大修仓容3143万吨；新增粮食专用码头泊位58个，能力631万吨；新增铁路专用线71千米，新增散粮接收发放能力7.7万吨/小时。

2010年全国粮食流通基础设施建设投资项目有以下特点：

一是年度投资力度和建设规模继续加大。与上年度相比，年度完成投资增加20亿元，增幅9.4%。新建仓容共增加489万吨，增幅12.4%，其中立筒仓和浅圆仓仓容增加173万吨，增幅30%。新建油罐增加2万吨，增幅0.6%。新建粮食专用码头、新建铁路专用线长度均比上年减少较多，一定程度上与大的粮食现代物流建设项目较少有关。

**表8-3 年度投资和建设情况对比表**

单位：亿元、万吨、米、个

| | 年度完成投资 | 新建仓容 | 新建油罐 | 大修仓容 | 新建铁路专线 | 新建码头 |
|---|---|---|---|---|---|---|
| 2010年度 | 232 | 4234 | 354 | 3143 | 71356 | 58 |
| 2009年度 | 212 | 3766 | 352 | 2614 | 82271 | 81 |
| 增幅（%） | 9.4 | 12.4 | 0.6 | 20.2 | −13.3 | −28.4 |

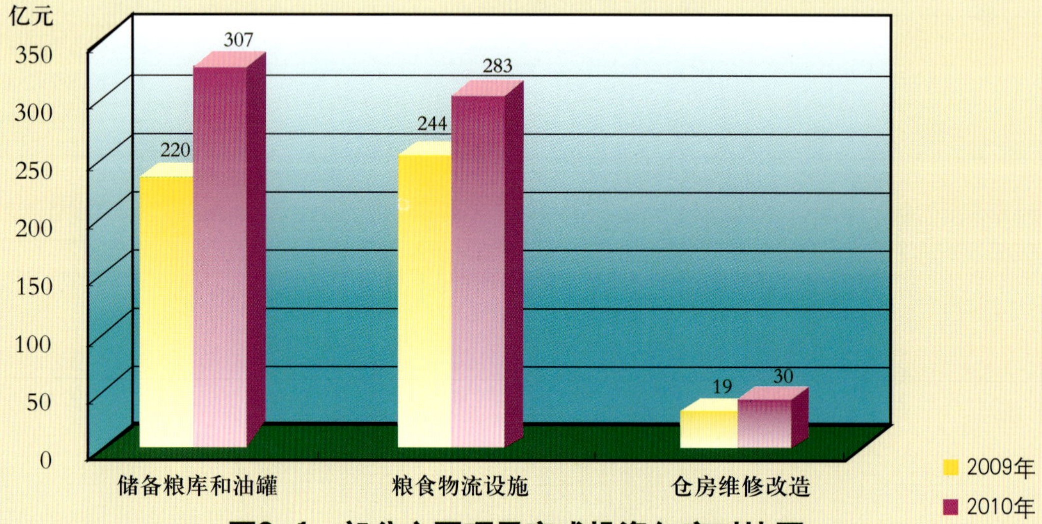


**图8-1 部分主要项目完成投资年度对比图**

二是政府投资扶持力度显著增加。2010年度项目总投资678亿元中，中央和地方财政投资约145亿元，占总投资的21.4%。但项目投资仍以企业为主，约占总投资的47%，银行贷款筹资方式仍占较大比例（22%）。

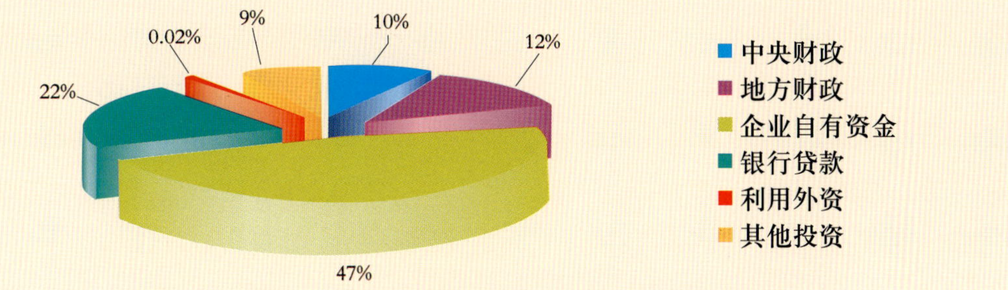


**图8-2 项目总投资中投资来源情况对比图**

三是项目投资以粮食物流和粮油仓储为主。2010年度内建设项目和已具备建设条件的前期项目总投资中，主要是粮食物流设施项目（占42%）和储备粮库项目（占39%），两类项目约占总投资的81%。本年度各类项目共完成投资232亿元，主要是储备粮库项目（占41%）、粮食物流设施项目（占30%），两类项目约占完成投资总额的71%。

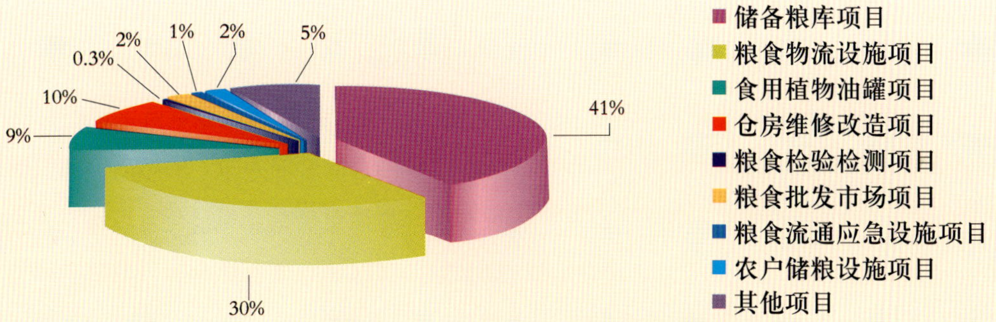


**图8-3 各类项目完成投资情况**

四是项目建设以国企为主。2010年度内建设项目和已具备建设条件的前期项目总投资中，国有企业占80%，民营企业占17%，外资企业占3%；年度完成投资中，国有企业占76%，民营企业占22%，外资企业占2%。

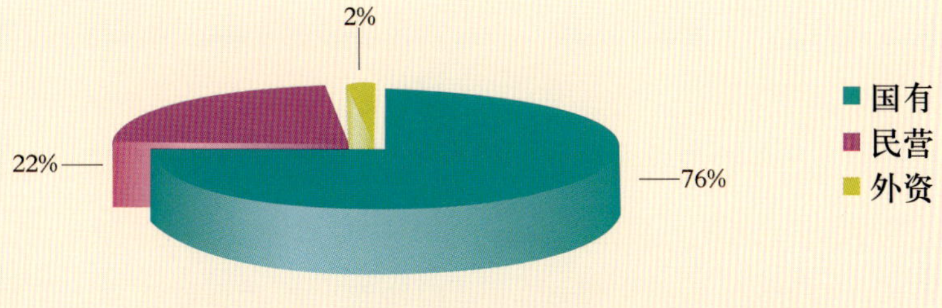


**图8-4 各类企业年度完成投资情况**

五是项目分布地区特征明显。从统计数据来看，经济较发达的省份和部分粮食主产区投入较大，东北、西北和西南地区投入相对较少。项目总投资和年度完成投资较多的省份主要有中储粮总公司和江苏、广东、湖北、安徽、辽宁、浙江、河北、湖南、福建、四川、黑龙江、陕西、河南等省；西藏、海南、宁夏、甘肃、青海等省（区）投资较少。地方财政投资比例较高的主要有福建、浙江、上海、海南、山西、内蒙古、云南、甘肃、新疆等省（区、市）；中央财政投资比例较高的主要有三大中央粮食企业和黑龙江、吉林、内蒙古、四川、江西、甘肃、新疆等省（区）。

# 二 粮食仓储行业管理迈上新台阶

2010年，粮食仓储行业管理与指导取得突破，新型粮油仓储管理机制基本建立，粮油仓储企业管理水平显著提高，先进适用粮油储藏技术应用范围逐步扩大，粮油仓储设施总量和装备水平稳步提高，保障库存粮油储存安全的能力进一步提升。

## （一）以依法行政为核心的新型粮油仓储管理机制基本建立

2009年12月29日，国家发展改革委以5号令的形式发布了部门规章《粮油仓储管理办法》。《粮油仓储管理办法》明确了各级粮食行政管理部门在仓储行业管理方面的职责，建立了“粮油仓储单位备案制度”、“粮油储存事故报告制度”、“安全生产事故报告制度”、“熏蒸作业备案制度”、“入库粮油分类储存制度”等，明确了库存粮油自然损耗的定义、定额标准和处置方法，赋予了粮食行政管理部门必要的处罚权。

《粮油仓储管理办法》的颁布，有利于规范企业仓储行为，有利于推进粮食行业依法行政，有利于理顺政府与企业的关系。《粮油仓储管理办法》的颁布，进一步丰富了粮食管理的法律法规，进一步建立了仓储行业规范化管理的基础。

《粮油仓储管理办法》颁布后，国家粮食局发布了《粮油仓储企业规范化管理水平评价暂行办法》、《粮油仓储企业仓房（油罐）编号暂行办法》以及《粮油仓储企业常用表格表样》等配套制度。《评价办法》对粮油仓储企业规范化管理水平的评价原则、评价内容、评价方法、评分标准等做出了规定，用于指导地方粮食行政管理部门对企业管理水平的评价工作。《编号办法》对粮油仓储企业仓房油罐的编号方法、仓型代码进行了规范。《常用表格表样》对粮油仓储企业常用表格的表样、内容进行了规范，规定了粮油保管账由粮油保管明细账、粮油保管总账组成，规范了粮油保管账的记账方法，建立了粮油保管账制度。同时，各省（区、市）粮食行政管理部门按照《粮油仓储管理办法》的要求，启动了

《粮油仓储单位备案管理办法》、《熏蒸作业备案管理办法》等配套文件的起草工作，研究建立粮油仓储企业管理和违规仓储行为处罚的工作机制。目前，黑龙江、山东、四川等省已经正式启动了粮油仓储单位备案工作。

## (二)以规范化为主要内容的仓储企业管理模式基本形成

粮油仓储是国家粮食安全体系中的重要环节，不仅关系粮油储存的数量、质量、卫生安全，也关系粮食流通效率和供应保障，是进行粮食宏观调控的重要基础，其管理水平的高低与保障国家粮食安全能力的强弱密切相关。围绕粮食安全深入开展规范化管理活动，可以加快实现管理规范、流转高效、保障有力的现代粮油仓储局面；可以加快实现从传统的粗放管理向现代的精细管理转变，真正全面实现粮油仓储企业的规范化管理，并达到更高层次的现代企业管理水平。

2009年，国家粮食局启动了全国粮油仓储企业规范化管理活动。经过企业创建，县、市、省级粮食行政管理部门层层评价、推荐，国家粮食局于2010年5月表彰了326户“全国粮油仓储规范化管理先进企业”，并于5月中旬在山东青岛召开了“全国粮油仓储规范化管理活动总结会议”。本次活动在粮油仓储行业反响强烈，取得了丰硕成果。

广泛开展形式多样的规范化管理活动，取得了明显成效：一是树立了一批具有现代企业管理理念，适应现代粮食流通产业发展要求的先进典型。这些典型企业在企业制度建设、标准化建设、队伍建设、文化建设、设施管理、设备管理以及节能减排技术、信息技术应用等方面都有所突破。二是进一步夯实了确保库存粮油数量真实、质量良好和储存安全的基础。粮油仓储行业的重要职责就是确保进入流通领域的粮油储存安全，降低损失损耗、延缓品质劣变，增加有效供给。规范化管理活动进一步强化了企业确保库存粮油储存安全的理念，各企业仓储设施条件持续改善，人员素质不断提高，新技术推广应用范围扩大，保障库存粮油储存安全的能力进一步增强。三是企业经营环境和条件有所改善。通过规范化管理活动，改变了社会对粮食企业的传统看法，企业形象得以改善。同时，通过企业文化建设，企业职工的凝聚力增强，进取心迸发，干劲十足。当前，创建粮油仓储规范化管理企业已经成为各级粮食行政管理部门和粮食企业的共识。

## (三)以各级储备库为基础的仓储设施体系日益完善

一是仓房总量持续增加。据统计，截至2010年底，全国共有粮油仓储企业18326户，总仓容39255.6万吨，总罐容1408.0万吨，简易仓容3421.6万吨，罩棚1508.7万平方米，地坪20242.1万平方米，分别较上一年度增加331户、2831.3万吨、229.6万吨、359.7万吨、115.7万平方米、176万平方米。

二是企业规模进一步扩大。企业户均仓容从2003年的1.23万吨增加到2010年的2.14万吨，增幅74.0%。

三是企业设备装备水平进一步提高。到2010年底，全国共有1224户企业配备了铁路专用线，有效长度901.7公里；973户企业拥有2041个粮食专用泊位，总吨位365.3万吨；拥有散粮接收能力58.9万吨/小时，散粮发放能力53.1万吨/小时。各企业共配备检化验仪器设备22.3万台，通风机18.3万台，输送机械12.7万台，汽车衡2.0万台，运粮汽车10774辆，火车皮4446节，船舶43艘，烘干设备6125台（套），烘干能力达7.6万吨/小时。

### （四）以节能减排会议为契机的粮食行业节能减排已经在行动

2010年8月，在山东济南召开“粮油仓储节能减排专题技术会议”。粮食行业虽然不是资源消耗、废弃物排放的重点行业，但是提高能源在粮食仓储、加工、干燥、清理等环节的利用效率事关行业整体竞争能力的提升，减少粉尘、污水、有毒气体等排放事关粮食企业的生存发展。

会议明确了粮油仓储行业节能减排的重点领域和粮食行业节能减排的方式方法，通报了粮油仓储技术在节能减排方面最新研究进展。

## 三 粮油加工业发展

2010年，粮油加工业总体平稳较快发展，各项产业政策逐步实施，龙头企业产业化水平进一步提高，应急加工能力初步建立，行业资源整合进一步加快，科技水平和食品安全检测和监测能力提高。

### （一）积极服务保价稳供，确保宏观调控措施落实

《中共中央国务院关于加大统筹城乡发展力度进一步夯实农业农村发展基础的若干意见》（中发〔2010〕1号）继续明确扶持和鼓励发展农产品加工业。中央财政继续对南方饲料消费大省的企业到东北地区采购新产玉米和南方油菜籽产区加工企业委托收购菜籽给予一次性费用补贴。国家分两批安排企业技术改造专项中央补助资金3.45亿元，粮油加工业项目265个，补助金额和项目数量分别占轻工行业2010年获得国家补助资金的14.1%和国家补助投资的项目总数1614项的16.4%。

为确保广大居民消费粮油产品的价格稳定，同时兼顾保证加工企业盈利空间，国家加大了政策性存储粮食的定向销售和拍卖力度。一是下达最低收购价小麦定向销售出库计划，向五得利面粉集团、中粮集团等企业定向销售278万吨国家储备小麦。二是向北京、天津、上海、浙江、福建等主销区大米加工企业定向销售临储粳稻。三是进一步完善了国家临时存储小麦、稻谷、大豆和食用油的竞价交易细则，鼓励符合资质条件，统计规范的加工企业参加国家政策性粮食竞价交易活动。

为做好玉米市场调控工作，保证玉米深加工产业健康有序发展，国家及时出台了一系列政策措施。《国务院关于稳定消费价格总水平保障群

众基本生活的通知》（国发〔2010〕40号）要求规范农产品经营和深加工秩序，严格粮食收购资格审核，落实经营者最高库存量规定，加强粮食收购资金监管，各省（区、市）人民政府要对玉米深加工企业进行全面清理，关停违规建设的玉米深加工企业。国家取消包括酒精、玉米淀粉等部分商品出口退税政策。《国家发展改革委办公厅关于对玉米深加工已建和在建项目进行清理的紧急通知》（发改办产业〔2010〕2708号）要求控制玉米深加工用粮增长过快，确保饲料企业加工用粮，开展了违规项目清理检查，抑制深加工企业产能盲目扩张，督促地方清理玉米深加工在建和已建项目，有关部门在清理检查中发现，一些企业擅自扩大建设规模或生产规模、在建项目手续不完善、项目建设内容变更，拟续建能力达1082万吨。

国家粮食局继续加强粮油加工业产能监测工作，进一步加强了粮油加工业统计工作，全面完成粮油加工业年报表统计，掌握了全国粮油加工业企业的基本情况，继续修订完善“粮油加工业统计制度”和指标体系。统计数据为国家有关部门宏观调控、落实玉米深加工产能控制措施和研究外资企业引导政策提供了数据支持。

### (二)研究完善产业政策，促进行业科学发展

国家粮食局会同有关部门广泛征求意见，完善《粮食加工业中长期规划》（2011～2020年），认真组织编制完成了《粮油加工业“十二五”发展规划》，对“十一五”期间粮油加工业成果和面临形势进行了分析，提出了“十二五”期间粮食加工业发展的指导思想、基本原则和目标、重点任务、产业布局、行业准入、政策措施和重点项目。25个省（区、市）有关中央企业研究编制了本地区《粮油加工业“十二五”发展规划》。

按照结构调整产业升级的总体思路，研究提出了《产业结构调整目录》（2010年修订）粮食行业相关鼓励、限制内容建议。营养健康型大米、小麦粉及制品的开发生产、传统主食品工业化生产、杂粮加工专用设备开发与生产、薯类变性淀粉、油菜籽、花生、棉籽等食用植物油料加工高效低耗新型生产线及特色油料开发、粮油加工副产物综合利用关键技术开发应用、粮油干燥节能设备、农户储粮生物技术、农户新型储粮仓推广应用、粮油现代物流设施建设列入了鼓励类项目，目录将大豆加工列入非大豆产区限制类项目加以引导，明确淘汰小麦粉增白剂的使用。

积极应对新形势下外资进入粮油加工业的情况，研究修订了《外商投资指导目录》，将外资进入大豆、油菜籽、花生、棉籽等各类食用油脂加工和玉米深加工领域列入限制类类别针对群众关心的大米过度加工等问题，研究完善了有关大米加工标准和政策。

### (三)粮油加工业产品产量和经济指标继续保持较快增速

2010年，大米、小麦粉、食用植物油、玉米、粮食食品、杂粮和饲料加工业及粮机设备制造业企业16457个，实现粮油加工业工业总产值达到15408.9亿元，工业增加值1994.1亿元，利润总额432.8亿元，分别比上年增长了37.8%、28.4%和38.7%。粮油加工业销售收入利润率仍

维持在2.8%。按行业分，大米、小麦粉、食用植物油、玉米、粮食食品、杂粮、饲料加工业和粮机设备制造业企业实现销售收入利润率分别为1.8%、1.9%、2.4%、5.8%、5.2%、5.3%、2.4%和8.8%。

2010年，国家稻谷、小麦、大豆和玉米定向销售和拍卖政策有效维护了加工企业利益。国家向中粮集团、益海集团等大型企业集团分批定向销售了食用植物油和临储大豆，既保证了企业营业销售收入和利润平稳增长，又发挥了稳定市场、平抑价格的作用。食用植物油加工业利润104.8亿元，比上年增加23.3亿元，增幅22.2%；安徽、湖北等油菜籽主产区加工企业参加托市收购规避了市场经营风险，利润比上年稳定增长。

**表8-4 2010年度粮油加工业主要经济指标情况**

| 项目类别 | 产品销售收入（亿元） | 比上年增幅（%） | 利润总额（亿元） | 比上年增幅（%） | 销售收入利润率（%） |
|---|---|---|---|---|---|
| 粮油加工业 | 15408.9 | 37.8 | 432.8 | 38.7 | 2.8 |
| 一、大米加工业 | 2805 | 46 | 53 | 42.1 | 1.8 |
| 二、小麦粉加工业 | 2251 | 42.6 | 41.4 | 58 | 1.9 |
| 三、食用植物油加工业 | 4352.1 | 17.9 | 104.8 | 28.3 | 2.4 |
| 四、玉米加工业 | 1825 | 22.9 | 100.7 | 31.5 | 5.8 |
| 五、粮食食品加工业 | 722.7 | 42.7 | 44.6 | 45.3 | 5.2 |
| 六、杂粮及薯类加工业 | 228.8 | 69.6 | 10.9 | 31.3 | 5.3 |
| 七、饲料加工业 | 2975.9 | 77.2 | 69.1 | 60.3 | 2.4 |
| 八、粮机设备制造业 | 102.2 | 20 | 8.3 | 38.3 | 8.8 |

## (四)产业化龙头企业继续发挥带头作用

国家粮食局和中国农业发展银行重新审定了1938家粮油产业化龙头企业，鼓励支持产业化龙头做优做强，继续流动资金、固定资产购置、技术升级改造、技术研发引进、粮食生产基地建设、粮油订单收购等方面给予重点支持。湖北、安徽、江西、新疆等地加大力度安排专项资金对粮油加工和产业化项目进行支持，支持企业全面提升龙头企业的规模和实力，提高粮油加工业产业经济综合效益和整体发展水平。例如：湖北从2010年起每年安排10亿元财政专项调度资金支持20个省级农产品加工园区建设；安徽省继续2000万元专项扶持资金，会同农发行解决龙头企业贷款问题，积极争取了粮食大省奖励资金用于支持粮食加工及园区、仓储、物流建设。

2010年，粮油加工业企业通过兼并、重组，粮食加工业的规模化、集约化经营取得了新的成效，形成了一批储藏、加工和物流业务方面竞争力较强的大型粮油加工龙头企业。粮油加工企业中，国家级、省级及市级产业化龙头企业共3030家，比上年增加817家，增幅36.9%；龙头企业数量占企业总数的18.4%，比上年提高了3.1个百分点。其中：国家级粮油产业化龙头企业272家，省级产业化龙头企业1029家，市级产业化龙头企业1641家。3030家产业化龙头企业实现工业总产值6354亿元，占全行业工业总产值的41.3%；利润总额192亿元，占全行业总利润的44.4%，产品销售收入利润率3.1%，比全行业利润总额平均水平高0.3%，总体上经济效益高于中小企业。

### （五）粮油加工企业兼并重组和规模化经营取得新成效

2010年，粮油加工企业继续通过重组兼并，淘汰落后产能，企业呈现规模化经营趋势，大中型企业数量增加。大米、小麦粉、食用植物油加工企业日产能超过400吨企业的数量，比2009年均有较大幅度增加，同时产品产量也大幅增加，占总体的比重也呈增长态势。据统计，2010年末，日处理稻谷400吨以上的大米加工企业有219家，比上年增加66家，增幅43.1%；小麦粉加工企业427家，比上年增加165家，增幅63%；日处理油料400吨以上食用植物油加工企业309家，比上年增加40家，增幅14.9%。日处理原料400吨以上大米、小麦粉和食用植物油加工企业产品产量2028.6万吨、4244.5万吨和2522.5万吨，分别占总产量的27.8%、56.4%和80%。日处理原料400吨以上的小麦粉和食用植物油加工企业化产量占比分别比上年提高了4.2个百分点和3个百分点。

中央企业在粮油加工业竞争力进一步加强，中粮集团有限公司、中储粮总公司、中纺集团有限公司保持了较快发展。中粮集团有限公司继续保持在粮油加工业中的领先地位，实现工业总产值521.5亿元，仅次于益海嘉里集团稳居中央企业第一；中储粮总公司粮油加工业务逐年上升，达到82.9亿元，年处理稻谷达到299.8万吨，稻谷处理能力位居全国第一；中纺集团有限公司大豆和油脂精炼能力稳定增长；中国华粮物流集团公司继续发挥其物流、加工业务结合的优势，保持了年处理稻谷14万吨能力。

### （六）企业更加重视科技投入提升产业竞争力

2010年全国粮油加工业企业科技研发经费投入26亿元，比上年增加2.7亿元，增幅11.6%。粮油加工业企业获得专利数量2597件，比上年增加631件，增幅32%，其中发明专利656件，比上年增加141件，增幅27.4%。但我国粮油加工业科技投入水平偏低，仅占工业总产值的0.2%，相比其他行业偏低。

**表8-5　2010年度粮油加工业企业获得专利、科研投入情况表**

单位：件，亿元

| 项目类别 | 专利获得数 | 其中：发明专利 | 研究开发经费投入 |
|---|---|---|---|
| 全国总计 | 2597 | 656 | 26 |
| 大米加工业 | 301 | 88 | 3.7 |
| 小麦粉加工业 | 256 | 61 | 2.5 |
| 食用植物油加工业 | 322 | 112 | 5.2 |
| 玉米加工业 | 156 | 59 | 5.8 |
| 粮食食品加工业 | 677 | 122 | 1.8 |
| 杂粮及薯类加工业 | 300 | 74 | 2.1 |
| 饲料加工业 | 213 | 87 | 3.8 |
| 粮机设备制造业 | 317 | 50 | 0.9 |

### （七）食品安全工作取得新成绩

2010年，国家有关部门大力落实《食品安全法》，实施了食品安全检测监测能力专项补助，帮助粮油加工企业建设检测实验室和监测能力。国家粮食局进一步加强对大米、食用油粮油加工产品标准宣贯和实施。配合有关部门提出了落实《轻工业调整与振兴规划》食品安全检测能力检测专项粮油加工业食品安全检测能力建设的支持内容和投资方向，积极争取了有关国债技改投资补助项目支持。

贯彻落实《国务院办公厅关于进一步加强节约粮食反对浪费工作的通知》（国办发〔2010〕7号）的措施，强调了大力推进“放心粮油”工程，进一步提高企业的质量意识、安全意识、信用意识、服务意识，引导和监督企业加强质量管理，严格按标准组织生产，确保产品质量合格、卫生安全。继续推进“放心粮油”进农村、进社区示范工程，中国粮食行业协会推动企业改善经营方式，提升服务功能，增设服务网点，积极开展“两代一换”、连锁配送等形式多样、行之有效的经营业务，为消费者和种粮农民提供优质周到的服务。

### （八）粮油加工应急能力初具规模

全国已经初步建立了省级、市级和县级相协调的应急加工体系，形成了一定规模的大米、小麦粉和食用植物油应急加工能力。全国各级应急加工企业2117家，占全国企业数量的12.9%，其中省级应急加工企业439家，地市级565家，县级1113家。

2010年是“十一五”规划期的最后一年，综观“十一五”时期我国粮油加工业的发展，呈现如下特点：一是产量稳定增长，产品结构明显改善。2010年，大米、小麦粉、食用植物油产量分别比2005年增长了150%、113%、62%。一批营养健康新产品的产量增加较快。二是产品质量不断提高，品牌效应显著增强。2010年大米、小麦粉、食用植物油产品总体合格率达到95%左右，比2005年提高了5个百分点。一批粮油产品知名品牌对行业影响力和市场占有率迅速提升。三是多元主体已经形成，集约化程度不断提升。国有和国有控股、民营、外资等企业共同发展、相互竞争的格局已经形成。四是技术进步明显，装备国产化程度提高。稻谷、小麦、玉米深加工等转化增值技术、油菜籽膨化压榨节能技术等实现了产业化。一批具有自主知识产权的淀粉加工成套装备、油料膨化机、光电色选机等装备达到国际先进水平。五是龙头企业作用突出，集聚效应初步显现。粮油加工龙头企业积极推行产业化经营，有力带动农民增收。产业布局向主产区集中趋势明显，涌现出一批具有特色的粮油加工产业园区。

## 四 粮油科技与创新发展

2010年是粮食行业科技发展的重要一年。粮食部门继续深入贯彻落实科学发展观，粮食科研单位围绕粮食信息、生物、节能减排等关键技术相继开展了一系列创新研究，获得了大量具有先进性、实用性，能够服务粮食行业科技发展，提高粮食行业科技水平的科技成果，有力地促进了粮食行业的科技水平提升。

## （一）两项科研成果分获国家科技进步一、二等奖，粮食科研能力进一步提升

2010年，由国家粮食局科学研究院牵头承担的“粮食储备‘四合一’新技术研究开发与集成创新”（原名称：国家粮食储备新技术研究开发与集成创新）项目成果和由河南工业大学牵头承担的“大豆磷脂生产关键技术及产业化开发”项目成果分别荣获2010年度国家科技进步一、二等奖。

**表8-6　2010年度国家科技进步奖获奖单位及获奖人**

| 序号 | 奖励类别 | 获奖单位 | 获奖人 |
| --- | --- | --- | --- |
| 1 | 科技进步一等奖 | 国家粮食局科学研究院，河南工业大学，中国储备粮管理总公司，国家粮食储备局成都粮食储藏科学研究所，国贸工程设计院，北京东方孚德技术发展中心，南京财经大学，国家粮食储备局郑州科学研究设计院，辽宁省粮食科学研究所，北京中谷润粮技术开发有限责任公司 | 吴子丹，卞　科，徐永安<br>赫振方，郝　伟，郭道林<br>宋　伟，唐学军，卜春海<br>曹　阳，蔡静平，陶　诚<br>高素芬，张明学，王殿轩 |
| 2 | 科技进步二等奖 | 河南工业大学，江南大学，东北农业大学，上海良友（集团）有限公司，九三粮油工业集团有限公司，郑州四维粮油工程技术有限公司，山东渤海油脂工业有限公司 | 谷克仁，王兴国，江连洲<br>刘元法，李桂华，张根旺<br>王　波，汪学德，于殿宇<br>梁少华 |

“粮食储备‘四合一’新技术研究开发与集成创新”项目成果集成创新了粮情测控、智能通风、谷物冷却和低剂量环流熏蒸“四合一”储粮新技术体系，系统解决了我国粮食储备特有的仓型大、储期长的技术难题，大幅度降低了储备粮损失，改善了储粮品质，减少了化学药剂使用量，获得显著的经济效益。该项目成果获发明专利6项，实用新型专利21项，制定国家和行业标准11项。成果已应用到全部中央储备粮库和过半的地方储备库，推广新装备1.6万台，培训1万余人。使我国储粮技术整体达到国际先进水平，对国家粮食安全意义重大。

“大豆磷脂生产关键技术及产业化开发”项目从国家“七五”科技攻关项目开始，历时20多年，共完成国家级磷脂研究课题8项，获国家发明专利8项，实用新型专利1项，研制开发磷脂药品3种，磷脂保健品4种，起草国家磷脂标准2项，在全国建设了46条磷脂生产线，累计创经济

效益20亿元，近3年7家企业创利税22912万元。我国磷脂加工产业体系消除了由油脚废弃或生产黑脂酸带来的污染，使油脂行业每年减少废酸水排放300多万吨。

2010年，有两项粮食科研成果获得国家重要奖项，表明我国粮食科研工作水平在不断提升。

## （二）广泛调研，开展“十一五”后评价工作，为“十二五”科技发展提供依据

为全面总结“十一五”期间粮食行业科技发展取得的成绩、成效和经验，为研究制定“十二五”粮食科技发展指导意见提供依据，国家粮食局开展了“十一五”粮食科技项目执行情况后评价和“十一五”粮食科技发展报告的编写工作。基本评价为：粮食科技工作以市场需求和行业需要为导向，取得了显著成绩。粮食科技项目和投入显著增加，经济社会效益明显，取得了一批重要科技成果。科技体制改革显现新的活力，创新体系建设已初具规模，科技总体水平明显提高，自主创新能力显著增强，高技术人才队伍不断涌现，较好地贯彻落实了《规划纲要》的总体目标和阶段性任务要求，为粮食行业发展提供了科技支撑。

## （三）以四项专题研究为切入点，形成粮食行业“十二五”科技发展的指导意见草案

为保持粮食行业“十一五”期间良好的发展势头，促进粮食行业自主创新能力的提升，引导粮食行业科技发展方向，根据《国家粮食安全中长期规划纲要（2008～2020年）》、《国家中长期科学与技术发展规划纲要（2006～2020年）》、《农业及粮食科技发展规划（2009～2020年）》，国家粮食局决定以信息技术、生物技术、节能减排、重大装备四项专题研究为切入点，为制定“十二五”粮食科技发展规划明确方向。从2010年1月至5月，国家粮食局先后组织河南工业大学、南京财经大学、华南理工大学、中国农机院、局科研院、无锡院、成都所、郑州院等11家单位的信息、节能减排、装备、生物等领域专家调研，形成了《信息技术专项》、《生物技术专项》、《节能减排技术专项》和《装备技术专项》四份近20万字的“十二五”粮食科技发展规划专题研究报告，对“十二五”粮食科技发展提出了建议。在此基础上，经过广泛征集意见、研究讨论，起草形成了粮食行业“十二五”科技发展的指导意见草案，明确了重点发展方向和重点任务，提出了以信息、生物技术提升粮食流通技术水平，以节能技术和先进技术改造传统产业，推动先进制造技术在行业的应用，促进产业结构调整，实现跨越式发展的目标。

## （四）推进信息化技术在粮食行业应用，提升管理、调控能力和水平

2010年，国家粮食局继续着力加大对“一示范，四平台，一体系”的支持力度，宣传利用信息技术等新技术手段，提升管理和调控能力水平，改造传统的收购、储藏和流通方式。

2010年10月13～14日，国家粮食局在无锡主办了主题为“物联网 · 粮食流通信息化”的粮食

信息化技术研讨会。来自全国大专院校、科研院所、信息相关企业、各省（市）粮食局及相关单位的共计80多个单位280余名代表参加了会议。会议搭建的平台使行业内外的科研人员与企业人员开展了充分的交流，取得了较好的效果。

由国家粮食局组织实施的第一批国家信息化试点项目《基于RFID技术的区域粮食流通应用》综合应用多种RFID技术，结合创新、高效的粮食现代物流模式，以农户结算卡等为依托，开展粮食流通管理在常州的试点应用，普遍反映应用RFID技术，能够自动、及时、准确地采集粮食收购、仓储、物流、生产等流通环节的数据，提高粮食流通管理效率，为粮食宏观调控提供准确依据的重要技术方向。可以切实保护农民利益，提高粮食流通和收购管理效率。针对部分地区粮食丰收，农民惜售的形势，为推广旨在保护农民利益的农民结算卡技术、提高粮食流通和收购管理效率的技术，组织召开粮食收购RFID技术—农户售粮结算卡应用技术研讨会，介绍了国家发展改革委基于RFID的区域粮食流通管理试点应用项目的有关成果，研讨了有关RFID应用技术和应用、推广方式，促进农户售粮结算卡等先进手段的应用范围。

## （五）“十一五”收尾年取得一批代表性科技成果

### 1.一批国家级项目取得标志性成果

（1）“安全绿色储粮关键技术研究开发与示范”项目。项目优化集成并推广应用5项绿色储粮集成技术，建立12个温控绿色储粮技术推广应用示范点，示范规模达10万～15万吨，储粮损耗比常规储粮降低20%～30%。

研究了我国北方、长江流域和南方高温高湿地区的温控绿色储粮过程中的储粮品质变化规律，并在上述地区分别建成了具有区域特色的低温、准低温和控温3个绿色储粮技术体系，同时，确立了我国生态（绿色）储粮主要基础理论。优化集成并推广应用了符合北方低温地区、长江流域地区和南方高温高湿地区的低温、准低温和控温储粮3套温控绿色储粮技术。采取了温控储粮或低氧储粮措施，在储存期间基本不再进行全仓熏蒸杀虫操作，化学药剂使用量比常规使用量降低了30%以上，达到了“降低储粮损耗、确保粮食品质”的目标要求。

（2）“粮食宏观调控信息保障关键技术研究开发与应用示范”项目。通过对粮食储藏数量的非接触式测量方法研究，解决了粮食储粮数量的测量特别是粮堆储藏密度测量的精度问题，为“清仓查库”工作提供了技术手段和支撑；通过使用全球/全国尺度多种遥感数据产品，结合粮食粮源数量的遥感监测结果和农产品市场均衡模型，完成了粮源数量短期监测与预警研究和全球变化背景下粮源供应数量和价格的中长期预测技术研究，为国家粮食宏观调控工作提供了数据支持。

研发成果对于提高粮食物流监管和调度的自动化水平和作业效率，降低管理成本具有重要作用；对于提高粮库作业自动化水平和作业效率，提升粮库管理水平，具有重要支撑作用；对于降低粮食流通交易成本具有显著经济效益。

### 2.一批代表性成果荣获中国粮油学会科学技术奖

2010年，经过行业专家评审委员会审议评选，产生2010年中国粮油学会科学技术奖获奖项目24项。其中，一等奖4项，二等奖8项，三等奖12项。通过科技评奖进一步调动了行业服务创新意识，促进了粮食行业的科技进步。

### 表8-7 2010年度中国粮油学会科学技术奖获奖项目

| 序号 | 项目名称 |
|---|---|
| | 一等奖 |
| 1 | 日处理50吨米糠油精炼技术及成套设备 |
| 2 | 特种水产饲料与特种水产品系统技术研究 |
| 3 | MM型磨粉机 |
| 4 | 馒头工业化生产关键技术集成创新研究与应用项目（原名：面制主食工业化关键技术集成创新研究与应用项目） |
| | 二等奖 |
| 1 | 以豆渣为原料生产膳食纤维关键技术研究 |
| 2 | 高含油油料膨化—预榨—适温脱溶成套技术及关键设备研究 |
| 3 | 慢消化淀粉的研究与产业化开发 |
| 4 | 拉面、春卷皮专用粉的研制（原名：拉面与春卷皮专用粉的研制） |
| 5 | 大豆油等9种粮油标准物质的研制（原名：粮油质量安全系列标准物质） |
| 6 | 发酵豆粕的开发与应用 |
| 7 | 油炸薯片中丙烯酰胺的控制技术 |
| 8 | 饲料加工国家基础标准研究（原名：《饲料加工国家基础标准研究》） |
| | 三等奖 |
| 1 | 酸豆奶及果汁豆奶关键技术的研究及产业化 |
| 2 | 小麦加工副产物综合利用技术 |
| 3 | 葡萄籽资源的综合利用技术 |
| 4 | 双低油菜籽制油新工艺、大型冷榨设备开发及饼粕综合利用 |
| 5 | 微波远红外技术集成生产变性淀粉关键工艺技术研究及应用 |
| 6 | 《粮食保管一年早知道示意图》 |
| 7 | 氢化大豆卵磷脂生产技术的产业化研究与开发 |
| 8 | 杂粮系列产品深加工（禅食）项目 |
| 9 | SKGD200*4环流干燥机 |
| 10 | 《粮食加工、储运系统粉尘防爆安全规程》 |
| 11 | E型正昌冠军王粉碎机 |
| 12 | 无公害中草药饲料添加剂的研制 |

### (六)成功举办粮食科技活动周，宣传粮油产品标准

为突出粮食科技惠及民生和科技支撑发展的指导思想，国家粮食局于5月15~21日成功举办了以“标准——粮油食品安全的保障”为主题的2010年粮食科技活动周。参加了科技部科技周全国主会场活动，在粮食科技活动周广州主会场进行了主题宣传，组织了全国31个省（自治区、

直辖市）粮食局开展了多种形式的科技周宣传活动。派员参加了科技部科技列车巴中行活动。组织了科技周实验室的开放日活动。开展了向巴州区柳林镇凤鸣垭村和兴隆乡土桥村赠送了200套农户科学储粮仓的活动。在北京举办了题为“食品安全与一日三餐的科学”的专题科普讲座活动，在巴州举办了3场粮食科技讲座。粮食科技周活动受到了国家和广大参与群众的普遍好评。在5月科技部、中宣部、中国科协下发的《关于表彰全国科普工作先进集体和先进工作者的决定》（国科发政〔2010〕218号）中，国家粮食局流通与科技发展司被授予“全国科普工作先进集体”称号。

## （七）以国家重点计划项目研究为方式，促进粮食行业科技发展

2010年度国家粮食局以国家重点计划项目研究为切入点，组织开展国家重点计划项目研究，促进粮食行业科技发展。

**表8-8　2010年度国家粮食局国家科技计划项目**

| 国家科技支撑计划课题 | 科研院所开发专项 | 农业科技成果转化资金项目 | 软科学计划项目 | 合计 |
| --- | --- | --- | --- | --- |
| 5 | 3 | 7 | 5 | 20 |

### 1.开展“十二五”预备项目组织工作，25个项目建议进入农业领域国家科技项目库

为遴选“十二五”期间粮食领域优势项目，促进“十二五”科技发展，国家粮食局积极响应科技部农村领域计划改革的要求，动员全行业科技力量及相关科研单位，结合粮食科技规划研究的方向，针对行业科技需求，强强联合，在信息、储藏、检测、加工、物流和丰产等6个领域开展预备项目的征集工作。经广泛征集筛选，国家粮食局共向科技部推荐25个预备项目。在科技部组织的项目评选中，这些项目全部通过了科技部的专家审查，进入了国家科技预备项目库。

### 2.组织“安全绿色储粮关键技术研究开发与示范”和“粮食宏观调控信息保障关键技术研究开发与应用示范”等“十一五”科技支撑计划项目实施

（1）安全绿色储粮关键技术研究开发与示范项目所属七个课题顺利完成研究工作，并通过财务审计，进入验收申请阶段。

（2）粮食宏观调控信息保障关键技术研究开发与应用示范项目所属四个课题顺利完成研究工作，并通过财务审计，进入验收申请阶段。

（3）储备粮减损关键技术研究开发与应用示范项目于2010年1月20日由科技部批复立项，下设5个课题。

（4）节能增效储粮关键技术研究开发与示范项目获“十二五”首批立项，并启动。

### 表8-9 节能增效储粮关键技术研究开发与示范项目课题情况

| 序号 | 课题名称 | 牵头承担单位 |
|---|---|---|
| 1 | 粮食保质节能烘干及湿热区域低温储粮技术装备的研究开发 | 国家粮食储备局<br>郑州科学研究设计院 |
| 2 | 储粮粮情关键因子调控及害虫生物防治技术的研究与示范 | 南京财经大学 |

#### 3.农业科技成果转化项目申报工作

2010年国家粮食局共有7项农业科技成果转化项目获批准立项，分别为：国家粮食局科学研究院的“高杂粮豆含量营养健康挂面加工技术中试研究”，主要研究杂粮营养挂面的成型工艺技术转化；西安油脂科学研究设计院的“菜籽油酶法精练技术转化”主要开展酶法油脂提炼技术中试；国家粮食局科学研究院的“便携式储粮真菌危害早期检测仪转化与示范”开展粮堆微生物二氧化碳变化测定仪的产业推广；国贸工程设计院的“农用小型移动式秸秆造粒设备技术改造及推广”为技术成果产业化；武汉粮食科学研究设计院的“油茶籽脱壳冷榨生产纯天然油茶籽油成套技术装备”主要将低温冷榨技术在茶籽领域应用；无锡粮食科学研究设计院的“葡萄籽综合利用技术集成与中试”延伸的葡萄产业链；成都粮食储藏科学研究所的“稻谷整精米率测定仪的中试生产”将整精米仪进行产业化。

### 表8-10 2010年农业科技成果转化资金项目表

| 序号 | 项目名称 |
|---|---|
| 1 | 高杂粮豆含量营养健康挂面加工技术中试研究 |
| 2 | 菜籽油酶法精练技术转化 |
| 3 | 便携式储粮真菌危害早期检测仪转化与示范 |
| 4 | 农用小型移动式秸秆造粒设备技术改造及推广 |
| 5 | 油茶籽脱壳冷榨生产纯天然油茶籽油成套技术装备 |
| 6 | 葡萄籽综合利用技术集成与中试 |
| 7 | 稻谷整精米率测定仪的中试生产 |

#### 4.开展院所技术开发专项申报工作

2010年国家粮食局组织了粮食行业原中央级科研院所开发专项资金任务的申报工作。并有“400t/d碱炼系统关键技术与装备研究及国产化”和“中转浅圆仓自动化出仓技术的研究与开发”两个项目作为粮食行业项目批复立项。

“400t/d碱炼系统关键技术与装备研究及国产化”项目将针对油脂碱炼过程中的关键工艺，研制开发400t/d碟式分离机，提高碱炼效率，延长关键设备的使用寿命；项目还将应用无水洗脱皂节能减排技术，减少废水排放；开发应用碱炼系统智能化控制技术，实现对全程的流量、温度、液位、压力的智能化控制。

“中转浅圆仓自动化出仓技术的研究与开发”项目将设计开发新型粮食出仓设备的机构和传动装置，在原有自主行走机构的基础上，减小设备体积，降低设备直接承载压力，增大行走机构的抓地力，提高设备运行动力，提高设备承载，解决线圈缠绕问题，保证设备平稳运行。

### 5.软科学项目立项

2010年共有5个国家软科学项目获批立项。分别是："粮食加工业发展若干重大问题研究"、"国外粮油技术装备对我国粮食安全冲击及自主创新战略研究"、"科技进步与粮食安全"、"粮油科技期刊发展战略及对国家粮食安全和科技进步的贡献机制研究"、"从价值链角度解析粮食及制品加工业在改善农业经济质量中的功能作用研究"。

### 6.高技术产业化项目

"新型发酵前包被益生菌微囊制剂产业化"项目利用发酵前包被微胶囊技术和发酵工程等现代生物技术生产屎肠球菌微胶囊制剂，通过屎肠球菌微胶囊制剂应用，减少抗生素使用，对解决我国饲用抗生素残留，发展健康养殖业及促进畜牧产品出口起到重要的作用。

"高活性绿色生物无抗生素发酵饲料产业化"项目建立年产12万吨生物发酵高活性益生菌生物饲料饲料生产线，利用菜粕、棉粕、豆渣、脱皮菜粕、玉米浆等，使普通纯蛋白型原料起到蛋白源和替代抗生素的左右，在高效利用农副产品，提升农产品的附加值的同时，促进了上游产业的发展。

"新型多效生物蛋白饲料原料产业化项目"利用蛋白酶的酶解作用将大分子蛋白降解为小分子蛋白即多肽和小肽，通过微生物的解毒脱毒作用剔除其有害成分如抗营养因子，保留其中间有效产物，减少或不使用抗生素，并改善动物肉质品质。

## (八)一批国家科技项目完成验收

### 1."十一五"科技支撑计划项目

"粮食丰产科技工程"产后3个课题顺利通过科技部验收。"粮食丰产科技工程"产后3个课题自2006年9月启动后，经过4年的努力，课题取得了重大进展。开发了新产品18项，新材料2项，重大工艺改进1项，获国家发明专利1项、申报国家专利20项，获国家科技进步奖1项，部科技一等奖1项，完成国家和行业标准3项。课题已经在全国三大平原12个省建立农户科学储粮示范基地59个，建立农户科学储粮核心示范户9228户，辐射带动建设82.2万户示范户。课题共培训农户130多万户，发放各类农户储粮科普宣传资料160多万份。建立农户储粮装具加工生产基地39个，年加工能力达到90.2万套，还建立了年产600吨的植物源杀虫剂生产线。基本建立起了农户储粮技术服务体系和技术标准体系，农户储粮信息化建设也取得突破。另一方面，课题组创新示范模式，将示范区建设与地方政府社会主义新农村建设相结合，通过全国科技活动周、全国粮食科技活动周、送科技下乡等多种方式，极大地推动了农村科学储粮知识的普及，通过示范户和示范区建设，合计粮食减损约100万吨，增效约16亿元，带动国家、地方政府和农户投资超过8.5亿元，取得的成绩受到了国家领导人以及全社会的高度关注。

表8-11 已通过科技部验收的粮食丰产科技工程产后课题

| 序号 | 项目名称 |
|---|---|
| 1 | 三大平原农户储粮减损技术集成与示范 |
| 2 | 农村储粮防虫、防鼠关键技术研究与示范 |
| 3 | 粮食干燥防霉技术和质量控制关键技术创新研究 |

### 2.农业科技成果转化资金项目

国家粮食局组织实施了6个2007年度农业科技成果转化资金项目，经过两年的开发转化，各项任务均完成了《合同书》中规定的转化任务，各项技术指标均达到了预计要求，取得了良好的社会经济效益，引导了粮食行业科技成果为产业服务，促进了成果向市场化过渡，提高了科技成果的转化率，经科技部确认，6个项目全部通过验收。

表8-12 经科技部确认通过验收的2007年农业科技成果转化资金项目汇总表

| 序号 | 项目名称 |
|---|---|
| 1 | 移动式螺旋清仓机 |
| 2 | 菜籽粕（皮）饲用浓缩蛋白、植酸、菜籽多酚制取工艺及成套设备中试 |
| 3 | 醇法大豆浓缩蛋白制取关键装备——气流闪蒸及真空脱溶装备的开发及转化 |
| 4 | 粮食控湿与调质技术及装备的转化 |
| 5 | 粮食多功能滴定仪的中试生产 |
| 6 | 粮食防护剂喷洒技术与设备中试及示范 |

### 3.5个粮食产后国家工程实验室建设取得重要进展

目前有五个单位牵头的三个领域的工程实验室已经具备了立项的条件。即粮食储运国家工程实验室、粮食深加工国家工程实验室（包括共性技术及小麦、稻谷、玉米深加工实验室，稻谷综合利用和发酵工程实验室三个平台）和粮食加工机械装备国家工程实验室。这些国家级工程实验室的建立将有利于粮食产后领域科技体系的完善，可对行业科技形成有力支撑。

# 五 粮食行业人才队伍发展

## (一)粮食行业从业人员基本情况

截至2010年底，全国粮食行业从业人员为990164人，同比增加3.96%。其中：行政管理部门45812人，占总人数的4.63%，人数同比减少

1.41%；事业单位37693人，占总人数3.81%，同比减少1.49%；粮食经营企业906659人，占总人数91.6%，同比增加4.49%（其中国有及国有控股企业469577人，同比减少4.76%；非国有企业437082人，同比增加16.67%）。

从学历结构来看，研究生5180人，占总人数0.52%；大学本科74203人，占总人数7.49%；大学专科171296人，占总人数17.30%；中专170165人，占总人数17.19%；高中317758人，占总人数32.09%；初中及以下251562人，占总人数25.41%。

从年龄结构来看，全行业35岁及以下305864人，占总人数30.89%；36～45岁387155人，占总人数39.10%；46～54岁241389人，占总人数24.38%；55岁及以上55756人，占总人数5.63%。

## (二)粮食行业从业人员现状分析

较“十一五”初期相比，粮食行业呈现从业人员数量小幅增长、学历层次逐年提高、年龄结构向年轻化发展，全行业技能人才保持稳定，粮食系统人才结构仍有不足，职工教育培训力度逐步加大的特点。

### 1.全国粮食行业人员总数在先减后增

“十一五”期间粮食行业从业人员呈现V形变化，主要是2006年全国大规模开展国有粮食企业改革，从业人员快速缩减，但从2008年开始逐步加大统计工作力度，扩大非国有企业统计范围，从业人员数据更为全面，从业人员总量呈上升趋势。

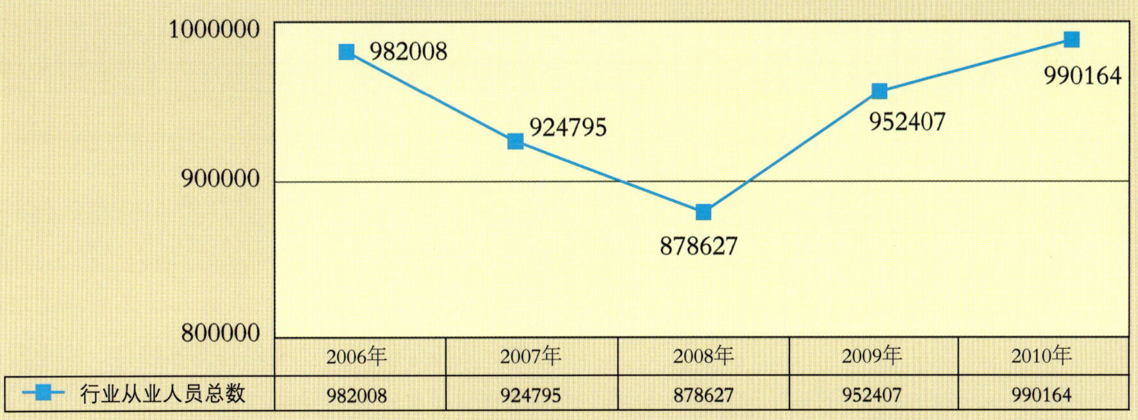


**图8–5　粮食行业从业人员总数**

粮食行政管理部门和事业单位从业人员呈波动性变化，但变化较小，整体队伍稳定。国有粮食企业从业人员逐年减少，主要是粮食企业改革进一步深入，部分省（区、市）去年力度加大，进入改革扫尾阶段。非国有粮食企业从业人员逐年增加，尤其是近两年加大了统计工作力度，扩大了统计范围，非国有企业数据更为全面。另外，随着粮食市场经济不断扩大，部分非国有企业扩大经营规模，引进人才，使非国有企业从业人员大幅增加。

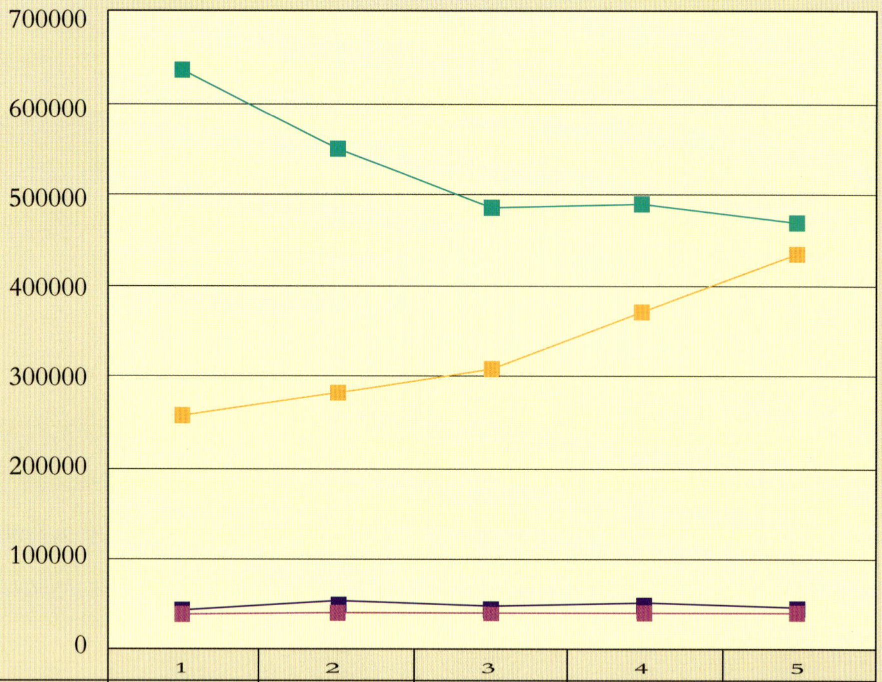


| | 1 | 2 | 3 | 4 | 5 |
|---|---|---|---|---|---|
| 行政管理部门 | 45249 | 46090 | 46117 | 46469 | 45812 |
| 事业单位 | 41993 | 39905 | 40588 | 38264 | 37693 |
| 国有及国有控股企业 | 636819 | 552117 | 487231 | 493045 | 469577 |
| 非国有企业从业人员 | 257947 | 286683 | 305691 | 374629 | 437082 |

**图8-6　五年来粮食行业企业从业人员走势图**

### 2. 粮食行业高学历从业人员逐年递增，但学历层次总体仍然偏低

“十一五”期间粮食行业职工学历呈现高学历人员比重递增、低学历人员比重递减的总体趋势。其中：大专及以上学历人员比重呈递增趋势，中专学历人员比重保持基本稳定，高中及以下学历人员比重呈递减趋势。

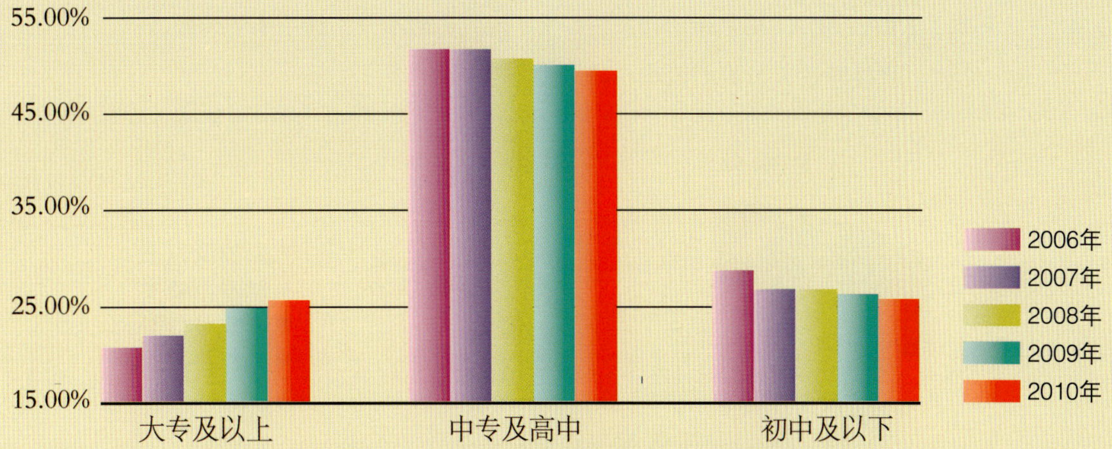


**图8-7　2006～2010年粮食行业职工学历变化情况**

其中国有企业学历下降，非国有企业学历提高，从粮食企业大学以上学历人数占总人数比例来看，国有及国有控股企业逐年递减，非国有企业逐年递增。

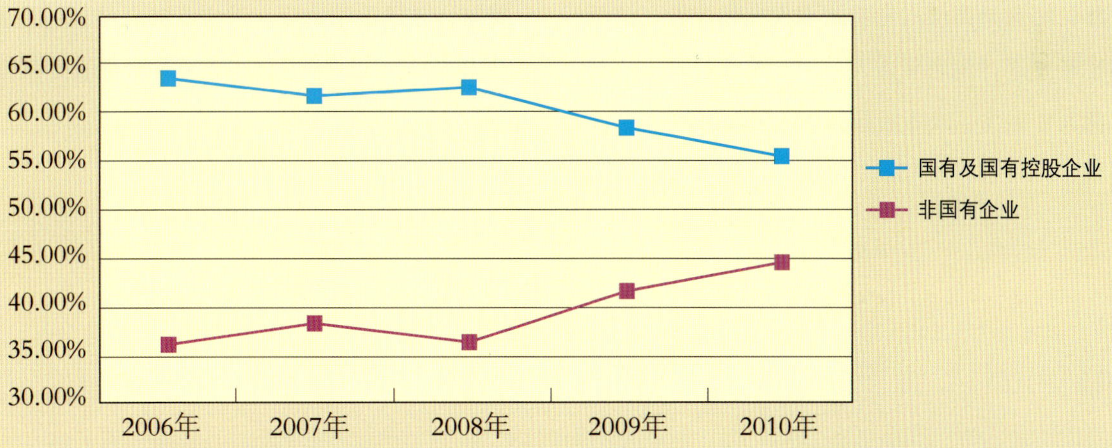


**图8-8　2006～2010年粮食行业企业大学以上学历占企业总人数比例趋势图**

### 3.粮食行业从业人员年龄结构稳定，但梯次不合理

2006～2010年粮食行业职工年龄整体变化不大。各年龄段占总人数比例，除36～45岁呈递减趋势外，35岁及以下人员比例波动趋增，其余年龄段比例呈小幅逐年递增趋势。从2010年粮食行

业职工年龄结构看，整体结构合理，中青年占主体，45岁以下职工人数占70%，其中36～45岁占39.1%。这一结构，直接导致人员流动困难，特别是企业改革后，国有粮食企业普遍面临着十年内人员出不去、进不来的局面。

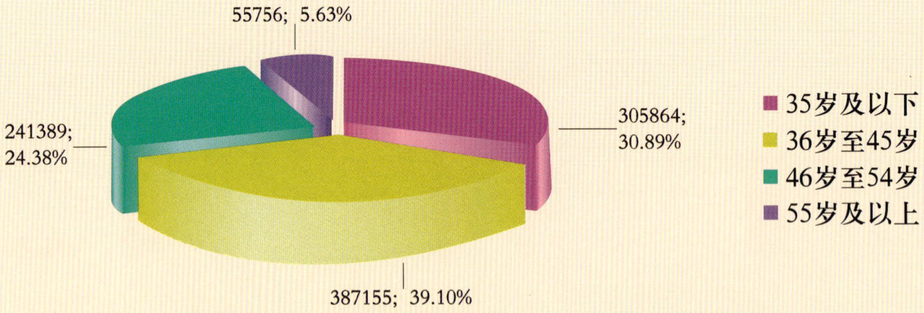


**图8-9 2010年粮食行业职工年龄结构图**

### 4.粮食行业专业技术人才和技能人才职工人数小幅增加，高层次高技能人才仍然匮乏

原因是2010年较2009年行业从业人员总数增加，带动专技人才和技能人才总量增加，但比重下降，特别是高层次专业技术人才和技能人才仍然比较匮乏，说明新增人员中，专业技术人才和技能人才偏少，人才培养工作任重而道远。

值得一提的是，根据2008～2010年的数据测算，平均每个国有企业中专业技术人才和技能人才数量有所增加。近年来随着国有企业改革不断深入，国有企业兼并重组后机构数量减少，人员精减，在这种情况下，企业比较注意留住急需紧缺人才，稳定了专业技术人才和技能人才队伍。

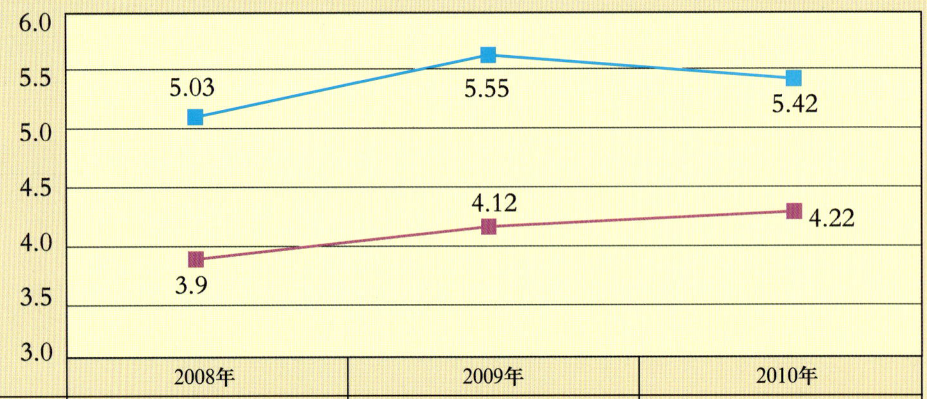


| | 2008年 | 2009年 | 2010年 |
|---|---|---|---|
| 专业技术人员 | 3.9 | 4.12 | 4.22 |
| 技术工人 | 5.03 | 5.55 | 5.42 |

**图8-10 国有企业专业技术人员和技术工人平均人数情况**

## (三)加强粮食行业人才队伍建设的建议

2010年国家粮食局颁布了《全国粮食行业中长期人才规划纲要》，科学规划了粮食行业人才工作今后10年的发展方向。粮食行业各单位、各部门要以纲要为指导，结合实际，统筹安排，认真抓好纲要的各项措施和人才工程的落实，统筹推进人才事业的发展。结合人才队伍状况，现对如何推动人才队伍发展提出如下建议：

### 1.加大人才培养和引进，确保人才规模稳步增长

针对现有专业技术人才和技能人才缺乏，国有企业人才流失及人才结构不尽合理现象，一方面要加强现有人才的培养，引导企业挖掘各类人才的潜力，通过理论学习、实践锻炼等多种方式，鼓励现有人员提高技术技能；另一方面要加大人才引进力度，实施开放的人才政策，建立竞争择优的选拔机制，打破部门、身份、地域界限，吸引各类专业人才投身粮食事业。同时，还要注意后备人才的培养，扶持粮食职业教育发展，推行校企合作，为行业发展做好人才储备。

### 2.完善人才培训体系，全面提升粮食行业人才队伍素质

针对现有人才学历层次偏低的情况，要通过加强培训来提高人才素质，这就要求完善人才教育培训体系。一是科学制定人才培训规划和年度培训计划；二是依托现有粮食院校、行业组织和培训机构开展人才培训工作，举办各类培训班和研讨班，支持人才参加各类培训与交流；三是大力倡导企业自主培训，对培训人员在学习时间、工作安排、培训费用上予以支持；四是加强人才培养基础建设，培养优秀师资，加强教材建设，整合培训资源，依托粮食院校、科研院所、大中型企业和培训机构建设一批全国粮食行业培训基地。

### 3.实施高端引领，提高人才竞争优势

针对高层次人才比较匮乏的情况，从行业发展需求出发，重点培养和引进急需紧缺的高层次人才，建成一批人才高地。一是依托重点项目和重大工程，以优惠条件引进粮油科技发展急需、起到骨干和领军作用的高层次专业技术人才；二是加强产学研合作，通过制定实施企业、高校和科研院所合作培养高层次创新型人才的激励政策和重点项目、重点工程人才配置政策，以及支持设立粮食专业博士点和博士后工作站等方式，培养造就一批高层次创新型人才；三是注重在生产一线发现人才，通过重大项目培养和造就高技能人才，建立“技能大师工作室”，采用学徒制等方式，传承粮食行业高技能人才绝技绝活。

### 4.创新人才工作机制，全面优化人才发展环境

针对目前人才年龄结构梯次不合理，人员流动困难的情况，为了调动现有人才资源，发挥他们的积极性、主动性和创造性，及时补充行业急需紧缺人才，保持行业的生机活力和可持续发展，必须全面优化人才发展环境。一是完善人才工作管理体制。坚持“尊重劳动、尊重知识、尊重人才、尊重创造”，创造平等公开和竞争择优的制度环境，促进优秀人才脱颖而出。二是完善人才使用评价机制。坚持“不唯学历、不唯资历、不唯职称、不唯身份”的用人标准，注重靠实践和贡献评价人才。比如深入推进国家职业资格证书制度，探索技能人才多元评价机制，提高鉴定考评质量和服务水平。三是健全人才激励保

障机制。完善各类人才薪酬制度，健全以政府奖励为导向、用人单位和社会奖励为主体的人才奖励体系，重点对做出重大贡献的优秀人才进行奖励。继续在粮食系统开展政府表彰工作。完善粮食行业高技能人才评选表彰制度，指导各地开展高技能人才评选表彰活动。广泛开展各种形式的职业技能竞赛和岗位练兵活动，完善层层选拔的高技能人才成长渠道。

# 六 国际交流与合作

2010年，国家粮食局认真贯彻党中央和国务院的外交方针政策，围绕粮食行业的中心工作，积极开展国际交流与合作。全年共接待国外来访代表团30多个，来访外宾300多人次；举办国际研讨会2个，签订双边合作协议3个。

## (一)热情接待国外来访的团组

2010年是国家粮食局成立以来接待外宾最繁忙的一年，外国政府和企业粮农代表团比上年有较大幅度的增加。国家粮食局有关领导分别会见和接待了阿根廷外交部长和农牧渔业部长，加拿大农业部长，南非农林渔业部长，马来西亚种植及原产业部长，印度农业和消费者事务、食品和公共分配部国务部长，巴基斯坦总理特别顾问，美国内布拉斯加州农业部长，国际谷物理事会理事长，联合国人权理事会粮食权特别报告员等政府和国际组织等高级代表团以及美国谷物协会总裁、美国嘉吉公司董事长兼首席执行官、加拿大小麦局总裁、丹麦福斯公司总裁、新加坡益海嘉里集团董事长、法国粮食出口协会主席等率领的农粮企业高级代表团。有关局领导向他们介绍了我国粮食生产、消费、贸易、储藏和质量检测等情况，以及深化粮食流通体制改革的情况，并回答了他们所关心的问题，使他们对我国的粮食供需和市场情况有了正确的了解，双方还探讨进一步加强合作与交流的方式和途径。通过接待国外来访团组，进一步加强了我局与国外粮食主管部门、协会和企业的交流与合作。

## (二)促进粮食行业的对外交流与合作

2010年，国家粮食局继续将外事工作的重点放在促进粮食科技对外交流与合作方面，并取得了明显的成效。为落实党的十七届三中全会提出的“加强粮食领域国际交流合作，为改善全球粮食供给作出贡献”有关精神，经国家发展改革委和外交部批准，7月份国家粮食局聂振邦局长与巴基斯坦政府代表、巴驻华大使马苏德·汗先生在人民大会堂签署了《中华人民共和国国家粮食局与巴基斯坦伊斯兰共和国食品、农业和畜牧部合作谅解备忘录》，胡锦涛主席和巴基斯坦扎尔达里总统共同出席了有关备忘录的签字仪式。该备忘录的签署旨在建立国家粮食局与巴基斯坦食品、农业和畜牧部之间的长期合作关系，在国家粮食局及其所属有关机构的职能范围内，与巴基斯坦食品、农业和畜牧部就巴基斯坦建立粮食储备、发展相关技术及在相关领域开展合作，建立长期稳定的粮食流通合作交流机制。

2010年1月，国家粮食局科学研究院与阿根廷国家农牧业技术研究院签订了《合作谅解备忘录》。该备忘录的实施将促进两个研究院在粮油科技研发、技术交流和人员培训等方面的交流与合作。为提升两国的粮油科技水平、实现互利共赢，为中阿两国粮油科技发展提供帮助。

2010年4月，中国粮油学会与加拿大豆类协会签订了《合作协议谅解备忘录》。该合作协议的签订有利于构建中加两国杂豆联合研究框架，促进双方在豆类研究和开发方面的交流与合作，有助提升我国在杂豆领域的科研水平，对杂豆加工技术创新与产业快速发展有重要意义。

为了使有关国家驻华使馆外交官了解我国粮食储藏、质量检测、粮食物流和交易市场等方面的情况，以及中国政府为保障粮食安全所做出的努力，2010年5月底，国家粮食局邀请了阿根廷、加拿大、日本、韩国、巴基斯坦等国家驻华使馆主管农业和粮食事务的参赞或专员参观了大连商品交易所和华粮集团北良公司的粮食仓储和物流设施。在参观期间，外交官们与大连商品交易所和北良公司的负责人进行了座谈，他们对大连商品交易所近几年的快速发展和北良公司现代化设施及管理留下了深刻印象，并给予了高度评价。参观结束后，国家粮食局郄建伟副局长会见了来大连参观的外交官们，并向他们介绍了中国粮食流通和仓储设施的发展情况，以及中国粮食生产及供需形势。外交官们一致感谢国家粮食局为他们安排的此次参观活动，通过实地考察，使他们更好地了解了中国粮食期货市场和粮食仓储及物流设施的发展现状，他们希望今后进一步推动本国与中国在粮食流通领域的交流与合作。

为了加强中国和非洲国家在粮食流通领域的合作，落实中非农业合作论坛的后续行动，使有关非洲国家了解我国粮食储藏及加工等方面的经验，2010年11月初，国家粮食局邀请部分非洲国家驻华使馆负责粮农事务的外交官及联合国粮农组织、世界粮食计划署驻京官员参观了华粮物流集团北京粮食中心库和京粮集团北京古船食品公司。参加此次活动的外交官来自埃塞俄比亚、加纳、马拉维、肯尼亚、塞拉利昂、苏丹和乌干达七个非洲国家的驻华使馆，以及联合国粮农组织、世界粮食计划署。新华社、人民日报、中国日报、中央电视台、中国经济导报等国内媒体也派人随团参观。在参观完粮食仓储设施及面粉加工厂后，国家粮食局郄建伟副局长、中联部四局曹白隽局长等与外宾进行了座谈。外宾们一致感谢国家粮食局组织这次参观活动，使他们加深了对中国粮食流通和面粉加工情况的了解。他们称赞中国在保障粮食安全方面所做出的努力和取得的成就，并希望中国向非洲国家介绍在粮食储藏、加工等方面的经验。

### （三）积极借鉴国外粮食科学技术和管理经验

2010年，为提高我国粮食质量和标准化工作水平、解决粮食综合加工利用有关技术、油脂技术开发，以及粮食储藏先进技术等方面的问题，国家粮食局帮助下属粮食科学研究院、标准质量中心，以及中粮集团的科学研究院向国家外国专家局申请到引进国外技术、管理人才项目6项，合计聘请外国专家21人，资助项目经费60万元。在实施引进国外智力项目过程中，国家粮食局严格执行国家外专局的有关规定，协助项目执行单位缜密策划，精心组织，实施好这些项目，充分发挥引进外国专家的作用，取得了较好的成效。

国家粮食局标准质量中心的“粮食中真菌毒素及检测技术研究”项目。邀请了英国食品研究协会的专家和国际谷物科技协会秘书长兼欧盟食品质量与安全项目总协调人来华，就粮食中真菌毒素及检测技术研究项目给予技术指导。外国专家详细地介绍了欧盟食品安全管理及真菌毒素法规、欧盟真菌毒素案例对社会经济影响的分析，以及真菌毒素的检测和处理方法等。通过外国专家的深入介绍及座谈交流，为我国加强粮食真菌毒素重点领域的研究，加强真菌毒素管理，以及采用先进的标准和检测方法提供了新的思路和借鉴。

粮科院的储备粮减损新技术研究项目。先后邀请了加拿大蒙尼托巴大学、澳大利亚新南威尔士大学和日本北海道大学3位教授来院就该项目进行具体的技术指导。外国专家考察了科研院粮食储藏研究室和昌平中试实验基地，分别在相关实验室与研究人员直接交流，对项目中的粮粒传热和粮堆湿热传递参数研究、粮食挥发性物质测定技术和真菌毒素生物削减的研究课题进行了具体技术指导。外国专家还为科研院带来了国外在储粮害虫生物防控领域的大量信息，并对科研院目前承担的国家科技部“十一五”支撑滚动项目“储备粮减损新技术研究与示范”、“储备粮堆湿热调控减损关键技术和设备研究与示范”课题进行了指导，还对科研院储备粮减损技术研究学科方向的发展提出了建设性建议。通过交流，对提升科研院储藏科技研究水平和保障粮食安全有较大的帮助。

中粮集团科学研究院“粮油食品安全体系建设”项目。邀请了爱尔兰国立都柏林大学、美国农业部西部研究中心、美国药典委员会、南非比勒陀利亚大学5位专家来华对粮油食品安全体系建设项目进行指导和交流。国外专家在华期间，举办了5场食品安全相关专题学术报告会，主题涉及食品安全的保障体系，食品安全加工，食品安全无损检测，食品中微生物和化学污染物的法律、法规和标准，以及全谷物食品研发的全球趋势等领域。通过与国外专家直接研讨和交流。使我国专家和技术人员受益匪浅，对我国食品的研发和质量保证具有很强的指导和借鉴意义，为食品质量与安全研发平台的搭建和团队成员业务能力的提高起到良好的促进作用。

中粮科研院还邀请了美国普渡大学、华盛顿州立大学的4位专家来华就纤维素乙醇中试工艺优化和产业化示范项目进行指导交流。其中一位专家到中粮科研院交流与指导后，还与中粮科研院签订了菌株技术转让协议。外国专家参观了中试装置，与中粮科研院的专家重点讨论了中试预处理工艺及存在问题，提出加酸蒸煮预处理工艺，降低反应温度，从而达到降低戊糖损失的目的，对中试预处理工艺的改进起到重要作用，有力地推动了纤维素乙醇研发工作与产业化进程。

通过这些引智项目的执行，使项目单位与国外粮油科研机构建立起了良好的合作关系，及时了解和掌握国外最新的粮油科技成果与动态，并有助于解决当前我国粮油产业和科研中面临的问题，有力地促进了我国粮油科技的进步。

### (四)认真组织好出国考察及培训

为了深化我国的粮食流通体制改革，借鉴国外在粮食管理、流通、储存、加工等方面的经验和技术，2010年国家粮食局两位领导分别率团赴韩国、日本、越南、以色列、法国、美国、德国、瑞典等国考察粮食流通体制和粮食管理政策，以及粮食储藏、检测和加工等情况，并取得了较好的考察成果。

2010年，国家外专局共批准国家粮食局出国培训项目5个，其中：审批类培训3项，审核类培训2项，批准培训人数共计97人。培训内容涉及粮食管理体制与法制建设；加拿大粮食流通监管体系；粮油食品加工技术和粮食企业发展及经营管理等。如法规司组织的赴美国“粮食管理体制与法制建设培训”、监督检查司组织的赴加拿大“粮食流通监管体系培训”、流通与科技发展司组织的赴巴西“粮油深加工技术与管理培训”、财务司组织的赴巴西“粮食企业发展及经营管理培训”。通过赴国外培训，使地方粮食管理部门和企业的管理人员及技术人员，了解了国外的先进技术和经验，开阔了眼界，增长了知识，为提高粮食管理与储粮技术水平起到了积极的促进作用。

国家粮食局还选派人员出国参加有关粮食的国际会议，如选派有关专家和技术人员参加在葡萄牙举办的“第十届国际储藏物保护大会”、在泰国举办的“2010年世界稻米年会”、在澳大利亚举办的“国际粮食论坛”、在马来西亚举办的“第二届国际真菌毒素大会”、在瑞典举办的“2010年国际健康谷物会议”、在南非举办的“欧盟食品安全科技合作项目工作会议”、在缅甸举办的“亚太食品流通联合机构第15次全体会员大会”、在泰国举办的“东亚大米紧急储备项目工作会议”、在巴西举办的“国际标准化组织食品技术顾问团会议”、在美国举办的“全谷物最新成果及应用推广研讨会”等。我方与会专家和技术人员在国际会议上，分别介绍了我国粮食生产、储藏、质量检测、粮油科技和加工等情况，阐明我们对世界粮食形势的看法和对有关问题的立场，扩大了我国在国际粮食领域的影响。同时，及时了解了国际粮食供求信息和最新的粮油科学技术，学习和借鉴国外实用的管理方法及先进的科学技术。

## 七 会展业发展

### (一)粮食行业会展业概况

据统计，2010年全国举办的各类综合性、专业性的展览会、交易会和公益性展览共7个，展览总面积共计约26392平方米，展位总数1035

个，参加展示、交易的企业总数2357个，参观总人数58500人次。粮油交易总量达1713.75万吨，交易总额48.58亿元（含意向交易），其中，机械设备交易总量465台套，总金额8689.7万元；促成招商引资合作项目48项，金额181400万元。以上数据表明，会展活动在粮食流通中为衔接产销，促进贸易、合作和交流发挥了应有的作用。粮食行业会展活动已逐步成为促进贸易、交流信息、宣传品牌、引导消费的平台。

## (二)粮食行业会展发展主要特点

### 1.全国性品牌展会规模稳定，地方性交易会规模稳中有升

据统计，2010年举办的7个粮食会展中，第十届中国国际粮油产品及设备技术展览会是唯一规模在3000平方米以上的全国性展会，展览面积达20000平方米，规模与上届持平，全国性品牌展会的优势稳定；规模在3000平方米以下的有6个，分别是2010德州全国粮油食品展销会、第六届七省粮食产销协作福建洽谈会、2010黑龙江金秋粮食交易合作洽谈会、第五届全国爱粮节粮公益展览会、2010中国优质稻米（武汉）交易会暨第十二届湖北粮油食品展示交易会，第五届安徽粮油精品展示展销会暨安徽粮食行业承接产业转移项目签约仪式，特别是福建、黑龙江、武汉、安徽4个地方性的交易会、展销会，规模稳中有升。

### 2.交易合作洽谈会逐步做成品牌，成为促进粮食产销衔接良好形式

据统计，2010年粮食主产区举办的产销衔接性质的交易合作洽谈会有4个，均为连续举办5届以上，并已逐步形成交易会品牌，分别是第六届七省粮食产销协作福建洽谈会、2010黑龙江金秋粮食交易合作洽谈会和2010年中国优质稻米（武汉）交易会暨第十二届湖北粮油精品展示交易会，其中福建洽谈会已连续举办6届、黑龙江已连续举办5届、湖北已连续举办12届，安徽已举办5届。4个交易会总交易量达到1614.19万吨，为促进产区粮食顺畅流通、保障销区市场供应起到了积极作用。

### 3.展会国际化、市场化程度有所提高

据统计，2010年举办的全国性的粮食会展中，国外企业参展净面积为1000平方米，比2009年增加了一倍，外商参观人数也略有增加。展会综合服务市场化程度有所提高，组展方式方面，全国性的粮食会展以行政发文与市场化的自主招展手段并重，地方性展会、交易会均以地方行业主管部门组织为主。随着展会组展市场化程度的提高，国家级成熟的品牌展会专业观众的邀请、信息处理和数据分析工作更加专业和规范，开始委托专业机构对展会现场观众进行管理。展前、展中、展后对参展商和观众各方面的服务质量均有所提高，特别是加强了会后展商跟踪回访和满意度调查，从各项调查数据入手对展会进行客观全面的分析，形成完整的展后报告，对参展企业和观众公布。

## (三)粮食行业会展业发展趋势

——粮食是一种特殊商品，有粮食行业特色的会展业，将在充分发挥行业主渠道作用的前提下，以推动会展服务市场化为趋势，走向更加专业化、贸易化、国际化的方向，逐步成为沟通产

销、促进贸易的重要形式，成为企业了解行业发展信息，开拓国内外市场，展示形象、推广产品的重要手段。

——在品牌展会的带动下，粮食会展规模的扩大将日趋理性，加强专业观众邀请工作，提高参展企业的综合收益率，提高展会综合服务水平是粮食会展业健康发展的有效途径。

——交易合作洽谈会将成为粮食主产区促进产区粮食顺畅流通、保障销区市场供应、沟通产销的良好会展形式，合同履约率是考察交易合作洽谈会的重要指标。

——越来越多有影响的国内外大型企业的参展，对于带动业内企业增强企业形象宣传、品牌推广和会展营销意识起到了积极作用。

# 八 爱粮节粮宣传活动

## (一)2010年爱粮节粮宣传活动概况

2010年，国务院办公厅下发了《关于进一步加强节约粮食反对浪费工作的通知》（国办发〔2010〕7号），要求各地区、各部门和各单位从战略高度重视该项工作，采取切实措施，减少粮食、食品损失浪费。随后，国家粮食局为落实国办文件精神，出台了《关于进一步加强节约粮食反对浪费工作的实施意见》（国粮调〔2010〕41号）。这些文件的出台，为进一步做好爱粮节粮宣传工作指明了方向，各地区、各部门和各单位组织爱粮节粮宣传活动的积极性进一步提高。

2010年“全国爱惜粮食节约粮食宣传周”活动以主会场和分会场同时组织活动的形式在全国各地开展，主会场设在宁波，活动包括“全国爱惜粮食节约粮食公益展览”、“节粮典型经验交流”以及“‘节粮在行动’粮油市场报专栏”；同期，全国15个省（区、市）粮食局通过公益展览、公益晚会、发放节粮宣传册等形式在各地分别组织开展了分会场宣传活动，据初步统计，共有近50万人通过各种形式参与此次活动。此外还委托专业调查公司对国内部分城镇及乡村粮油消费环节的损失浪费情况进行了实地抽样调查。

## (二)2010年度爱粮节粮宣传工作的主要特点

和往年相比，2010年度的爱粮节粮宣传工作，具有以下几个方面的鲜明特点：

### 1.宣传内容更加丰富务实

2010年的爱粮节粮宣传内容继续紧紧围绕粮油储存、运输、加工、消费等环节存在的损失浪费问题以及取得的节粮成绩的基础上，增加了对“过度加工”等和人民群众日常生活息息相关的热点节粮问题的宣传，并首次在全国范围内征集节粮典型，在展会上对河北玉田粮库等5家企事业单位的节粮典型做法进行了推广，旨在通过推广宣传带动更多的粮油企业身体力行节粮增效，减少浪费。此外，还组织开展全国部分城市粮油消费环节损失浪费情况调查，调查在北京（特大城市代表）、辽宁（东部省份代表）、湖北（中部省份代表）以及甘肃（西部省份代表）4个省市192家各类餐饮场所及390户城镇农村居民家庭中展开，通过调查了解掌握粮油消费环节损失浪费的基础数据及浪费的主要原因，进一步增强了宣传工作的针对性，为相关部门合理决策提供科学依据。

#### 2.宣传形式更加灵活多样

本年度的爱粮节粮宣传采取公益展览、节粮经验交流、报纸专栏宣传、抽样调查等多种形式，这些做法有效地调动了各级粮食主管部门、粮油企事业单位及广大人民群众的参与积极性。爱粮节粮公益展览做到了“开门办展”，首次面向广大粮油企事业单位、科研院所征集节粮典型案例，10个省粮食局共推荐了19家节粮典型企事业单位，这些单位节粮经验通过公益展览、“节粮在行动”粮油市场报专栏等平台在全行业进行了介绍和推广；展览现场发放宣传折页，将公益展览内容通过门户网站进行二次传播等形式，实现了延长展览时间，扩大展览影响人群范围的目的；实施全国部分城镇及乡村粮油消费环节损失浪费调查的过程，不但是掌握粮油消费环节损失浪费实情、了解损失浪费原因的过程，也是被调查单位理解节粮重要意义、自觉参与节粮行动的过程，大大提高了粮油企事业单位参与节粮宣传的自觉性和主动性。通过这些强调企事业单位在活动中的主体作用宣传形式，提高了广大粮油企事业单位转变发展方式的自觉性，同时通过活动参与者鲜活的心理体验，改变自身日常粮油消费行为，从而自觉宣传节粮观念。

### (三)未来爱粮节粮宣传工作方向

#### 1.借助新闻媒体的力量，提高全社会对爱粮节粮工作的认识

借鉴“国家节能宣传周”等类似宣传活动的做法，进一步加强在各类新闻媒体的宣传力度，对“农户储粮减损”、“水稻循环经济”、“米、面、油过度加工”、“面子消费盛行”等有报道价值的问题进行深入专题宣传报道。

#### 2.探索建立符合当前行业发展实际的粮油仓储、运输、加工、消费等环节节粮方面的法规、政策、标准、服务、监管机制等，适时选择有代表性的城市、乡村进行试点，总结经验后向全国推广

同渐成规模的爱粮节粮宣传活动相比，长久的节粮工作机制建设相对滞后，节约粮食反对浪费不仅与人民群众的思想认识有关，也与整个行业、产业的发展方式有关，需要进一步健全制度、完善机制，促进行业节粮水平的提高，带动全社会形成爱粮节粮的良好风尚。

# 九 世界粮食日宣传纪念活动

2010世界粮食日宣传纪念活动围绕“团结起来，战胜饥饿”的主题，在浙江省宁波市组织开展了烛光守夜纪念活动，300多名粮食行业从业人员及工人、农民、学生、解放军代表，以点燃蜡烛的方式表示自己对全世界10亿饥饿人口的关切与同情，国家粮食局、农业部及联合国粮农组织的领导介绍了为缓解世界粮食危机所采取的各项措施，长三角中小学生爱粮节粮征文宁波获奖学生代表现场配乐朗诵了获奖作品，中央电视台、新华社等权威媒体对活动进行了宣传报道。

为进一步丰富活动内容，组织者还开展了一系列其他形式的宣传活动，包括长三角地区中小学生爱粮节粮征文、世界粮食日长卷签名、发放世界粮食日宣传册等。其中长三角地区中小学生爱粮节粮征文共有约3000万中小学生参加，300名中小学学生获得了比赛的一、二、三等奖；世界粮食日长卷签名活动共有约10000人在“团结起来，战胜饥饿”的长卷上签下了自己的名字，承诺从自身做起，节约粮食、反对浪费，签名长卷随后将被寄往粮农组织罗马总部；《爱粮节粮宣传读本》共印制两万册，分发到了全国30多个省（区、市）粮食局。

另外据不完全统计，2010年全国还有20多个省（区、市）组织开展了各种形式的世界粮食日宣传纪念活动，其中上海市粮食部门联合市内广大中小学校，开展了编写发放宣传小册子、组织学生通过壁报、文艺演出等形式宣传世界粮食日；陕西省粮食局主要领导在省内党报上发表了署名文章，宣传开展爱粮节粮宣传活动的重大意义；江苏省宿迁市粮食部门组织了专门的公益晚会；河南工业大学在16日当晚组织了烛光守夜活动，广大师生用烛光拼成的“节粮”字样引起了活动参与者的深深共鸣。

2010年的世界粮食日宣传和往年相比，具有以下几个鲜明的特点：

一是在宣传内容、宣传形式上更加强调创新出彩。烛光守夜的形式吸取了部分政协委员的建议，借鉴了国际上组织类似活动的成功经验，活动现场的装点完全舍弃了声、光、电等现代化的渲染手段，用最节俭、最原始、最朴素的方式宣传节约粮食资源的重要意义，简便易行，适合中国的国情，点点烛光很好地渲染了现场气氛，达到了预期的宣传效果。

二是在组织形式上更加强调调动广大人民群众的参与积极性。2010年的宣传活动，更加强调互动体验，无论是现场的点燃烛光、吹响黄哨、签名承诺，还是在广大中小学生中间组织的征文比赛，都要求每一个活动参与者亲身体验，亲力亲为，通过活动参与者的切身体验，提高活动参与者对国家粮食安全重要意义的认识。

三是更加强调齐抓共管，形成合力，不断扩大世界粮食日宣传纪念活动的知名度。2010年的世界粮食日宣传吸引了农业部、教育部、国家粮食局、联合国粮农组织、宁波市政府以及数以万计的粮油企事业单位的参与，实践证明，社会各界齐抓共管，对于扩大活动影响力，提高社会各界特别是广大中小学生的节粮意识，是有很大帮助的。

四是更加注重借助新闻媒体的力量进一步提高社会各界对世界粮食日宣传纪念活动的认识。中央电视台新闻频道、农业频道以及新华社等权威媒体对今年的世界粮食日宣传纪念活动进行了宣传报道；宁波广播电台对主会场的烛光守夜活动进行了全程音频直播；农业部、国家粮食局以及部分省市粮食局的政府门户网站也对活动进行了图文报道。全方位立体式的宣传，有效扩大了活动的影响范围，取得了良好的宣传效果。

# 专栏

# 一 2010/2011年度国际粮油市场回顾

2010/2011年度全球谷物产量比上年减少。根据联合国粮农组织（FAO）数据，预计2010/2011年全球谷物产量为22.4亿吨，同比减少2580万吨，减幅为1.1%；消费量为22.8亿吨，同比增加4170万吨，增幅为1.9%；库存量为4.8亿吨，同比减少4610万吨，减幅为8.8%；库存消费比为23%。美国农业部2011年4月数据显示，2010/2011年度全球谷物产量预计为21.8亿吨，同比减少5050万吨，减幅为2.3%；消费量为22.3亿吨，同比增加4885万吨，增幅为2.2%；由于当年新增产量减幅较大，全球谷物库存出现自2006年以来的首次下降，降至4.4亿吨。预计2010/2011年度全球主要油籽产量为4.5亿吨，比上年度增加537万吨，增幅为1.2%；国内消费量为4.4亿吨，同比增加2338万吨，增幅为5.6%；库存量7058万吨，同比增加29万吨，增幅为0.4%。

## （一）小麦

全球小麦产量比上年度减少。特别是在黑海和东欧国家，由于气候条件恶劣，产量下降幅度较大。根据美国农业部数据，预计2010/2011年度全球小麦产量为6.5亿吨，比上年度减少3663万吨，减幅为5.7%。其中，俄罗斯产量为4151万吨，比上年度减少2026万吨，减幅为32.8%；乌克兰产量为1684万吨，减少402万吨，减幅为19.3%；乌兹别克斯坦产量为90万吨，减少20万吨，减幅为18.2%；加拿大产量为2317万吨，减少368万吨，减幅为13.7%。虽然南半球小麦获得丰收，但并不能完全弥补北半球的产量下降缺口。2010/2011年度阿根廷产量为1500万吨，比上年增加400万吨，增幅为36.4%；澳大利亚小麦为2600万吨，增加408万吨，增幅为18.6%。

全球消费量增加。预计2010/2011年度全球消费量为6.6亿吨，比上年度增加1057万吨，增幅为1.6%，其中饲料消费为1.2亿吨，比上年增加563万吨，增幅为4.6%。

全球贸易量比上年度减少。预计2010/2011年度全球进口量为1.2亿吨，比上年度减少1078万吨，减幅为8.8%，出口量为1.2亿吨，比上年度减少1164万吨，减幅为9.4%。

全球库存量比上年度减少。预计2010/2011年度全球库存数量为1.8亿吨，比上年度减少1508万吨，减幅为8.3%。

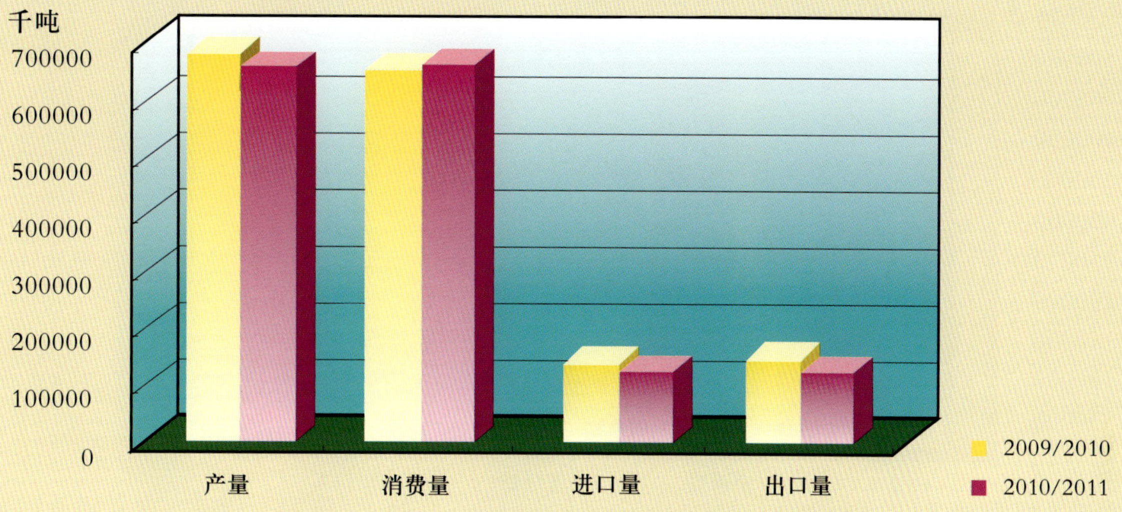


**图1　2009/2010、2010/2011年度小麦供求情况**

2010年全球价格阶段性走势十分显著。上半年，价格整体表现较为疲软，芝加哥小麦最近交割期价格基本维持在400～500美分/蒲式耳的区间内。但在6～7月东欧部分农业产区出现了高温干燥天气，导致单产下降，几大小麦主产国均下调预计产量，俄罗斯、乌克兰等国家出台相关政策措施限制谷物出口以保证本国供应。根据美国农业部数据，2010/2011年度乌克兰、俄罗斯两国的小麦出口总量为750万吨，比上年减少2039万吨，减幅高达73.1%。而全球另一大主要小麦出口国——加拿大由于小麦播种期间降雨过多，大面积耕地未能种上，产量也较上年减少。几大主要出口国小麦出口能力下降导致全球小麦价格飙升。仅7月份，芝加哥小麦价格上涨幅度就超过了30%。随后的几个月中，随着市场对利多消息逐步消化，小麦价格涨势未能延续，但仍持续高位。截至12月30日，芝加哥最近交割期小麦结算价为784.75美分/蒲式耳，同比上涨了240美分/蒲式耳，涨幅44.1%。

## （二）大米

全球大米产量增加。根据美国农业部数据，预计2010/2011年度全球大米产量为4.5亿吨，比上年增加1033万吨，增幅为2.4%。消费量连续6年增加。预计2010/2011年度全球大米消费量为4.5亿吨，比上年度增加1095万吨，增幅为2.5%。贸易量增加。预计2010/2011年度全球大米进口量为2923万吨，比上年度增加116万吨，增幅为4.1%；出口量为3040万吨，比上年度减少42万吨，减幅为1.4%。库存量增加。预计2010/2011年度全球大米期末库存为9709万吨，比上年度增加328万吨，增幅为3.5%。

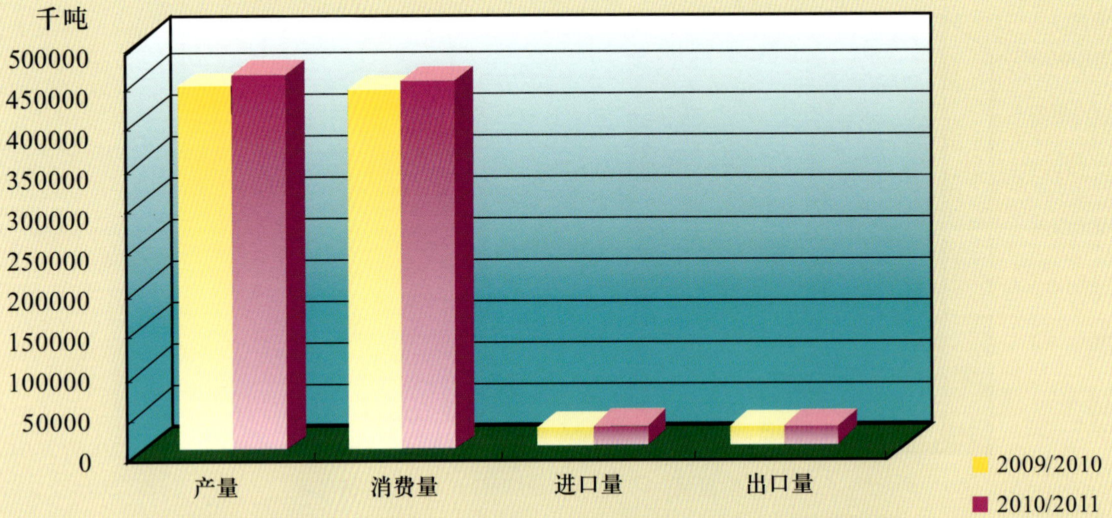

图2 2009/2010、2010/2011年度大米供求情况

2010年全球大米价格走势呈现先抑后扬。上半年，全球大米价格缓慢下滑，进口需求减弱是价格下跌的主要原因。全球大米进口国家主要是东南亚和非洲国家，由于许多非洲国家大米库存较高，导致市场进口步伐持续放缓。海外大米买家推迟进口，中止大米招标，给亚洲大米出口增加了压力。下半年，受巴基斯坦和泰国洪灾、美国产区干旱导致单产下降以及菲律宾稻田遭受台风等诸多因素影响，国际大米价格小幅回升。但总体看2010年的全球大米平均价格依然低于上年度。截至12月30日，泰国大米100%B级大米出口FOB价格为525美元/吨，同比下跌115美元/吨，降幅18%。

## (三)玉米

全球玉米产量比上年略增，但各国产量增减变化较大。根据美国农业部数据，预计2010/2011年度全球玉米产量为8.1亿吨，比上年度增加251万吨,增幅为0.3%。其中，美国产量为3.2亿吨，比上年减少1638万吨，减幅为4.9%；南非产量为1200万吨，比上年减少142万吨，减幅为10.6%。虽然美国以及南美等国家玉米减产较大，但中国和加拿大产量增加，弥补了其他国家产量减少部分。中国产量为1.7亿吨，比上年增加1000万吨，增幅为6.3%；加拿大产量为1171万吨，比上年增加215万吨，增幅为22.5%。

全球消费量再创历史最高纪录。其中食用、种用、工业（FSI）消费量增幅显著。预计2010/2011年度全球玉米消费量为8.4亿吨，比上年度增加3067万吨，增幅为3.8%。其中饲料消费4.9亿吨，比上年度增加1050万吨，增幅为2.2%；FSI消费量为3.5亿吨，比上年度增加2017万吨，增幅为6.2%。

全球贸易量较上年变化较大。预计2010/2011年度全球进口量为9170万吨，比上年度增加186万吨，增幅为2.1%；出口量为9080万吨，比上年度减少619万吨，减幅为6.4%。

全球库存量减少至近4年以来最低水平。预计2010/2011年度玉米期末库存数量为1.2亿吨，比上年度减少2338万吨,减幅为16%。

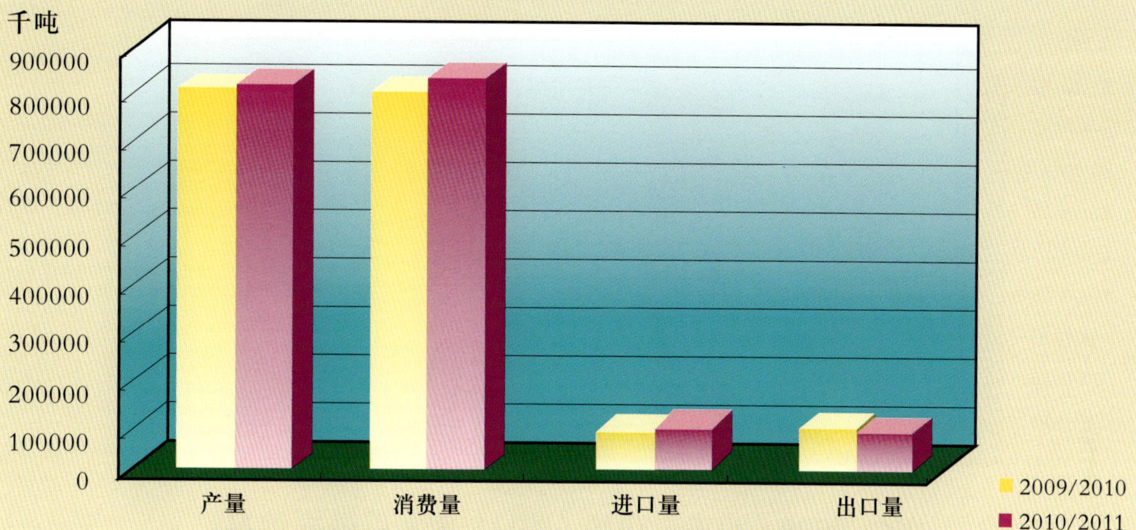


**图3　2009/2010、2010/2011年度玉米供求情况**

2010年全球价格总体呈现上升态势。上半年玉米价格走势相对平稳，7月受全球小麦市场价格快速上涨的提振，玉米价格也随之缓慢上扬。9月以后玉米价格上涨主要由于其基本面发生变化。由于美国玉米初期收割结果显示玉米单产低于预期，美国农业部连续下调2010年美国玉米单产数据，比上年单产下降7.2%。产量以及期末库存数据也随之降低。另一方面，由于玉米需求异常旺盛，尤其来自乙醇行业及养殖业的需求。美国农业部预计美国乙醇行业玉米用量将达到50亿蒲式耳，占总产量的40%左右，养殖业玉米需求将达到51.5亿蒲式耳。产需缺口放大导致美国玉米库存用量比下降至5%的历史低值。11月开始，由于原油价格下跌，玉米价格受到关联也曾小幅下滑，但由于其供需状况仍不宽松，下滑幅度有限。12月在南美玉米长势不明朗的情况下，全球玉米价格重拾涨势。截至12月30日，玉米芝加哥最近交割期结算价为616美分/蒲式耳，同比上涨202.25美分/蒲式耳，涨幅48.9%。

## (四)大豆

全球大豆产量比上年略增。根据美国农业部数据，预计2010/2011年度全球大豆产量为2.6亿吨，比上年度增加75万吨，增幅为0.3%。大豆压榨消费量增加。预计2010/2011年度全球大豆压榨消费量为2.3亿吨，比上年度增加1604万吨，增幅为7.7%。大豆贸易量大幅增加。预计2010/2011年度全球大豆进口量为9537万吨，比上年度增加866万吨，增幅为10%；出口量为9851万吨，比上年度增加585万吨，增幅为6.3%。大豆库存量增加。预计2010/2011年度全大豆期末库存为6094万吨，比上年度增加206万吨，增幅为3.5%。

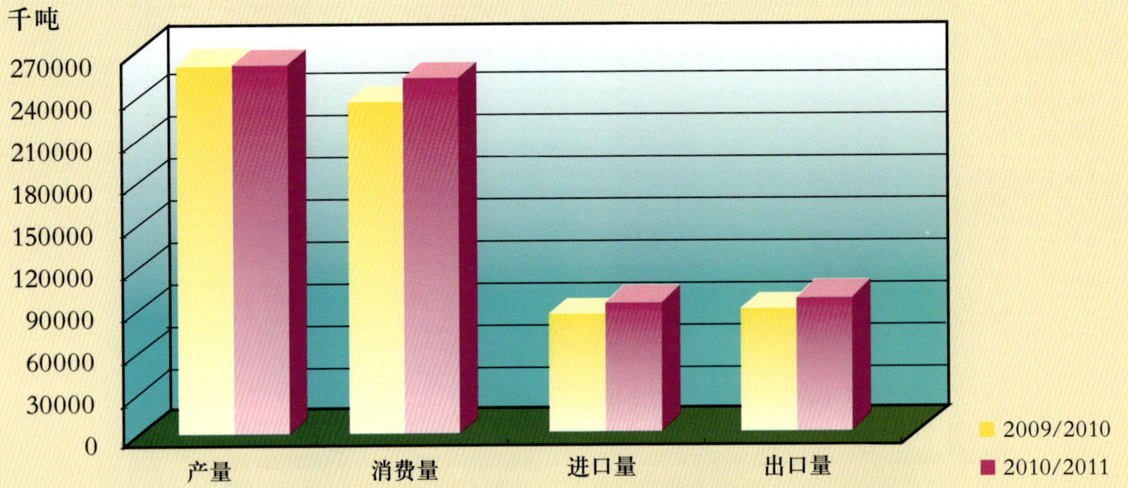


图4 2009/2010、2010/2011年度大豆供求情况

2010年，全球大豆价格走势与玉米较为接近，均表现为上半年相对平稳，下半年持续上涨走势。但由于产需状况比玉米宽松，价格上涨幅度也小于玉米。7月，由于小麦价格大幅走高，大豆价格随之上扬。9月以后，俄罗斯小麦产区出现降雨，小麦持续上涨的动力减弱，大豆价格上涨的原因转向全球市场对于大豆持续强劲的需求，以及玉米价格上涨的提振。美国农业部数据显示，2010年全球大豆压榨量为2.3亿吨，处于历史最高值。另一方面，本年度玉米等其他农产品价格均出现较大幅度上涨，比价效应也促使大豆价格上扬。截至12月30日，芝加哥大豆最近交割期结算价为1366美分/蒲式耳，比上年同期上涨329.75美分/蒲式耳，涨幅31.8%。

## 二 联合国粮农组织（FAO）2011年全球粮食形势展望

联合国粮农组织预计，2011年全球粮食产量将达到创纪录的23.15亿吨，比2010年增长3.5%，主要原因是粮食单产增加以及种植面积扩大。全球粮食增产将缓解全球粮食市场供求紧平衡状态，但仍无法补充全球粮食库存。由于俄罗斯小麦单产前景乐观，预计全球小麦产量将增长3.2%。全球粗粮产量预计比上一年度提高3.9%，超过2008年的最高纪录，粗粮增产主要来自于美国和独联体国家。由于天气条件转好，全球稻米产量预计将创历史新高，比上一年度增长1.8%。

2011～2012年度全球粮食消费量预计比2010～2011年度增加1.4%，增幅低于上一年度的2%，其原因是粮食的工业消费量增幅放缓。2011年全球粮食期末库存预计为4.94亿吨，仅比期初库存增加1%，其中大米库存增幅最大，粗粮库存略有增加，而小麦库存将进一步下降。由于全球粮食库存仅有小幅增加，粮食库存消费比也将继续维持在21%的低位。粮农组织预测，2011～2012年度全球粮食贸易量略高于上一年度，其中小麦出口量大幅增加，粗粮出口量下降，大米出口量保持稳定。由于全球粮食产量仅能基本满足需求，国际粮价可能继续保持在高位，特别是小麦和粗粮。俄罗斯取消粮食出口禁令将对国际粮价带来一些下调压力，但由于美国和欧盟等粮食主产国和地区的作物收获前景尚不明朗，国际粮价预计将继续波动。

**表1 全球粮食概况表[1]**

| | 2009～2010年度 | 2010～2011年度（估计值）（百万吨） | 2011～2012年度（预测值） | 2011～2012年度与2010～2011年度的变化值（%） |
|---|---|---|---|---|
| 全球 | | | | |
| 产量 | 2262.7 | 2237.6 | 2314.9 | 3.5 |
| 贸易量[2] | 276.1 | 274.8 | 276.0 | 0.4 |
| 总消费量 | 2234.4 | 2279.1 | 2311.3 | 1.4 |
| 食用消费 | 1037.3 | 1054.2 | 1069.2 | 1.4 |
| 饲用消费 | 767.2 | 774.3 | 785.8 | 1.5 |
| 其他消费 | 430.0 | 450.7 | 456.3 | 1.2 |
| 期末库存 | 533.6 | 490.0 | 493.9 | 0.8 |
| 供求指数 | | | | |
| 人均口粮消费量（公斤/每年） | | | | |
| 全球 | 151.9 | 152.5 | 152.9 | 0.3 |
| 低收入缺粮国 | 156.9 | 158.0 | 158.9 | 0.6 |
| 全球库存消费比（%） | 23.4 | 21.2 | 21.0 | |
| 主要粮食出口国的库存消耗比（消耗量为国内消费加贸易量） | 18.6 | 15.3 | 15.4 | |
| FAO粮食价格指数（2002～2004年的价格指数为100） | 2009 | 2010 | 2011年1～5月 | 2011年1～5月与2010年1～5月的变化值（%） |
| | 174 | 183 | 256 | 59.8 |

注：1.稻米以碾米计。
2.针对小麦和粗粮，贸易量指的是上年7月至当年6月市场年度的出口量。针对稻米，贸易量指的是当年1～12月的出口量。

粮食产量、消费量及库存

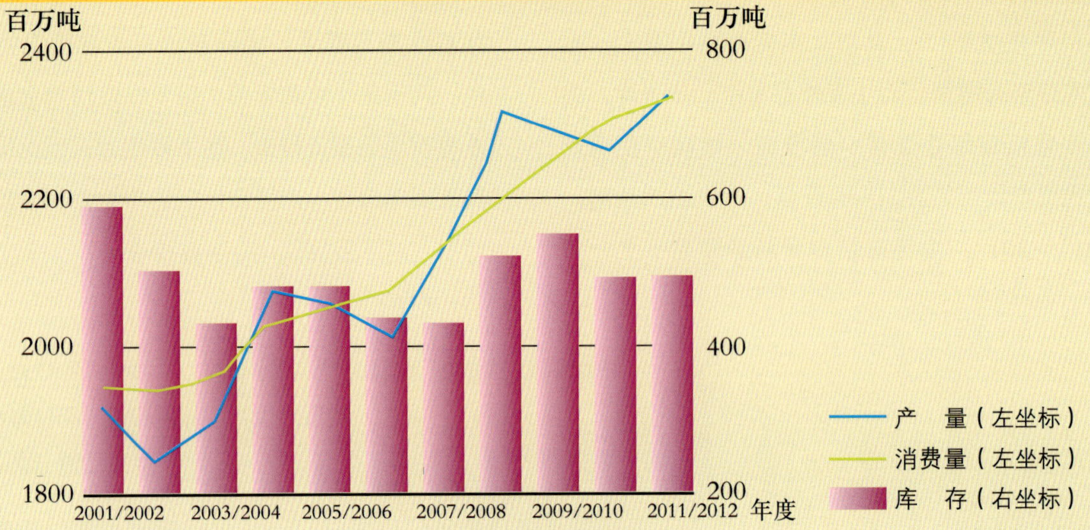


**图1　全球粮食概况图**

## (一)小麦

根据粮农组织的最新预测，2011年全球小麦产量为6.74亿吨，比2010年增长3.2%，主要原因是小麦价格走强刺激了小麦种植面积扩大，以及俄罗斯等国家小麦单产的恢复性增长。

2011年欧盟地区小麦产量将达到1.37亿吨，略高于2010年。预计2011年俄罗斯小麦产量为5500万吨，比2010年增加1/3左右。同时，乌克兰小麦产量预计将增产17%，达2000万吨。虽然2011年小麦的播种面积基本保持不变，但种植条件与上年相比大有好转。

过去数周内美国中部和南部平原地区持续干旱，小麦种植情况令人堪忧，因而粮农组织预测2011年美国小麦产量为5500万吨，比上年下降8.5%。尽管中国部分地区的小麦种植受到持续干旱的影响，但政府积极提供灌溉等服务，并加大相关方面的投入，2011年中国小麦收获前景依然乐观。预计2011年度中国小麦产量将略低于上年水平，为1.145亿吨。印度小麦正处于收获阶段，由于小麦价格居高不下，使得印度小麦的种植面积大幅增加，再加上有利的气候和种植条件，预计2011年印度小麦产量将达到创纪录的8400万吨。

**表2　全球小麦产量：主要生产国家及地区**

| 国家及地区 | 2010年（估计值） | 2011年（预测值） | 2011年与2010年的变化值（%） |
|---|---|---|---|
| | （百万吨） | | |
| 欧盟 | 136.8 | 137.0 | 0.1 |
| 中国（大陆） | 115.1 | 114.5 | −0.5 |
| 印度 | 80.8 | 84.3 | 4.3 |
| 美国 | 60.1 | 55.0 | −8.5 |

续表

| 国家及地区 | 2010年（估计值） | 2011年（预测值） | 2011年与2010年的变化值（%） |
|---|---|---|---|
| | （百万吨） | | |
| 俄罗斯 | 41.5 | 55.0 | 32.5 |
| 加拿大 | 23.2 | 26.2 | 12.9 |
| 澳大利亚 | 26.3 | 24.3 | −7.6 |
| 巴基斯坦 | 23.3 | 24.0 | 3.0 |
| 土耳其 | 19.7 | 20.5 | 4.1 |
| 乌克兰 | 17.2 | 20.2 | 17.4 |
| 哈萨克斯坦 | 10.0 | 14.5 | 45.0 |
| 伊朗 | 13.5 | 13.5 | 0.0 |
| 阿根廷 | 14.7 | 14.0 | −4.8 |
| 埃及 | 7.2 | 7.9 | 9.7 |
| 乌兹别克斯坦 | 6.7 | 6.5 | −3.0 |
| 其他国家和地区 | 56.5 | 56.2 | −0.5 |
| **全球总产量** | **652.6** | **673.6** | **3.2** |

2011～2012年度全球小麦消费量预计为6.77亿吨，仅比上一年度增长1%，增幅低于前三年。2010～2011年度、2009～2010年度和2008～2009年度全球小麦消费量的增幅分别为1.7%、2%和3%。其中，食用消费预计占小麦总消费量的70%，为4.72亿吨，比上一年度增长近1%。全球人均小麦消费量为67.5公斤，略低于2010～2011年度67.7公斤的水平。预计2011～2012年度小麦饲用消费量的增幅将有所放缓，比上一年度增长1.7%，为1.27亿吨，主要原因是独联体国家将恢复粗粮出口。预计2011年全球小麦期末库存将大大低于2010年的水平，而2012年全球小麦期末库存将继续减少至1.83亿吨。据此估计，2011～2012年度全球小麦库存消费比将从2010～2011年度的30%下降到27%，但仍高于2007～2008年度22.6%的历史最低水平。

全球小麦贸易量在2008～2009年度达到1.36亿吨的峰值之后，2009～2010年度出现大幅下滑，并在2010～2011年度继续下滑。预计2011～2012年度全球小麦贸易将小幅回升。粮农组织预计2011～2012市场年度（2011年7月至2012年6月）全球小麦贸易量（出口量）比2010～2011年度增加200万吨，达1.25亿吨。贸易量增加的主要原因是亚洲和欧盟地区的一些国家大量进口小麦，此外，独联体国家大量出口小麦也抵消了美国小麦出口量的大幅下滑。出于对气候状况的担忧以及小麦产量前景不明朗，国际小麦价格从5月开始上涨，虽然并未涨到2011年2月的小麦历史最高价，但由于美国小麦的期货价格同比上涨75%，预计至少在新的市场年度上半年（2011年7～12月），国际小麦价格将继续保持在高位。

## 表3 全球小麦市场概况表

| | 2009～2010年度 | 2010～2011年度（估计值） | 2011～2012年度（预测值） | 2011～2012年度与2010～2011年度的变化值（%） |
|---|---|---|---|---|
| | | （百万吨） | | |
| 全球 | | | | |
| 产量 | 684.7 | 652.6 | 673.6 | 3.2 |
| 贸易量 | 129.8 | 123.0 | 125.0 | 1.6 |
| 总消费量 | 658.6 | 670.3 | 677.0 | 1.0 |
| 食用消费 | 463.3 | 468.1 | 472.0 | 0.8 |
| 饲用消费 | 121.0 | 125.3 | 127.5 | 1.8 |
| 其他消费 | 74.3 | 76.9 | 77.5 | 0.8 |
| 期末库存 | 206.9 | 187.8 | 182.9 | −2.6 |
| 供求指数 | | | | |
| 人均小麦消费量（公斤/每年） | | | | |
| 全球 | 67.8 | 67.7 | 67.5 | −0.3 |
| 低收入缺粮国 | 54.4 | 54.0 | 53.9 | −0.1 |
| 全球库存消费比（%） | 30.9 | 27.7 | 27.1 | |
| 小麦主要出口国的库存消耗比（消耗量为国内消费加贸易量）[1] | 21.8 | 18.9 | 17.9 | |
| 粮食价格指数★（2002～2004年的价格指数为100） | 2009 | 2010 | 2011年1～5月 | 2011年1～5月与2010年1～5月的变化值（%） |
| | 154 | 169 | 242 | 72.2 |

小麦贸易量指的是上年7月至当年6月市场年度的出口量。

注：1.小麦主要出口国包括阿根廷、澳大利亚、加拿大、欧盟及美国。

★数据来自国际谷物理事会（IGC）小麦价格指数。

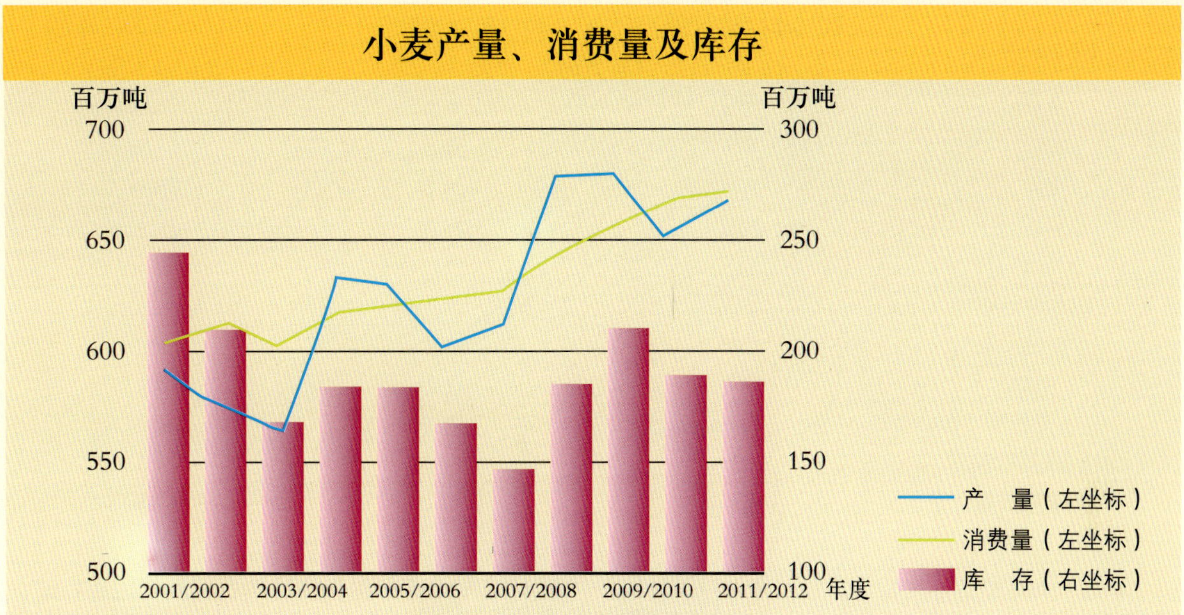


**图2　全球小麦概况图**

## （二）粗粮

联合国粮农组织2011年6月预测，2011年全球粗粮产量将达到创纪录的11.65亿吨，比2010年增长3.9%，比2008年历史最高产量高2300万吨。粗粮增产的主要原因是全球玉米最大生产国——美国的玉米产量预计将创历史新高。与此同时，俄罗斯的粗粮产量较之上年也将有大幅增加。2011年全球玉米产量预计将达8.76亿吨，增幅为3.8%。受异常天气的影响，美国玉米播种期推迟，但由于播种面积增加抵消了单产的下降，预计美国玉米产量将达到3.43亿吨，为历史最高水平。作为全球玉米第二大生产国，中国2011年的玉米产量预计为1.78亿吨，与上年的历史最高产量持平。2011年欧盟地区的玉米将增产6%，达到6000万吨，主要原因是玉米种植面积扩大，而单产保持不变。粮农组织还预测，2011年全球大麦产量为1.33亿吨，比2010年增长6%；2011年全球高粱产量为6100万吨左右，基本与上年持平。

**表4　全球粗粮产量：主要生产国家及地区**

| 国家及地区 | 2010年（估计值）（百万吨） | 2011年（预测值）（百万吨） | 2011年与2010年的变化值（%） |
|---|---|---|---|
| 美国 | 330.6 | 356.5 | 7.8 |
| 中国（大陆） | 186.7 | 187.4 | 0.4 |
| 欧盟 | 140.3 | 146.7 | 4.6 |
| 巴西 | 58.4 | 60.2 | 3.1 |
| 印度 | 40.1 | 41.4 | 3.2 |
| 墨西哥 | 30.2 | 28.5 | −5.6 |

续表

| 国家及地区 | 2010年（估计值） | 2011年（预测值） | 2011年与2010年的变化值（%） |
|---|---|---|---|
| | （百万吨） | | |
| 俄罗斯 | 17.4 | 27.5 | 58.0 |
| 阿根廷 | 30.0 | 27.0 | −10.0 |
| 乌克兰 | 21.5 | 23.7 | 10.2 |
| 加拿大 | 22.2 | 24.3 | 9.5 |
| 尼日利亚 | 22.3 | 22.4 | 0.4 |
| 印度尼西亚 | 18.4 | 17.9 | −2.7 |
| 埃塞俄比亚 | 13.7 | 12.9 | −5.8 |
| 南非 | 13.9 | 12.0 | −13.7 |
| 澳大利亚 | 13.5 | 12.3 | −8.9 |
| 其他国家和地区 | 162.1 | 164.7 | 1.6 |
| **全球总产量** | **1121.3** | **1165.4** | **3.9** |

2011～2012年全球粗粮消费量预计为11.65亿吨，比2009～2010年度增长1.3%，连续第3个年度低于近10年的平均增幅，消费量基本与2011年全球粗粮产量持平。全球粗粮消费量的增长主要来自饲用消费的持续增长，预计2011～2012年度粗粮的饲用消费量将增加1.4%，达到6.46亿吨，占粗粮总消费量的55%，而2010～2011年度粗粮饲用消费量的增幅为4%。粗粮饲用消费增幅减缓的主要原因是粗粮价格始终居高，遏制了埃及、突尼斯等非洲国家以及亚洲一些发展中国家对粗粮的饲用消费需求。2011～2012年度中国粗粮饲用消费量预计为1.17亿吨，比2010～2011年度增加3.6%，增幅虽大，但仍低于2010～2011年度4.7%的增幅。中国已经连续第2年超过欧盟地区，成为继美国之后全球第二大粗粮饲用消费国。

2011～2012年度全球粗粮食用消费量预计为1.99亿吨，比上一年度增长1.4%，增幅低于2010～2011年度，主要原因是发展中国家对粗粮的食用消费增幅减缓。粗粮的食用消费主要是在非洲、亚洲、拉美和加勒比地区的发展中国家，预计这些地区的粗粮食用消费总量将达到1.67亿吨左右。

2011～2012年度全球粗粮工业消费量预计为2.6亿吨，比2010～2011年度增长2%。粗粮的三大工业消费是生产燃料乙醇、淀粉和进行酿造。以玉米为原料的燃料乙醇工业的发展是近年来粗粮工业消费增长的最主要因素，其中美国对玉米的工业消费占到了全球玉米工业消费的大部分，同时也是全球玉米消费量增加的重要原因。2011～2012年度全球用于生产燃料乙醇的玉米预计将达到1.37亿吨，其中美国的燃料乙醇工业将消耗1.27亿吨玉米，占全球燃料乙醇工业玉米消费量的93%。

基于对2011年全球粗粮产量和2011～2012年度全球粗粮消费量的预测，2011年全球粗粮期末库存将略增200万吨，达到1.68亿吨，增幅为1.3%。尽管如此，全球粗粮库存消费比将继续下滑，从2010～2011年度的14.2%跌至2011～2012年度的13.9%，全球粗粮供求形势将进一步趋紧。

全球粗粮贸易量在2010～2011年度增长4%，预计2011～2012年度粗粮贸易量将下降100万吨，为1.19亿吨。预计2011～2012年度亚洲地区粗粮进口总量将达到6430万吨，约占全球粗粮进口总量的54%。日本作为全球最大的粗粮进口国，预计2011～2012年度粗粮进口量为1950万吨，占亚洲地区粗粮进口的1/3以上，进口主要品种为饲用玉米。由于扩大了饲用小麦的进口，2011～2012年度韩国的玉米进口量将有所下降。2010年中国进口的玉米数量为近20年来最高值，再加上2011年国内玉米继续丰收，预计2011～2012年度中国玉米进口量将从上一年度的200万吨下降至100万吨。

价格因素是造成全球粗粮贸易减少的一个主要原因，而几个主要的粗粮进口国由于自身收获前景比较乐观，也将减少粗粮进口。2011年国际粗粮期货价格超过2010年同期水平的50%到100%，这反映了数月来粗粮市场的供求紧平衡状态。2011～2012年度玉米的期货交易价高于2008年的最高水平，2010年收获的旧玉米期货价远远高于12月新玉米的期货价格。粗粮价格保持高位有望为粗粮的理性需求铺平道路，2011～2012年度粗粮市场价格可能会有所下降，但还是取决于最终的收成。

**表5 全球粗粮市场概况表**

| | 2009～2010年度 | 2010～2011年度（估计值）（百万吨） | 2011～2012年度（预测值） | 2011～2012年度与2010～2011年度的变化值（%） |
|---|---|---|---|---|
| 全球 | | | | |
| 产量 | 1122.3 | 1121.3 | 1165.4 | 3.9 |
| 贸易量 | 115.0 | 120.0 | 119.0 | −0.8 |
| 总消费量 | 1127.0 | 1149.3 | 1164.9 | 1.4 |
| 食用消费 | 191.2 | 196.9 | 199.5 | 1.4 |
| 饲用消费 | 634.4 | 636.9 | 646.1 | 1.4 |
| 其他消费 | 301.4 | 315.4 | 319.2 | 1.2 |
| 期末库存 | 194.4 | 165.5 | 167.7 | 1.3 |
| 供求指数 | | | | |
| 人均粗粮食用消费量（公斤/每年） | | | | |
| 全球 | 28.0 | 28.5 | 28.5 | 0.2 |
| 低收入缺粮国 | 37.2 | 38.4 | 38.2 | −0.4 |
| 全球库存消费比（%） | 16.9 | 14.2 | 13.9 | |
| 粗粮主要出口国的库存消耗比（消耗量为国内消费加贸易量）[1] | 14.7 | 8.4 | 8.5 | |
| 粮食价格指数（2002～2004年的价格指数为100） | 2009 | 2010 | 2011年1～5月 | 2011年1～5月与2010年1～5月的变化值（%） |
| | 157 | 176 | 279 | 82.4 |

粗粮贸易量指的是上年7月至当年6月市场年度的出口量。
注：1.粗粮主要出口国和地区包括阿根廷、澳大利亚、加拿大、欧盟及美国。

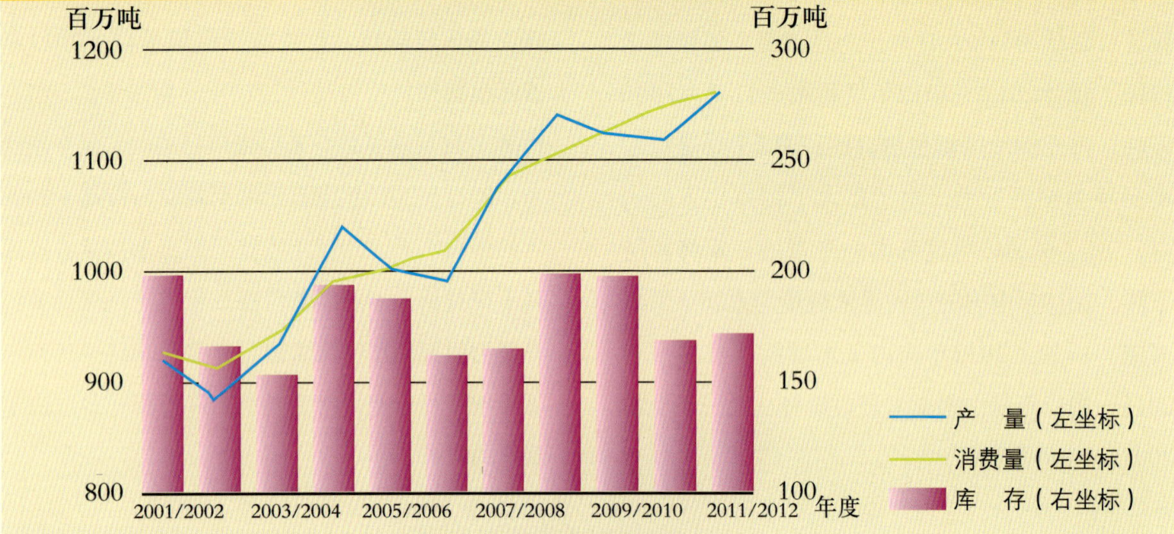


**图3　全球粗粮概况图**

## （三）稻米

尽管受到厄尔尼诺和拉尼亚气候的双重影响，2010年世界各地出现了一系列干旱或洪涝灾害，但根据联合国粮农组织的最新预测，2010年全球稻米产量仍然达到6.96亿吨（按碾米计为4.64亿吨），较2009年增产1300万吨，增幅为1.8%，创历史最高产量。稻米增产最主要来自印度，在经历了2009年不规律雨季的影响之后，印度稻米产量得到了恢复性增长。此外，孟加拉、印度尼西亚、菲律宾和越南等亚洲国家2010年的稻米产量也普遍高于上一年。由于气候条件不佳，中国稻米连年增产的势头受到一定影响，而老挝、缅甸、巴基斯坦、韩国和泰国的稻米更是遭遇了减产。在非洲，由于政府主张减少稻米种植，埃及的稻米产量低于2009年，但其他国家如几内亚、马里、尼日利亚和塞拉利昂等国的稻米均获得增产。受厄尔尼诺现象的影响，位于拉美和加勒比海地区的巴西、哥伦比亚、秘鲁、乌拉圭和委内瑞拉等国家2010年的稻米产量低于上一年。2010年美国的稻米种植面积增加了17%，因而产量创历史最高水平，但美国种植的长粒米的质量并不高。此外，澳大利亚和俄罗斯的稻米产量均高于2009年，其中俄罗斯的稻米产量更是首次突破100万吨。

粮农组织对2011年全球稻米产量的最新预测为7.14亿吨（按碾米计为4.76亿吨），比2010年增长2.6%。稻米增产的主要原因是气候条件改善，预计拉尼亚气候对全球的影响会在2011年6月逐渐消失。南半球大多数种植稻谷的国家都有望获得好收成。亚洲的稻米总产量预计达6.45亿吨（按碾米计为4.3亿吨），较2010年增长2.5%，其中中国和印度的稻米产量进一步增加，而巴基斯坦的稻米产量也将呈现恢复性增长。此外，稻米增产的国家还包括孟加拉、柬埔寨、印尼、朝鲜、尼泊尔、菲律宾和越南等。由于受到数轮洪水的侵袭，斯里兰卡的稻米产量将低于2010年。稻米减产的亚洲国家还有日本，受地震海啸及核泄漏危机的影响，预计日本2011年的稻米种植面积减少43000公顷，产量下降3%。

2011年全球稻米消费量预计为4.6亿吨（以碾米计），较2010年增长2%。其中3.89亿吨稻米将用于食用消费，比2010年增长了近700万吨。预计2010年人均口粮消费量与上一年相比变化不大，为56.4公斤。

根据粮农组织的最新预测，2011年全球稻米期末库存量将达到1.37亿吨，比上一年增加400万吨以上，增幅为3%。库存增加部分最主要来自发展中国家，预计发展中国家稻米库存总量1.32亿吨，比2010年增加400万吨。但是，几个主要的稻米出口国如泰国、越南和巴基斯坦的稻米库存量将会有所下降，主要原因是政府鼓励出口或受严重洪涝灾害影响。

基于2011年第一季度强劲的出口形势，粮农组织将2011年全球稻米贸易总量上调至3180万吨，比2010年增长1.4%，仅次于2007年的历史最高水平。非洲、北美和欧洲的稻米进口需求都有所增长，而亚洲、拉美及加勒比海地区由于自身稻米丰收而减少进口。在出口方面，2011年全球稻米出口增长预计主要来自泰国，同时也包括巴西、柬埔寨、中国、印度、乌拉圭和越南等国家。而埃及、巴基斯坦和美国的稻米出口将减少。

**表6 全球稻米市场概况表**

| | 2009～2010年度 | 2010～2011年度（估计值） | 2011～2012年度（预测值） | 2011～2012年度与2010～2011年度的变化值（%） |
|---|---|---|---|---|
| | | （百万吨） | | |
| 全球 | | | | |
| 产量（按碾米计） | 458.5 | 455.6 | 463.8 | 1.8 |
| 贸易量[1] | 29.6 | 31.4 | 31.8 | 1.4 |
| 总消费量 | 444.5 | 448.9 | 459.6 | 2.4 |
| 食用消费 | 379.6 | 382.8 | 389.2 | 1.7 |
| 期末库存 | 126.6 | 132.3 | 136.7 | 3.3 |
| 供求指数 | | | | |
| 人均稻米消费量（公斤/每年） | | | | |
| 全球 | 56.3 | 56.1 | 56.4 | 0.5 |
| 低收入缺粮国 | 68.5 | 58.0 | 68.2 | 0.3 |
| 全球库存消费比（%） | 28.2 | 28.8 | 29.1 | 1.2 |
| 稻米主要出口国的库存消耗比（消耗量为国内消费加贸易量）[2] | 21.7 | 19.4 | 18.6 | -4.1 |
| 粮食价格指数（2002～2004年的价格指数为100） | 2009 | 2010 | 2011（1～5月） | 2011年1～5月与2010年1～5月的变化值（%） |
| | 253 | 229 | 249 | 11.7 |

注：1.稻米贸易量指的是日历年度的出口量。
2.稻米主要出口国包括印度、巴基斯坦、泰国、美国和越南。

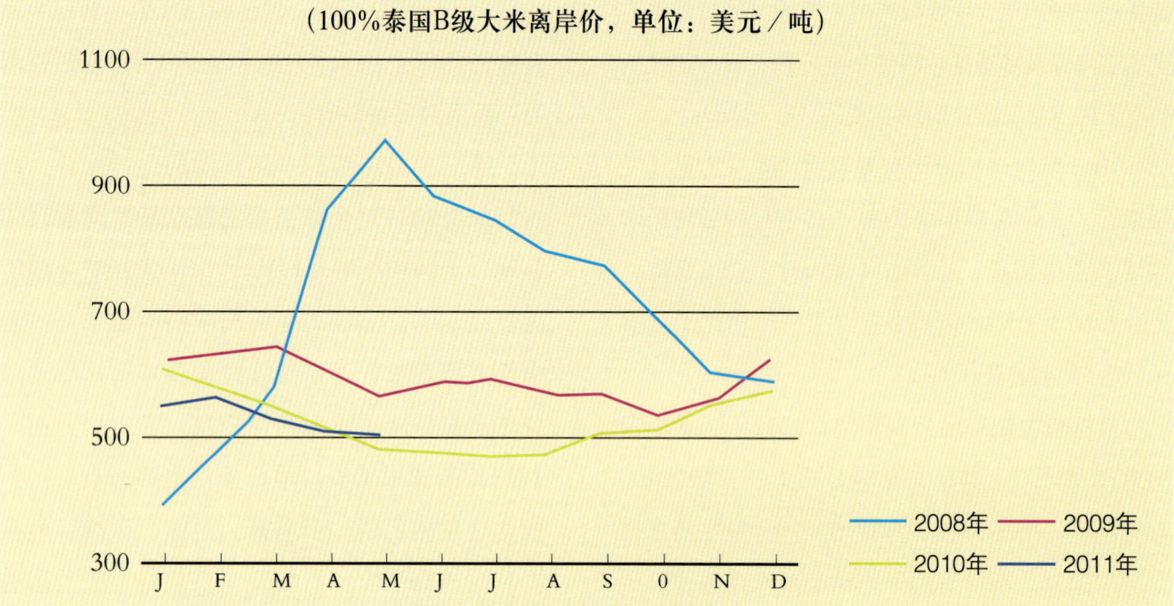


图4 稻米出口价格概况

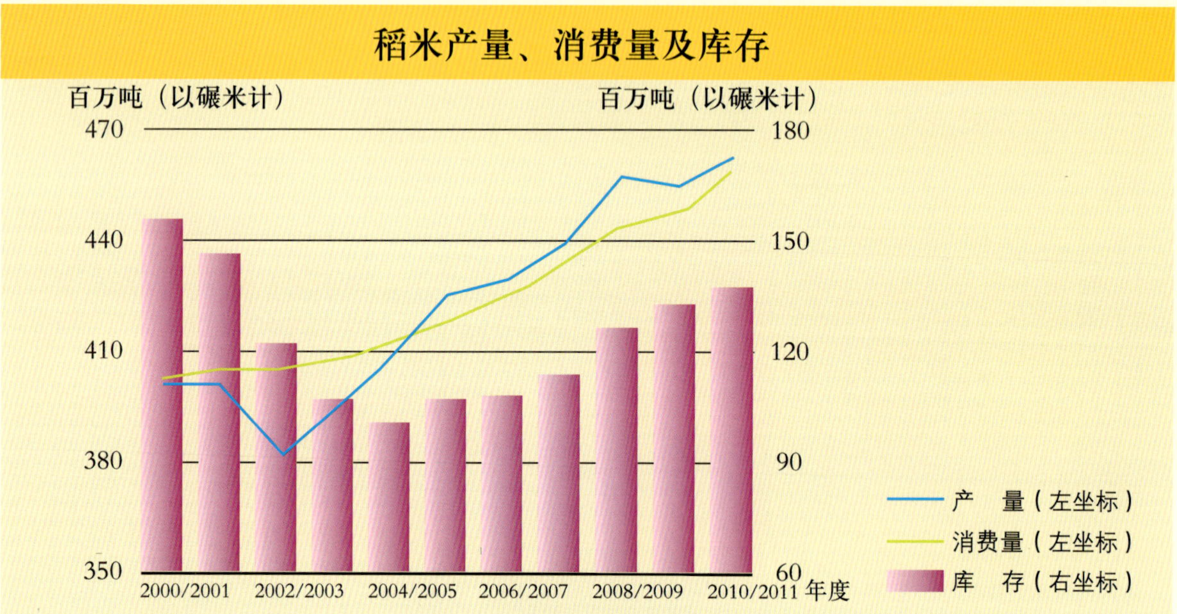


图5 全球稻米概况图

## （四）油料

在经历了2009～2010年度的大幅增产后，2010～2011年度全球油料作物产量预计略有增加，为4.65亿吨，比上一年度增产不到2%。由于2010～2011年度油料作物的平均单产水平与上一年度基本持平，增产的主要原因是油料作物的种植面积有所增加。

从各品种来看，全球大豆、棉籽、花生和棕榈油籽的产量预计都有所增长。价格坚挺再加上气候条件适宜，2010～2011年度大豆种植面积预计高于上一年度，全球大豆产量将达到创纪录的2.63亿吨，比上一年度增长1%。在北半球地区，美国的大豆将减产1%，主要原因是单产下降。中国的大豆产量预计与上年度持平，而印度由于种植面积扩大外加良好的气候条件，大豆产量将有明显增加。此外，加拿大、俄罗斯、乌克兰等国的大豆产量也将突破历史最高水平，主要原因是大豆价格持续高涨，出口机会增加。南美地区目前正处于2010～2011年度大豆收获期的尾声，最新预测是南美大豆产量与2009～2010年度创下的历史峰值相当。虽然持续的旱情使阿根廷和乌拉圭的大豆减产，但巴西和巴拉圭的大豆产量将创历史新高。

**表7 全球主要油料作物产量**

| | 2008～2009年度 | 2009～2010年度（估计值） | 2010～2011年度（预测值） | 2010～2011年度与2009～2010年度的变化值（%） |
|---|---|---|---|---|
| | （百万吨） | | | |
| 大豆 | 211.6 | 259.9 | 263.5 | 1.4 |
| 棉籽 | 41.8 | 39.7 | 43.9 | 10.4 |
| 油菜籽 | 58.3 | 61.4 | 60.0 | −2.2 |
| 花生（带壳） | 35.6 | 34.7 | 36.5 | 5.3 |
| 葵花籽 | 34.6 | 32.4 | 32.6 | 0.5 |
| 棕榈仁 | 11.6 | 11.6 | 12.3 | 5.8 |
| 干椰子肉 | 5.2 | 5.8 | 5.2 | −10.4 |

2010～2011年度全球油料消费预计继续增加，增幅为3%，低于过去几年的增长水平。油料消费增幅放缓的主要原因是价格居高不下，影响了发展中国家的消费需求。而中国的油料消费却依然在增加，尤其是食用消费需求。作为亚洲第二和第三大油料消费国，印度和印度尼西亚的油料消费同比增幅将低于往年水平。一些发达国家和地区如欧盟和美国的油料食用消费需求也在下降。

全球油料消费增长的一半都来自生物柴油工业的消费需求。2010～2011年度，生物柴油工业对油料的消费量已占到消费总量的12%，而2009～2010年度这个比例还不到10%。油料的工业消费需求增长迅速的原因是部分国家提高了生物柴油在汽油中的强制混合比，并支持生物燃料行业的发展，使得产能不断扩大。加拿大、欧盟和美国等国家和地区的油料消费增长主要是由于生物柴油工业的发展。阿根廷和巴西也因为国内生物柴油的生产需求而影响了油料的出口能力。

2010～2011年度全球油料产量预计与消费量相当。因此，全球油料库存量相对2009～2010年度将基本保持不变。其中，豆油的期末库存预计增加，而菜籽油和葵花籽油的期末库存将减少。阿根廷、巴西、中国、印度和马来西亚油料库存的增加将抵消加拿大、欧盟、印度尼西亚和美国油料库存的下降。2010～2011年度全球油料库存消费比将从上一年度的15.2%下降至14.7%，接近历史最低水平。

2010～2011年度全球油料贸易量（包括植物油和油籽）预计为9100万吨，同比增长2.3%，远低于前几年的平均水平。主要原因包括油料价格持续走高以及生物柴油工业的发展影响了油料的出口能力等。

油料贸易增长主要来自大豆和棕榈油。在几个大豆主要出口国中，只有巴西的出口量预计明显增加。阿根廷和美国由于国内大豆减产和生物柴油工业的消费需求，将影响出口的增长。印度尼西亚的棕榈油出口量预计增长140万吨，增幅为8%。而马来西亚的棕榈油由于产量下降，出口将减少。虽然加拿大的油菜籽今年收成不佳，由于国际价格高涨，加拿大仍将进一步扩大出口。

### 表8 全球油料及其产品概况

| | 2008～2009年度 | 2009～2010年度（估计值） | 2010～2011年度（预测值） | 2010～2011年度与2009～2010年度的变化值（%） |
|---|---|---|---|---|
| | | （百万吨） | | |
| 全球油料 | | | | |
| 产量 | 409.7 | 456.0 | 464.7 | 1.9 |
| 油和油脂[1] | | | | |
| 产量 | 161.2 | 172.2 | 175.2 | 1.7 |
| 供应量[2] | 184.5 | 195.6 | 201.0 | 2.8 |
| 消费量 | 161.7 | 170.1 | 175.1 | 3.0 |
| 贸易量[3] | 86.3 | 89.1 | 91.2 | 2.3 |
| 库存消费比（%） | 14.5 | 15.2 | 14.7 | |
| 豆粕和饼粕[4] | | | | |
| 产量 | 98.2 | 113.8 | 116.1 | 2.0 |
| 供应量 | 116.0 | 127.7 | 135.0 | 5.7 |
| 消费量 | 102.9 | 107.6 | 116.1 | 7.9 |
| 贸易量 | 62.3 | 67.2 | 71.2 | 6.0 |
| 库存消费比（%） | 13.6 | 17.6 | 16.2 | |
| 粮食价格指数（2002～2004年的价格指数为100） | 2008～2009年度 | 2009～2010年度 | 2010～2011年度（10月～5月） | 2010～2011年度与2009～2010年度的变化值（10月～5月）（%） |
| 油料 | 156 | 162 | 215 | 35.2 |
| 豆粕/饼粕 | 180 | 215 | 229 | 5.5 |
| 油和油脂 | 144 | 173 | 258 | 53.6 |

注：1.包括植物、动物和海洋生物的油和油脂产品。
2.供应量指的是产量与期初库存之和。
3.贸易量指的是上年10月至当年9月市场年度的出口量。
4.所有豆粕和饼粕的数据都用蛋白质当量来表示，豆粕和饼粕包括从油料作物、动物和海洋生物中提取的所有粕类产品。

备注：此文编译自联合国粮农组织2011年6月报告。

# 附录

# 一 2010年大事记

## 一月

1月5日，《粮食大辞典》首发仪式在河南工业大学举行。《粮食大辞典》是由国家粮食局组织全国粮食系统几百位专家学者，历时三年编写的一部具有较强的科学性、实用性、权威性的工具书。《粮食大辞典》共收词目近7600条，主要包括粮食储藏、小麦加工、稻谷加工、杂粮加工、油料加工、饲料加工、粮仓机械、通用技术和设备、粮食检测及标准、粮食工程建设、粮食信息处理、粮食物流、粮食经济等13个门类。聂振邦局长、郄建伟副局长出席首发仪式。

1月5日，河南省人民政府、国家粮食局共建河南工业大学协议签字仪式在河南省人民会堂举行，河南省人民政府省长郭庚茂、国家粮食局局长聂振邦代表双方在共建协议上签字。国家粮食局副局长郄建伟和河南省副省长徐济超出席仪式并讲话。

1月11～12日，经国务院批准，全国粮食局长会议在北京召开。会议的主要任务是：深入学习贯彻党的十七大，十七届三中、四中全会和中央经济工作会议，中央农村工作会议精神，总结2009年粮食流通工作，分析面临的新形势，研究部署2010年粮食流通工作。聂振邦局长在会上作了题为《大力发展现代粮食流通产业，加强和改善粮食宏观调控，切实保障国家粮食安全》的工作报告。郄建伟、任正晓、张桂凤、曾丽瑛副局长出席会议。

1月15～16日，全国粮食人事处长会议在广西壮族自治区南宁市召开。会议的主要任务是：贯彻落实全国组织部长会议、全国人力资源和社会保障工作会议和全国粮食局长会议精神，总结2009年工作，研讨今后一段时期行业人事人才工作为粮食流通中心工作服务的新思路并部署2010年工作。

1月26日，国家粮食局聂振邦局长和郄建伟副局长会见了来访的阿根廷外交部长豪尔赫·塔亚纳先生，并出席《中国国家粮食局科学研究院与阿根廷国家农牧业技术研究院合作谅解备忘录》的签字仪式。该备忘录旨在加强两个研究院在粮油科技研发、技术交流和人员培训等方面的协作。

1月31日，新华社播发《中共中央国务院关于加大统筹城乡发展力度进一步夯实农业农村发展基础的若干意见》（简称《意见》）。《意见》中关于粮食工作的内容主要包括：落实小麦最低收购价政策，继续提高稻谷最低收购价，扩大销区粮食储备规模，适时采取玉米、大豆、油菜籽等临时收储政策，支持企业参与收储，健全国家收储农产品的拍卖机制；全面实施全国新增千亿斤粮食生产能力规划，加快建立健全粮食主产区利益补偿制度，有关扶持政策要向商品粮调出量大、对国家粮食安全贡献突出的产粮大县（农场）倾斜，继续减少直至取消主产区粮食风险基金地方资金配套等。

## 二月

2月4日，《粮食法（草案）》起草工作组成员第二次会议在京召开。会议通报了《粮食法（草案）》起草工作进展情况和《粮食法（草案）》起草工作专家组组成情况，研究了提交《粮食法（草案）》起草工作领导小组会议审议的有关事项。国家粮食局副局长、《粮食法（草案）》起草工作领导小组成员兼工作组组长任正晓主持会议并讲话。

2月5日，由科技部、中宣部、国家粮食局、山东省政府主办的“送科技下乡、保粮食安全”2010年科技下乡示范活动在山东省东营市广饶县大王镇举行。启动仪式上，国家粮食局向大王镇政府捐赠100套“丰产仓”。科技部副部长张来武、山东省副省长李兆前和国家粮食局副局长郄建伟出席了活动启动仪式。

2月20日，为保护农民种粮积极性，进一步促进粮食生产发展，国家决定2010年继续在稻谷主产区实行最低收购价政策，并适当提高最低收购价水平。2010年生产的早籼稻（三等，下同）、中晚籼稻、粳稻最低收购价分别提高到每50公斤93元、97元、105元，比2009年分别提高3元、5元、10元，提高幅度分别为3.3%、5.4%、10.5%。

## 三月

3月1日，全国2009年粮食清仓查库档案交接仪式在中央档案馆举行。中央档案馆馆长、国家档案局局长杨冬权，国家粮食局副局长、全国粮食清仓查库工作部际联席会议成员兼办公室主任任正晓在交接仪式上讲话并共同签署《档案交接证书》。

3月5日，国家发展改革委、国家粮食局、财政部和中国农业发展银行决定，开展2010年度全国粮食库存检查工作。检查范围包括所有中央储备粮、国家临时存储粮、地方储备粮，以及国有及国有控股粮食企业储存的商品粮。检查内容包括粮食库存账实相符和账账相符情况、库存粮食质量和卫生安全情况、储备粮轮换情况、政策性粮食补贴拨付使用情况、粮食仓储管理情况、涉及粮食库存管理的其他情况。

3月18～19日，全国粮食行业“十二五”规划编制工作会议在北京召开。会议的主要任务是：贯彻落实党中央、国务院关于编制“十二五”规划的决策部署和国家发展改革委的工作要求，研究布置全国粮食行业“十二五”规划编制工作，明确规划编制工作的基本思路和工作重点。聂振邦同志作动员讲话，郄建伟、任正晓、张桂凤、杨兵同志出席会议。

3月25～26日，全国粮食流通监督检查工作会议在河南省郑州市召开。会议主要内容是：总结2009年度全国粮食流通监督检查工作，部署2010年工作；交流各地开展粮食流通监督检查工作的经验；讨论《食用植物油库存检查方案》、《关于创建粮食流通监督检查规范执法示范单位的实施方案》；分析研究当前监督检查工作中的新情况和新问题，并提出工作建议；公布2009年度全国粮食流通监督检查工作考核结果。任正晓副局长出席会议并讲话。

3月29～30日，全国粮食财会工作会议在湖南省长沙市召开。会议主要内容是：深入学习实践科学发展观，认真贯彻落实全国粮食局长会议精神，总结2009年粮食财会工作，会审汇编2009年度国有粮食企业会计决算报表，研究部署2010年粮食财会工作。中共湖南省委常委、常务副省长于来山到会致辞。任正晓副局长出席会议并讲话。

## 四月

4月6日，为贯彻落实国务院办公厅《关于进一步加强节约粮食反对浪费工作的通知》精神，指导粮食行业切实做好节约粮食、反对浪费工作，国家粮食局提出关于切实加强节约粮食反对浪费工作的实施意见：广泛开展爱粮节粮宣传活动，增强爱粮节粮意识；切实做好粮食收购和仓储管理工作，降低收储环节的损失；加快粮食现代物流设施建设，减少粮食运输损失；科学制定粮油产品标准，提高粮油加工和转化利用率；加强科技支撑，大力研发和推广节粮减损新技术；推进放心粮油工程，引导粮油企业爱粮节粮和做好相关服务。

4月7日，《粮食法（草案）》起草工作专家组第一次会议在北京召开。会议宣布成立了《粮食法（草案）》起草工作专家组，并通过了专家组工作规则。国家发展和改革委员会副主任、《粮食法（草案）》起草工作领导小组组长张晓强讲话，国家粮食局局长、《粮食法（草案）》起草工作领导小组副组长聂振邦主持会议并介绍了《粮食法（草案）》的立项情况和起草工作进展情况，国家粮食局副局长、《粮食法（草案）》起草工作领导小组成员兼工作组组长任正晓宣读了《粮食法（草案）》起草工作专家组组长、副组长及成员名单。

4月8日，全国粮食系统纪检监察工作会议在江苏省南京市召开。会议的主要任务是：传达贯彻中纪委五次全会和国务院第三次廉政工作会议精神，学习胡锦涛总书记的重要讲话和贺国强同志的工作报告，部署2010年粮食系统党风廉政建设和反腐败工作。聂振邦同志出席会议并讲话，杨兵同志做工作报告。

4月8～9日，全国粮食调控与统计工作会议在广东省广州市召开。会议主要内容是：总结2009年粮食调控和统计工作，讨论并部署2010年工作；研究分析2010年粮食供求和购销形势；会审、汇编2009年度全国粮油统计年报；公布2009年度全国粮食流通统计工作考核结果。曾丽瑛同志出席会议并讲话。

4月13日，聂振邦局长、张桂凤副局长会见了来访的加拿大农业部长格里·雷兹和加拿大豆类协会总裁戈丹·培根，并共同出席了中国粮油学会与加拿大豆类协会合作协议备忘录的签字仪式。

4月14日，国家粮食局紧急研究部署开展对青海省玉树地震灾区粮食救助等工作，提出和落实以下几项工作措施：一是急电青海和相邻省区粮食部门紧急行动，在确保灾区粮油正常供应、维护粮食市场和价格稳定的同时，扎实做好抗震救灾部队的粮油供应保障工作，确保灾区军需民食粮油的数量充足、质量安全。二是指导、督促青海省粮食部门紧急启动省级粮食应急预案，及时筹措粮油及救灾物资紧急调往灾区。三是派出工作组，紧急奔赴抗震救灾一线，组织协调和检查督促灾区市场粮油供应和军粮供应、粮油质量保障等工作。四是安排落实为灾区困难群众发放临时救济粮。

4月16日，根据国务院抗震救灾总指挥部的会议精神，国家发展改革委、国家粮食局等4部门下达中央储备粮或国家临时存储粮出库计划6749吨，用于因灾生活困难群众的口粮供应。由国家统一安排抗震救灾粮源，青海省人民政府负责及时组织抗震救灾粮的出库、加工和调运，并免费发放给因灾无房可住、无生产资料和无收入来源的困难群众。

## 五月

5月13日，为做好油菜籽收购工作，保护农民利益和发展油料生产的积极性，经国务院批准，国家发展改革委、财政部、国家粮食局、中国农业发展银行、中国储备粮管理总公司等5部门单位联合印发《关于做好2010年油菜籽收购有关工作的通知》。通知规定2010年油菜籽临时收储价格为每市斤1.95元。具体执行区域为湖北、四川、安徽、江苏、湖南、河南、贵州、江西、青海、陕西、浙江、甘肃、重庆、内蒙古、云南、新疆、西藏等17个油菜产区。其中，冬播油菜产区执行期限为2010年5月21日至10月底；春播油菜产区为2010年9月1日至2011年2月底。油菜籽临时收储数量暂按500万吨掌握。

5月14日，根据国务院抗震救灾总指挥部会议和国务院领导同志批示精神，为确保灾区生活困难群众的口粮供应，国家发展改革委、国家粮食局、财政部、中国农业发展银行发出通知，下达第二批中央储备粮油抗震救灾计划9686吨。抗震救灾粮油由国家按照就地就近、保质保量的要求，从现有中央储备或国家临时存储粮油库存中无偿划拨给地方。

5月14日，为做好2010年小麦收购工作，保护农民利益，经国务院批准，国家发展改革委、国家粮食局等6部门单位联合印发《2010年小麦最低收购价执行预案》。预案规定了2010年小麦最低收购价格水平，白小麦（国标三等，下同）每市斤0.90元，红小麦和混合麦每市斤0.86元。执行区域为河北、江苏、安徽、山东、河南、湖北等6个主产省。执行期限为2010年5月21日至9月30日。

5月15～21日，2010年粮食科技活动周在广东省拉开序幕。活动周的主题为“标准——粮油食品安全的保障”，突出宣传《中华人民共和国食品安全法》，以关注食品安全、保障百姓健康为主要宣传内容。重点宣传政府为保障粮油食品安全建立的规章制度和保障体系、科技保障食品安全的作用和食品安全生活常识。郄建伟同志出席开幕式并讲话。

5月18日，夏季粮油收购工作座谈会在山东省济南市召开。会议对2010年小麦收购工作做出具体部署：一是在新粮上市前，及时对当年夏季粮油产量、商品量、收购量等情况进行详细调查摸底；二是通过多种形式，将2010年小麦最低收购价政策和油菜籽托市收购政策向农民、企业和社会进行广泛宣传；三是积极采取措施，加快粮食销售出库、腾仓并库、仓房维修，为收购做好仓容准备；四是加强夏季粮油收购组织领导，积极与农发行进行沟通协调，确保夏季粮油收购资金供应。曾丽瑛同志出席会议并讲话。

5月24日，国家粮食局召开党组会议，传达学习中央新疆工作座谈会精神，研究部署粮食部门支持新疆发展和稳定的相关工作：一是认真学习贯彻中央新疆工作座谈会精神，结合粮食流通工作实际，将促进新疆发展和稳定作为当前和今后粮食流通工作的重点之一列入重要议事日程。二是进一步加强与新疆有关部门的联系与交流，及时研究提出粮食部门支持新疆发展和稳定的工作措施，将重点事项纳入粮食流通发展规划。三是研究提出新疆粮食工作纳入粮食流通“十二五”规划的主要内容。

5月28日，为帮助有关国家驻华使馆外交官了解中国粮食储藏、质量检测、粮食物流和交易市场等方面的情况，以及中国政府为保障粮食安全所做出的努力，国家粮食局邀请了阿根廷、加拿大、日本、韩国、巴基斯坦等国家驻华使馆主管农业和粮食事务的参赞或专员，参观了大连商品交易所和华粮集团北良公司的粮食仓储、物流设施。

5月28～30日，第二届全国粮食行业职业技能竞赛在湖北省武汉市举行。竞赛由国家粮食局、中国就业培训技术指导中心和中国财贸轻纺烟草工会共同主办，武汉工业学院承办，中国粮食行业协会和湖北省粮食局协办。竞赛设置粮油保管员和粮油质量检验员两个职业。

## 六月

6月2日，由国家粮食局和马来西亚种植与原产业部主办，国家粮食局发展交流中心、马来西亚棕榈油委员会和马来西亚棕榈油总署承办的“2010中国—马来西亚国际棕榈油研讨会及展示会”在北京召开。国家粮食局副局长张桂凤、马来西亚种植与原产业部部长丹斯里柏纳 · 东博、马来西亚棕榈油委员会主席李耀祖等嘉宾出席研讨会并致辞，国家粮食局副局长曾丽瑛主持研讨会。来自中国、马来西亚、美国、英国、法国、日本、印度尼西亚、意大利、中国香港等国家和地区的260多位代表出席了本次研讨会。

6月10～11日，全国粮油仓储企业规范化管理活动总结会议在山东省青岛市召开。会议主要内容是：对粮油仓储企业规范化管理活动进行全面总结；交流各地创建粮油仓储企业规范化管理活动的工作经验；表扬全国粮油仓储规范化管理先进企业。郄建伟同志出席会议并讲话。

6月11日，为贯彻国务院关于严厉打击囤积居奇、哄抬农产品价格等违法行为的精神，保证粮食市场供应，稳定市场价格，确保国家粮食调控政策落实到位，国家发展改革委、国家粮食局、财政部联合发出关于开展政策性粮食销售专项检查维护粮食市场秩序的通知，决定在全国范围内开展国家政策性粮食销售专项检查，以整顿粮油市场秩序。

6月12日，全国放心粮油进农村进社区暨粮食经纪人培育发展工作经验交流会在陕西省西安市举行。会议为首批放心粮油示范企业颁发了标牌，并讨论通过了《放心粮油示范企业质量安全诚信公约》。曾丽瑛同志出席会议并讲话。

6月22日，国家粮食局发出通知，部署粮食企业安全度汛工作。通知要求，各地粮食行政管理部门和粮食企业要强化防汛意识，加强对本地区、本单位防汛工作的领导，把防汛责任层层分解落实到位。要全面、准确掌握辖内库存粮油分布情况，提高应急保障能力，完善汛期各项预案，提高应变和救援能力。要加强对储粮安全工作的监督指导，重点加强库存粮油的粮情监测，特别是露天存放的粮食。粮食收购企业要做好夏收期间各项防汛准备，保证夏粮收购工作。充分发挥企业在设施、设备和人员上的优势，帮助受灾农民晾晒粮食，减少农民损失。

6月23日，《粮食法（草案）》起草工作组第三次会议在北京召开。会议通报了（草案）起草工作领导小组第二次会议以来起草工作的进展情况，强调具体条文的起草和修改是整个《粮食法（草案）》起草工作的关键阶段，各成员单位要高度重视，认真研究修改，按时反馈意见。会议对《粮食法（草案）》的有关内容及工作安排进行了讨论。国家粮食局副局长、《粮食法（草案）》起草工作领导小组成员兼工作组组长任正晓主持会议并讲话。

6月24～25日，全国军粮供应应急保障经验交流会在甘肃省兰州市召开。会议主要内容是：总结军粮供应应急保障工作，交流应急保障经验，提出政策建议，加强应急体系建设；征求《军粮供应管理办法》、《军粮供应应急预案》的制修订意见。任正晓同志出席会议并讲话。

## 七月

7月5日，为做好2010年早籼稻收购工作，保护种粮农民利益，国家发展改革委、国家粮食局等6部门单位联合印发《2010年早籼稻最低收购价执行预案》。《预案》规定：2010年早籼稻最低收购价每市斤0.93元。执行区域为安徽、江西、湖北、湖南、广西等5省（区）。执行期限为2010年7月16日至9月30日。

7月5日，21名来自巴勒斯坦、布隆迪、喀麦隆、马里等9个发展中国家负责农业和粮食管理部门的官员到国家粮食局访问，了解我国粮食宏观调控和粮食安全政策等方面的情况。国家粮食局有关负责同志向他们介绍了我国粮食生产、消费、流通、粮食安全及粮食宏观调控等情况，并回答了关于粮食安全和粮食科技等方面的问题。

7月7日，国有粮食企业改革和发展工作联系点座谈会在黑龙江省哈尔滨市召开。会议总结和交流了各地推进国有粮食企业改革和发展的情况，研究讨论了“十二五”国有粮食企业改革和发展规划。任正晓同志出席会议并讲话。

7月7日，部分主产区早籼稻收购工作座谈会在湖北省武汉市召开。会议对当年早籼稻收购工作做出具体部署：一是要充分认识做好早籼稻收购工作的重要意义，确保各项政策措施落实到位。二是要认真落实早籼稻最低收购价执行预案，保护种粮农民利益。三是要引导和鼓励各类企业积极入市收购，搞活粮食流通。四是要做好各项收购准备工作，确保储粮安全。五是要密切关注粮食市场形势变化，妥善解决好收购资金问题。六是要正确履行监管职责，及时解决收购中出现的新情况和新问题，切实维护粮食市场秩序。曾丽瑛同志主持会议并讲话。

7月7日，为建立中国国家粮食局与巴基斯坦食品、农业和畜牧部之间的长期合作关系，依照两国有关法律与规定，遵循有效保护知识产权、共同平等的贡献和利益分享原则，就巴基斯坦建立粮食储备、发展相关技术及其他相关领域开展合作，建立长期稳定的粮食流通合作交流机制，聂振邦局长在人民大会堂与巴基斯坦伊斯兰共和国食品、农业和畜牧部代表签订合作谅解备忘录。胡锦涛主席和扎尔达里总统共同出席了有关备忘录的签字仪式。

7月15～16日，2010年农户科学储粮专项工作会议在吉林省长春市召开。会议的主要内容是：部署2010年农户科学储粮专项实施工作，了解各省区专项进展情况，研究、交流做好专项建设组织管理方法和经验，参观项目农户和储粮装具制造企业。郄建伟同志出席会议并讲话。

7月20～21日，全国粮食政策法规工作座谈会在浙江省杭州市召开。会议主要内容是：总结全国粮食政策法规工作，研究部署下一步工作重点；专题研究下一阶段粮食流通工作的总体思路；交流在粮食流通产业发展、依法行政、市场体系建设、成本利润调研等方面的做法和经验；征求《粮食法（草案）》、《粮食批发市场管理办法》和《全国粮食市场体系建设与发展"十二五"规划》初稿的意见；表彰获得《粮食流通管理条例》颁布实施6周年宣传活动优秀组织奖等奖项的单位和个人。聂振邦同志出席会议并讲话。

7月21日，国家粮食局重点联系粮食批发市场会议在宁夏回族自治区银川市召开。会议总结交流了过去一年重点联系粮食批发市场经营发展情况，讨论了"十二五"粮食市场体系建设与发展的思路，对下一步粮食批发市场发展提出要求。会议专题征求对《粮食批发市场管理办法》初稿的意见。会议还对下一步完善重点联系粮食批发市场制度提出了要求。

7月21日，经国务院批准，国家发展改革委、国家粮食局等12个部门联合印发《关于发挥骨干企业积极作用健全和完善政府对大宗农产品市场调控体系和机制的通知》，就各地发挥骨干企业积极作用，健全和完善政府对大宗农产品市场调控体系和机制的有关事项通知如下：一是尽快建立工作机制；二是确定市场调控的品种范围；三是合理选择部分骨干企业参与市场调控；四是明确骨干企业的权利和义务；五是加强对骨干企业的监管；六是积极支持骨干企业的发展。

7月22日，为保证粮油市场健康平稳运行，国家发展改革委、国家粮食局等6部门单位联合印发《关于严格执行粮食最低收购价和临时存储粮油收购政策有关问题的通知》。通知要求：各地要按照国家最低收购价执行预案和临时存储政策的有关规定，指导和督促有关企业严格执行质价政策；中储粮各有关分公司要严格落实政策性粮油管理的有关规定，加强收储业务管理；各级农发行要切实做好收购资金供应管理工作，按照政策性收购的有关要求，加强收购资金供应管理；各地粮食、价格主管部门要按照《价格法》、《粮食流通管理条例》、国家最低收购价和临时存储收购政策等有关规定，加大监督检查和处罚力度。

## 八月

8月11日，"中非农业合作论坛"在北京举行。此次"中非农业合作论坛"是由中共中央对外联络部和农业部共同主办的，有18个非洲国家的领导人和农业部长出席了论坛并发言。郄建伟副局长出席论坛并作了题为"开创中非粮食合作的新阶段"的讲话。

8月24日，《粮食法（草案）》起草工作组第四次会议在北京召开。会议通报了《粮食法（草案）》起草工作组第三次会议以来起草工作的进展情况，对草案征求意见稿进行了集中修改。国家粮食局副局长、《粮食法（草案）》起草工作领导小组成员兼工作组组长任正晓主持会议并讲话。

8月30～31日，粮油仓储节能减排专题技术会议在山东省济南市召开。会议安排两场技术沙龙，分别就粮食储藏通风技术和粮食干燥技术进行了深入研讨。另安排11篇论文进行现场展示，16家粮油仓储装备配套企业进行现场展览。郄建伟同志出席会议并讲话。

## 九月

9月3日，为保证粮食市场供应和价格基本稳定，切实做好政策性粮食销售出库工作，增强宏观调控效果和国家政策的权威性、严肃性，国家发展改革委、国家粮食局、财政部、中国农业发展银行联合发出通知，要求严肃纪律，切实做好政策性粮食销售出库工作：一是严格遵守政策性粮食销售出库的各项规定；二是严格落实政策性粮食出库责任制；三是严格执行政策性粮食出库质量标准；四是加大监管和处罚力度。

9月10日，部分主产区中晚稻收购工作座谈会在四川省成都市召开。会议对当年中晚稻收购工作做出具体部署：一是要正确把握形势，积极稳妥做好中晚稻收购工作；二是要认真落实中晚稻收购价格政策，保护种粮农民利益；三是要发挥国有粮食企业主渠道作用，引导各类企业理性入市收购，维护好粮食市场秩序；四是要做好各项收购准备工作，确保储粮安全；五是要密切关注粮食市场形势变化，妥善解决好收购资金问题；六是要正确履行监管职责，及时解决收购中出现的新情况和新问题。曾丽瑛同志主持会议并讲话。

9月11日，国家发展改革委、财政部、农业部、国家粮食局、农业发展银行、中储粮总公司联合印发2010年中晚稻最低收购价执行预案。执行本预案的中晚稻主产区为辽宁、吉林、黑龙江、江苏、安徽、江西、河南、湖北、湖南、广西、四川11省（区）。中晚籼稻最低收购价每市斤0.97元，粳稻最低收购价每市斤1.05元，以2010年生产的国标三等中晚稻为标准品，具体质量标准按稻谷国家标准（GB1350-2009）执行。执行最低收购价的中晚稻为2010年生产的等内品。相邻等级之间等级差价按每市斤0.02元掌握。

9月14日，国家粮食局在新疆维吾尔自治区乌鲁木齐市召开粮食系统对口支援新疆工作会议，深入贯彻落实中央新疆工作座谈会精神，全面动员和部署粮食系统对口援疆工作，明确对口支援的基本思路、工作目标和主要任务。会议期间，国家粮食局向新疆维吾尔自治区粮食局赠送了粮食职业技能鉴定培训教材。江苏省粮食局与新疆伊犁州粮食局签订了对口支援合作框架协议。郄建伟同志出席会议并讲话。19个对口支援省（市）粮食部门、对口援疆前方指挥部、新疆受援地区粮食部门、部分中央和地方粮食企业的相关负责同志参加了会议。

9月15日，由大连市政府和大连商品交易所共同举办的第四届国际玉米产业大会在大连召开。来自国家相关部委官员、地方粮食管理系统负责人、国内外大型玉米流通加工企业代表以及来自美国、英国、新加坡、日本、韩国、 中国香港等国家和地区的农业、金融机构负责人及期货公司、期货投资者代表参加了本次大会。曾丽瑛副局长出席大会并作主题演讲。

9月27～28日，全国食用植物油库存检查试点工作动员培训会在湖北省武汉市召开。培训内容：食用植物油库存检查试点工作安排、库存实物检查及测量差率试验方法、统计账检查方法（含统计报表分解登统方法）、库存会计账和费用补贴检查方法、库存库贷挂钩检查方法、库存质量和卫生检查方法、库存仓储管理检查方法。培训对象：地方粮食系统、中储粮和农发行系统参加试点工作的检查人员；各省（区、市）参加实物数量检查测量差率试验专家组人员。任正晓同志出席培训会。

9月28日，东北地区秋粮收购工作座谈会在吉林省长春市召开。会议听取了内蒙古、辽宁、吉林、黑龙江四省（区）秋粮收购及产需形势等情况的汇报，认真分析了当前秋粮购销形势和价格走势，对当年秋粮收购面临的新情况、新问题进行了认真研究，提出了做好秋粮收购工作的有关意见和建议。聂振邦同志主持会议并讲话。

## 十月

10月10～16日，是第20个全国爱惜粮食节约粮食宣传周。期间，国家粮食局在宁波组织了2010年爱粮节粮公益展览，以图片展览展示了我国目前粮食损失浪费情况以及近几年取得的一些重要节粮成绩。16日晚，在宁波举行2010年世界粮食日—烛光守夜活动。国家粮食局还与农业部、教育部、联合国粮农组织等单位联合，组织开展了“长三角地区中小学生爱粮节粮征文活动”，散发了《节粮宣传手册》，重点介绍了当前国际国内粮食安全形势，介绍农户储粮减损活动开展情况以及辨别粮油产品质量的一些小常识。郄建伟、张桂凤同志出席活动。

10月11日，为保护农民种粮积极性，进一步促进粮食生产发展，国家继续在小麦主产区实行最低收购价政策，并适当提高2011年最低收购价水平。经报请国务院批准，2011年生产的白小麦、红小麦和混合麦最低收购价分别提高到每50公斤95元、93元和93元，比2010年分别提高5元、7元和7元。

10月12日，中国粮食市场20年高峰报告会在河南郑州举办。此次报告会由中国粮食行业协会和郑州粮食批发市场共同举办。来自全国24家粮食批发市场和国家粮食交易中心的代表、近30家大型粮食企业的代表以及20多家中央及省市新闻界人士参加报告会。曾丽瑛同志出席报告会并致辞。

10月14～16日，第十届中国国际粮油产品及设备技术展览会在浙江省宁波市举办。展会实现粮油产品交易总量100.59万吨，交易金额38.57亿元。来自国内28个省（区、市）、计划单列市以及中国香港、意大利、瑞士、法国、英国等国家和地区的700余家粮油粮机企业参加了本届展会。郄建伟、张桂凤同志出席展览会。

10月14日，为加强粮食流通行业管理，推进国家粮食质量监测体系建设，规范国家粮食质量检验监测机构行为，保障粮食质量安全，国家粮食局根据有关法律法规，结合粮食检验监测工作实际，制定了《国家粮食质量检验监测机构管理暂行办法》。

10月19日，国家粮食局召开党组会议，传达中共十七届五中全会精神、学习胡锦涛总书记重要讲话和温家宝总理关于制定“十二五”规划建议的说明，以及“十二五”规划建议（草案），并就贯彻落实会议精神、做好当前粮食流通工作提出了具体措施和意见。

10月21日，《粮食法（草案）》起草工作组第五次会议在北京召开。会议对《粮食法（草案）》征求意见稿进行了认真研究修改，并对进一步修改作出了具体安排。国家粮食局副局长、《粮食法（草案）》起草工作领导小组成员兼工作组组长任正晓主持会议并讲话。

10月26日，为进一步规范中央储备粮代储资格认定行为，提高中央储备粮代储资格认定质量，强化对中央储备粮代储资格企业的管理，国家粮食局对2004年以国粮通[2004]3号发布的《中央储备粮代储资格认定办法实施细则》进行了修订并发布。《中央储备粮代储资格认定办法实施细则》自2011年1月1日起施行。

10月28日，《粮食法（草案）》起草工作领导小组第四次会议在北京召开。国家发展和改革委员会副主任、《粮食法（草案）》起草工作领导小组组长张晓强主持会议并作总结讲话，国家粮食局局长、《粮食法（草案）》起草工作领导小组副组长聂振邦出席会议，国家粮食局副局长、《粮食法（草案）》起草工作领导小组成员兼工作组组长任正晓汇报了《粮食法（草案）》起草工作及下一步工作安排建议。

10月28～29日，全国粮油市场信息工作会议在江苏省南京市召开。会议主要内容是：研讨如何围绕粮食流通中心工作，进一步做好粮油市场信息服务工作；研讨如何围绕粮食流通中心工作，进一步做好政策性粮油竞价交易工作。曾丽瑛同志出席会议并讲话。

10月29日，为深入实施西部大开发战略，认真贯彻落实国务院办公厅《关于进一步支持甘肃经济社会发展的若干意见》精神，促进甘肃省粮食流通产业又好又快发展，国家粮食局印发《关于支持甘肃省粮食流通产业发展的意见》。《意见》主要包括：实行支持性收购政策，增强甘肃省粮食供需平衡能力；加强粮食流通基础设施建设，提高甘肃省粮食仓储现代化水平；完善粮食流通市场服务和监督检查体系，提升甘肃省粮食流通服务水平；积极支持和指导甘肃省深化粮食流通体制改革，推动现代粮食流通产业创新发展；加快干部和人才队伍建设，构建甘肃省粮食流通科学发展长效工作机制。

## 十一月

11月4日，秋粮购销工作座谈会在安徽省合肥市召开。会议对2010年秋粮收购工作做出具体部署：一要高度重视当年的秋粮收购工作，维护粮食市场稳定，确保秋粮收购工作平稳有序进行。二要认真做好粮食收购资格核查工作，切实规范粮食收购秩序。三要积极做好粮食经营者最高库存量核查工作，督促粮食经营者履行最高库存量义务。四要认真做好政策性粮食收购工作，切实把政策性粮食收好管好。五要指导各类粮食企业理性入市有序采购，维护好正常的粮食收购和市场秩序。六要加强粮食收购资金供应和监管，协调和配合农业发展银行及时做好粮食收购资金贷款供应和监管工作。七要积极做好粮食收购统计和市场监测工作，及时掌握收购进展情况。八要切实加强对秋粮收购市场的监督检查，严厉查处违法违规行为。九要继续做好政策性粮食销售工作，保证市场供应和价格基本稳定。十要做好舆论宣传引导工作，稳定市场预期。聂振邦同志主持会议并讲话，曾丽瑛同志作会议总结。

11月17～18日，2010年食用植物油库存检查试点及粮食流通监督检查工作座谈会在广西壮族自治区北海市召开。会议主要内容是：总结食用植物油库存检查试点工作，讨论食用植物油库存检查实物测量差率试验情况，修改完善食用植物油库存检查方案和方法；总结2010年粮食流通监督检查工作，研究2011年主要工作；通报2010年案件核查处理情况。

11月18日，为贯彻落实《国务院关于稳定消费价格总水平保障群众基本生活的通知》精神，进一步做好当前粮油市场调控工作，保证粮油市场供应，稳定粮油市场价格，国家粮食局召开专题会议，做出具体安排部署。具体措施有：及时派出工作组督促各地切实贯彻落实有关政策措施；积极做好政策性粮油销售工作，保证供应稳定价格；认真做好秋粮收购工作，规范市场秩序；严格粮食收购资格审核，落实经营者最低最高库存量的规定；加强粮食市场价格监测预警；配合有关部门开展玉米深加工项目清理；加强舆论引导。

## 十二月

12月2日，为进一步规范中央储备粮油质量检查扦样、检验和判定工作，根据《粮食流通管理条例》和《中央储备粮管理条例》的有关规定，国家粮食局在总结近年来粮油质量检查工作经验的基础上，结合粮食质量监管工作发展的新要求，修订和完善了《中央储备粮油质量检查扦样检验管理办法》。

12月8日，农业部在北京举行新闻发布会，介绍农业生产形势的有关情况：2010年，我国粮食实现两个“七连增”，两个“创新高”，即总产、面积均“七连增”，总产、单产均“创新高”。总产达到10928亿斤，比上年增加312亿斤，增长2.9%，再创历史新高，实现半个世纪以来首次连续七年增产，粮食产量连续四年稳定在1万亿斤以上；粮食播种面积达到16.48亿亩，比上年扩大1329万亩，实现半个世纪以来首次连续七年增加；亩产达到331.5公斤，比上年提高6.9公斤，再创历史新高。油料面积在连续2年增加的基础上继续稳步扩大，总产与上年基本持平。

12月22日，为表彰先进，弘扬正气，进一步激发全国粮食系统广大干部职工的积极性和创造性，人力资源社会保障部、国家粮食局决定，授予北京市顺义区粮食局等87个单位“全国粮食系统先进集体”荣誉称号；授予张小军等85名同志“全国粮食系统劳动模范”荣誉称号，授予黄燕等44名同志“全国粮食系统先进工作者”荣誉称号。

12月31日，为认真贯彻落实国务院《关于稳定消费价格总水平保障群众基本生活的通知》和中共中央办公厅、国务院办公厅关于切实做好元旦、春节期间有关工作的通知精神，确保“两节”和“两会”期间粮油市场供应和价格基本稳定，国家发展改革委、国家粮食局发出《关于做好当前粮油购销和市场供应工作的通知》，对“两节”和“两会”期间粮油购销和市场供应工作进行安排部署。

12月31日，为贯彻落实中央关于人才工作的决策部署，深入实施人才兴粮战略，为国家粮食流通工作提供强有力的人才支持，根据《国家中长期人才发展规划纲要(2010～2020年)》总体要求，国家粮食局制定并印发《全国粮食行业中长期人才发展规划纲要（2011～2020年)》。

# 二 粮食行业统计资料

1.全国主要农作物播种面积（1978～2010年）
2.全国主要农作物产量（1978～2010年）
3.全国主要农作物单位面积产量（1978～2010年）
4.各地区粮食播种面积（2009～2010年）
5.各地区粮食总产量（2009～2010年）
6.各地区粮食单位面积产量（2009～2010年）
7.2010年各地区粮食及油料播种面积和产量
8.农产品生产价格指数（2005～2010年）
9.居民消费价格指数（2005～2010年）
10.人均主要农业产品产量（1978～2010年）
11.粮食成本收益变化情况表（1991～2010年）
12.全国主要粮食品种收购量（1978～2010年）
13.全国主要粮食品种销售量（1978～2010年）
14.全国粮油进口情况表（1980～2010年）
15.全国粮油出口情况表（1980～2010年）
16.2010年粮食行业机构与从业人员情况年报表

## 1.全国主要农作物播种面积(1978～2010年)

单位：千公顷

| 年 份 | 粮食 | | | | | 油料 |
|---|---|---|---|---|---|---|
| | | 稻谷 | 小麦 | 玉米 | 大豆 | |
| 1978 | 120587 | 34421 | 29183 | 19961 | 7144 | 6222 |
| 1979 | 119263 | 33873 | 29357 | 20133 | 7247 | 7051 |
| 1980 | 117234 | 33878 | 28844 | 20087 | 7226 | 7928 |
| 1981 | 114958 | 33295 | 28307 | 19425 | 8024 | 9134 |
| 1982 | 113462 | 33071 | 27955 | 18543 | 8419 | 9343 |
| 1983 | 114047 | 33136 | 29050 | 18824 | 7567 | 8390 |
| 1984 | 112884 | 33178 | 29576 | 18537 | 7286 | 8678 |
| 1985 | 108845 | 32070 | 29218 | 17694 | 7718 | 11800 |
| 1986 | 110933 | 32266 | 29616 | 19124 | 8295 | 11415 |
| 1987 | 111268 | 32193 | 28798 | 20212 | 8445 | 11181 |
| 1988 | 110123 | 31987 | 28785 | 19692 | 8120 | 10619 |
| 1989 | 112205 | 32700 | 29841 | 20353 | 8057 | 10504 |
| 1990 | 113466 | 33064 | 30753 | 21401 | 7560 | 10900 |
| 1991 | 112314 | 32590 | 30948 | 21574 | 7041 | 11530 |
| 1992 | 110560 | 32090 | 30496 | 21044 | 7221 | 11489 |
| 1993 | 110509 | 30355 | 30235 | 20694 | 9454 | 11142 |
| 1994 | 109544 | 30171 | 28981 | 21152 | 9222 | 12081 |
| 1995 | 110060 | 30744 | 28860 | 22776 | 8127 | 13102 |
| 1996 | 112548 | 31406 | 29611 | 24498 | 7471 | 12555 |
| 1997 | 112912 | 31765 | 30057 | 23775 | 8346 | 12381 |
| 1998 | 113787 | 31214 | 29774 | 25239 | 8500 | 12919 |
| 1999 | 113161 | 31283 | 28855 | 25904 | 7962 | 13906 |
| 2000 | 108463 | 29962 | 26653 | 23056 | 9307 | 15400 |
| 2001 | 106080 | 28812 | 24664 | 24282 | 9482 | 14631 |
| 2002 | 103891 | 28202 | 23908 | 24634 | 8720 | 14766 |
| 2003 | 99410 | 26508 | 21997 | 24068 | 9313 | 14990 |
| 2004 | 101606 | 28379 | 21626 | 25446 | 9589 | 14431 |
| 2005 | 104278 | 28847 | 22793 | 26358 | 9591 | 14318 |
| 2006 | 104958 | 28938 | 23613 | 28463 | 9304 | 11738 |
| 2007 | 105638 | 28919 | 23721 | 29478 | 8754 | 11316 |
| 2008 | 106793 | 29241 | 23617 | 29864 | 9127 | 12825 |
| 2009 | 108986 | 29627 | 24291 | 31183 | 9190 | 13652 |
| 2010 | 109876 | 29873 | 24257 | 32500 | 8516 | 13890 |

数据来源：国家统计局统计资料。

## 2.全国主要农作物产量(1978～2010年)

单位：万吨

| 年 份 | 粮食 | | | | | 油料 |
|---|---|---|---|---|---|---|
| | | 稻谷 | 小麦 | 玉米 | 大豆 | |
| 1978 | 30476.5 | 13693.0 | 5384.0 | 5594.5 | 756.5 | 521.8 |
| 1979 | 33211.5 | 14375.0 | 6273.0 | 6003.5 | 746.0 | 643.5 |
| 1980 | 32055.5 | 13990.5 | 5520.5 | 6260.0 | 794.0 | 769.1 |
| 1981 | 32502.0 | 14395.5 | 5964.0 | 5920.5 | 932.5 | 1020.5 |
| 1982 | 35450.0 | 16159.5 | 6847.0 | 6056.0 | 903.0 | 1181.7 |
| 1983 | 38727.5 | 16886.5 | 8139.0 | 6820.5 | 976.0 | 1055.0 |
| 1984 | 40730.5 | 17825.5 | 8781.5 | 7341.0 | 969.5 | 1191.0 |
| 1985 | 37910.8 | 16856.9 | 8580.5 | 6382.6 | 1050.0 | 1578.4 |
| 1986 | 39151.2 | 17222.4 | 9004.0 | 7085.6 | 1161.4 | 1473.8 |
| 1987 | 40297.7 | 17426.2 | 8590.2 | 7924.1 | 1246.5 | 1527.8 |
| 1988 | 39408.1 | 16910.7 | 8543.2 | 7735.1 | 1164.5 | 1320.3 |
| 1989 | 40754.9 | 18013.0 | 9080.7 | 7892.8 | 1022.7 | 1295.2 |
| 1990 | 44624.3 | 18933.1 | 9822.9 | 9681.9 | 1100.0 | 1613.2 |
| 1991 | 43529.3 | 18381.3 | 9595.3 | 9877.3 | 971.3 | 1638.3 |
| 1992 | 44265.8 | 18622.2 | 10158.7 | 9538.3 | 1030.4 | 1641.2 |
| 1993 | 45648.8 | 17751.4 | 10639.0 | 10270.4 | 1530.7 | 1803.9 |
| 1994 | 44510.1 | 17593.3 | 9929.7 | 9927.5 | 1599.9 | 1989.6 |
| 1995 | 46661.8 | 18522.6 | 10220.7 | 11198.6 | 1350.2 | 2250.3 |
| 1996 | 50453.5 | 19510.3 | 11056.9 | 12747.1 | 1322.4 | 2210.6 |
| 1997 | 49417.1 | 20073.5 | 12328.9 | 10430.9 | 1473.2 | 2157.4 |
| 1998 | 51229.5 | 19871.3 | 10972.6 | 13295.4 | 1515.2 | 2313.9 |
| 1999 | 50838.6 | 19848.7 | 11388.0 | 12808.6 | 1424.5 | 2601.2 |
| 2000 | 46217.5 | 18790.8 | 9963.6 | 10600.0 | 1540.9 | 2954.8 |
| 2001 | 45263.7 | 17758.0 | 9387.3 | 11408.8 | 1540.6 | 2864.9 |
| 2002 | 45705.8 | 17453.9 | 9029.0 | 12130.8 | 1650.5 | 2897.2 |
| 2003 | 43069.5 | 16065.6 | 8648.8 | 11583.0 | 1539.3 | 2811.0 |
| 2004 | 46946.9 | 17908.8 | 9195.2 | 13028.7 | 1740.1 | 3065.9 |
| 2005 | 48402.2 | 18058.8 | 9744.5 | 13936.5 | 1634.8 | 3077.1 |
| 2006 | 49804.2 | 18171.8 | 10846.6 | 15160.3 | 1508.2 | 2640.3 |
| 2007 | 50160.3 | 18603.4 | 10929.8 | 15230.0 | 1272.5 | 2568.7 |
| 2008 | 52870.9 | 19189.6 | 11246.4 | 16591.4 | 1554.2 | 2952.8 |
| 2009 | 53082.1 | 19510.3 | 11511.5 | 16397.4 | 1498.2 | 3154.3 |
| 2010 | 54647.7 | 19576.1 | 11518.1 | 17724.5 | 1508.3 | 3230.1 |

数据来源：国家统计局统计资料。

## 3.全国主要农作物单位面积产量(1978～2010年)

单位：公斤／公顷

| 年 份 | 粮食 | | | | | 油料 |
|---|---|---|---|---|---|---|
| | | 稻谷 | 小麦 | 玉米 | 大豆 | |
| 1978 | 2527.3 | 3978.1 | 1844.9 | 2802.7 | 1059.0 | 838.6 |
| 1979 | 2784.7 | 4243.8 | 2136.8 | 2981.9 | 1029.4 | 912.7 |
| 1980 | 2734.3 | 4129.6 | 1913.9 | 3116.4 | 1098.8 | 970.0 |
| 1981 | 2827.3 | 4323.7 | 2106.9 | 3047.9 | 1162.2 | 1117.2 |
| 1982 | 3124.4 | 4886.3 | 2449.3 | 3265.9 | 1072.6 | 1264.8 |
| 1983 | 3395.7 | 5096.1 | 2801.7 | 3623.3 | 1289.8 | 1257.4 |
| 1984 | 3608.2 | 5372.6 | 2969.1 | 3960.3 | 1330.6 | 1372.5 |
| 1985 | 3483.0 | 5256.3 | 2936.7 | 3607.2 | 1360.5 | 1337.7 |
| 1986 | 3529.3 | 5337.6 | 3040.2 | 3705.1 | 1400.2 | 1291.1 |
| 1987 | 3621.7 | 5413.1 | 2982.9 | 3920.6 | 1476.0 | 1366.5 |
| 1988 | 3578.6 | 5286.7 | 2968.0 | 3928.1 | 1434.1 | 1243.3 |
| 1989 | 3632.2 | 5508.5 | 3043.0 | 3877.9 | 1269.3 | 1233.1 |
| 1990 | 3932.8 | 5726.1 | 3194.1 | 4523.9 | 1455.1 | 1479.9 |
| 1991 | 3875.7 | 5640.2 | 3100.5 | 4578.3 | 1379.5 | 1421.0 |
| 1992 | 4003.8 | 5803.1 | 3331.2 | 4532.7 | 1427.0 | 1428.4 |
| 1993 | 4130.8 | 5847.9 | 3518.8 | 4963.0 | 1619.1 | 1619.0 |
| 1994 | 4063.2 | 5831.1 | 3426.3 | 4693.4 | 1734.9 | 1646.9 |
| 1995 | 4239.7 | 6024.8 | 3541.5 | 4916.9 | 1661.4 | 1717.6 |
| 1996 | 4482.8 | 6212.4 | 3734.1 | 5203.3 | 1770.2 | 1760.7 |
| 1997 | 4376.6 | 6319.4 | 4101.9 | 4387.3 | 1765.1 | 1742.5 |
| 1998 | 4502.2 | 6366.2 | 3685.3 | 5267.8 | 1782.5 | 1791.0 |
| 1999 | 4492.6 | 6344.8 | 3946.6 | 4944.7 | 1789.2 | 1870.5 |
| 2000 | 4261.2 | 6271.6 | 3738.2 | 4597.5 | 1655.7 | 1918.7 |
| 2001 | 4266.9 | 6163.3 | 3806.1 | 4698.4 | 1624.8 | 1958.1 |
| 2002 | 4399.4 | 6189.0 | 3776.5 | 4924.5 | 1892.9 | 1962.0 |
| 2003 | 4332.5 | 6060.7 | 3931.8 | 4812.6 | 1652.9 | 1875.2 |
| 2004 | 4620.5 | 6310.6 | 4251.9 | 5120.2 | 1814.8 | 2124.6 |
| 2005 | 4641.6 | 6260.2 | 4275.3 | 5287.3 | 1704.5 | 2149.2 |
| 2006 | 4745.2 | 6279.6 | 4593.4 | 5326.3 | 1620.9 | 2249.3 |
| 2007 | 4748.3 | 6433.0 | 4607.7 | 5166.7 | 1453.7 | 2270.0 |
| 2008 | 4950.8 | 6562.5 | 4762.0 | 5555.7 | 1702.8 | 2302.3 |
| 2009 | 4870.6 | 6585.3 | 4739.0 | 5258.5 | 1630.2 | 2310.5 |
| 2010 | 4973.6 | 6553.0 | 4748.4 | 5453.7 | 1771.2 | 2325.6 |

数据来源：国家统计局统计资料。

## 4.各地区粮食播种面积（2009~2010年）

单位：千公顷

| 地　区 | 2009年 | 2010年 | 2010年比2009年增加 | |
|---|---|---|---|---|
| | | | 绝对数 | % |
| **全国总计** | **108985.8** | **109876.1** | **890.3** | **0.8** |
| 东部地区 | 24734.9 | 24841.1 | 106.2 | 0.4 |
| 中部地区 | 31852.1 | 32112.4 | 260.3 | 0.8 |
| 西部地区 | 33456.0 | 33796.4 | 340.4 | 1.0 |
| 东北地区 | 18942.8 | 19126.2 | 183.4 | 1.0 |
| 北　京 | 226.3 | 223.5 | −2.8 | −1.2 |
| 天　津 | 306.6 | 311.8 | 5.1 | 1.7 |
| 河　北 | 6216.5 | 6282.2 | 65.7 | 1.1 |
| 山　西 | 3146.7 | 3239.2 | 92.6 | 2.9 |
| 内蒙古 | 5424.0 | 5498.7 | 74.7 | 1.4 |
| 辽　宁 | 3124.1 | 3179.3 | 55.2 | 1.8 |
| 吉　林 | 4427.7 | 4492.2 | 64.5 | 1.5 |
| 黑龙江 | 11391.0 | 11454.7 | 63.7 | 0.6 |
| 上　海 | 193.3 | 179.2 | −14.1 | −7.3 |
| 江　苏 | 5272.0 | 5282.4 | 10.3 | 0.2 |
| 浙　江 | 1290.1 | 1275.8 | −14.3 | −1.1 |
| 安　徽 | 6605.6 | 6616.4 | 10.8 | 0.2 |
| 福　建 | 1231.0 | 1232.3 | 1.3 | 0.1 |
| 江　西 | 3604.6 | 3639.1 | 34.5 | 1.0 |
| 山　东 | 7030.1 | 7084.8 | 54.7 | 0.8 |
| 河　南 | 9683.6 | 9740.2 | 56.6 | 0.6 |
| 湖　北 | 4012.5 | 4068.4 | 55.8 | 1.4 |
| 湖　南 | 4799.1 | 4809.1 | 10.0 | 0.2 |
| 广　东 | 2538.5 | 2531.9 | −6.6 | −0.3 |
| 广　西 | 3067.5 | 3061.1 | −6.4 | −0.2 |
| 海　南 | 430.4 | 437.2 | 6.8 | 1.6 |
| 重　庆 | 2229.5 | 2243.9 | 14.4 | 0.6 |
| 四　川 | 6419.4 | 6402.0 | −17.4 | −0.3 |
| 贵　州 | 2984.7 | 3039.5 | 54.8 | 1.8 |
| 云　南 | 4200.1 | 4274.4 | 74.3 | 1.8 |
| 西　藏 | 169.4 | 170.2 | 0.7 | 0.4 |
| 陕　西 | 3134.0 | 3159.7 | 25.7 | 0.8 |
| 甘　肃 | 2740.0 | 2799.8 | 59.8 | 2.2 |
| 青　海 | 275.7 | 274.5 | −1.2 | −0.4 |
| 宁　夏 | 826.9 | 844.1 | 17.2 | 2.1 |
| 新　疆 | 1984.7 | 2028.6 | 43.9 | 2.2 |

数据来源：国家统计局统计资料。

## 5.各地区粮食总产量（2009~2010年）

单位：万吨

| 地　区 | 2009年 | 2010年 | 2010年比2009年增加 | |
|---|---|---|---|---|
| | | | 绝对数 | % |
| **全国总计** | **53082.1** | **54647.7** | **1565.6** | **2.9** |
| 东部地区 | 13817.4 | 13869.9 | 52.5 | 0.4 |
| 中部地区 | 16615.2 | 16720.7 | 105.4 | 0.6 |
| 西部地区 | 14245.4 | 14436.4 | 191.0 | 1.3 |
| 东北地区 | 8404.0 | 9620.7 | 1216.7 | 14.5 |
| 北　京 | 124.8 | 115.7 | −9.1 | −7.3 |
| 天　津 | 156.3 | 159.7 | 3.5 | 2.2 |
| 河　北 | 2910.2 | 2975.9 | 65.7 | 2.3 |
| 山　西 | 942.0 | 1085.1 | 143.1 | 15.2 |
| 内蒙古 | 1981.7 | 2158.2 | 176.5 | 8.9 |
| 辽　宁 | 1591.0 | 1765.4 | 174.4 | 11.0 |
| 吉　林 | 2460.0 | 2842.5 | 382.5 | 15.5 |
| 黑龙江 | 4353.0 | 5012.8 | 659.8 | 15.2 |
| 上　海 | 121.7 | 118.4 | −3.3 | −2.7 |
| 江　苏 | 3230.1 | 3235.1 | 5.0 | 0.2 |
| 浙　江 | 789.2 | 770.7 | −18.5 | −2.3 |
| 安　徽 | 3069.9 | 3080.5 | 10.6 | 0.3 |
| 福　建 | 666.9 | 661.9 | −5.0 | −0.7 |
| 江　西 | 2002.6 | 1954.7 | −47.9 | −2.4 |
| 山　东 | 4316.3 | 4335.7 | 19.4 | 0.4 |
| 河　南 | 5389.0 | 5437.1 | 48.1 | 0.9 |
| 湖　北 | 2309.1 | 2315.8 | 6.7 | 0.3 |
| 湖　南 | 2902.7 | 2847.5 | −55.2 | −1.9 |
| 广　东 | 1314.5 | 1316.5 | 2.0 | 0.2 |
| 广　西 | 1463.2 | 1412.3 | −50.9 | −3.5 |
| 海　南 | 187.6 | 180.4 | −7.2 | −3.8 |
| 重　庆 | 1137.2 | 1156.1 | 18.9 | 1.7 |
| 四　川 | 3194.6 | 3222.9 | 28.3 | 0.9 |
| 贵　州 | 1168.3 | 1112.3 | −56.0 | −4.8 |
| 云　南 | 1576.9 | 1531.0 | −45.9 | −2.9 |
| 西　藏 | 90.5 | 91.2 | 0.7 | 0.7 |
| 陕　西 | 1131.4 | 1164.9 | 33.5 | 3.0 |
| 甘　肃 | 906.2 | 958.3 | 52.1 | 5.7 |
| 青　海 | 102.7 | 102.0 | −0.7 | −0.7 |
| 宁　夏 | 340.7 | 356.5 | 15.8 | 4.6 |
| 新　疆 | 1152.0 | 1170.7 | 18.7 | 1.6 |

数据来源：国家统计局统计资料。

## 6.各地区粮食单位面积产量（2009~2010年）

单位：公斤/公顷

| 地　区 | 2009年 | 2010年 | 2010年比2009年增加 | |
|---|---|---|---|---|
| | | | 绝对数 | % |
| **全国总计** | **4870.6** | **4973.6** | **103.0** | **2.1** |
| 东部地区 | 5586.2 | 5583.5 | −2.7 | 0.0 |
| 中部地区 | 5216.4 | 5206.9 | −9.5 | −0.2 |
| 西部地区 | 4258.0 | 4271.6 | 13.6 | 0.3 |
| 东北地区 | 4436.5 | 5030.1 | 593.6 | 13.4 |
| 北　京 | 5513.7 | 5176.5 | −337.2 | −6.1 |
| 天　津 | 5096.9 | 5123.5 | 26.6 | 0.5 |
| 河　北 | 4681.4 | 4737.0 | 55.7 | 1.2 |
| 山　西 | 2993.6 | 3349.9 | 356.2 | 11.9 |
| 内蒙古 | 3653.6 | 3924.9 | 271.3 | 7.4 |
| 辽　宁 | 5092.7 | 5552.8 | 460.1 | 9.0 |
| 吉　林 | 5555.9 | 6327.6 | 771.6 | 13.9 |
| 黑龙江 | 3821.4 | 4376.2 | 554.8 | 14.5 |
| 上　海 | 6295.9 | 6607.9 | 312.0 | 5.0 |
| 江　苏 | 6126.9 | 6124.3 | −2.5 | 0.0 |
| 浙　江 | 6117.0 | 6040.5 | −76.5 | −1.3 |
| 安　徽 | 4647.4 | 4655.8 | 8.4 | 0.2 |
| 福　建 | 5417.2 | 5371.2 | −46.0 | −0.8 |
| 江　西 | 5555.6 | 5371.3 | −184.3 | −3.3 |
| 山　东 | 6139.8 | 6119.7 | −20.1 | −0.3 |
| 河　南 | 5565.1 | 5582.1 | 17.1 | 0.3 |
| 湖　北 | 5754.7 | 5692.2 | −62.5 | −1.1 |
| 湖　南 | 6048.4 | 5921.0 | −127.4 | −2.1 |
| 广　东 | 5178.3 | 5199.5 | 21.3 | 0.4 |
| 广　西 | 4770.0 | 4613.8 | −156.2 | −3.3 |
| 海　南 | 4358.5 | 4125.8 | −232.7 | −5.3 |
| 重　庆 | 5100.7 | 5152.2 | 51.5 | 1.0 |
| 四　川 | 4976.5 | 5034.2 | 57.7 | 1.2 |
| 贵　州 | 3914.2 | 3659.5 | −254.7 | −6.5 |
| 云　南 | 3754.5 | 3581.8 | −172.7 | −4.6 |
| 西　藏 | 5343.2 | 5360.0 | 16.8 | 0.3 |
| 陕　西 | 3610.1 | 3686.7 | 76.6 | 2.1 |
| 甘　肃 | 3307.3 | 3422.8 | 115.5 | 3.5 |
| 青　海 | 3724.4 | 3715.7 | −8.7 | −0.2 |
| 宁　夏 | 4120.3 | 4223.7 | 103.4 | 2.5 |
| 新　疆 | 5804.4 | 5770.9 | −33.5 | −0.6 |

数据来源：国家统计局统计资料。

## 7.2010年各地区粮食及油料播种面积和产量(一)

单位：千公顷，万吨，公斤/公顷

| 地区 | 粮食 | | | 稻谷 | | |
|---|---|---|---|---|---|---|
| | 播种面积 | 总产量 | 每公顷产量 | 播种面积 | 总产量 | 每公顷产量 |
| **全国总计** | **109876.1** | **54647.7** | **4973.6** | **29873.7** | **19576.1** | **6553.0** |
| 东部地区 | 24841.1 | 13869.9 | 5583.5 | 6621.7 | 4425.3 | 6683.1 |
| 中部地区 | 32112.4 | 16720.7 | 5206.9 | 12261.5 | 7777.2 | 6342.8 |
| 西部地区 | 33796.4 | 14436.4 | 4271.6 | 6870.6 | 4503.6 | 6554.9 |
| 东北地区 | 19126.2 | 9620.7 | 5030.1 | 4119.9 | 2870.0 | 6966.2 |
| 北京 | 223.5 | 115.7 | 5176.5 | 0.3 | 0.2 | 6333.3 |
| 天津 | 311.8 | 159.7 | 5123.5 | 15.8 | 11.2 | 7093.1 |
| 河北 | 6282.2 | 2975.9 | 4737.0 | 79.7 | 54.2 | 6805.1 |
| 山西 | 3239.2 | 1085.1 | 3349.9 | 1.0 | 0.5 | 4423.1 |
| 内蒙古 | 5498.7 | 2158.2 | 3924.9 | 92.2 | 74.8 | 8115.0 |
| 辽宁 | 3179.3 | 1765.4 | 5552.8 | 677.5 | 457.6 | 6754.2 |
| 吉林 | 4492.2 | 2842.5 | 6327.6 | 673.5 | 568.5 | 8440.6 |
| 黑龙江 | 11454.7 | 5012.8 | 4376.2 | 2768.8 | 1843.9 | 6659.5 |
| 上海 | 179.2 | 118.4 | 6607.9 | 108.5 | 90.3 | 8327.6 |
| 江苏 | 5282.4 | 3235.1 | 6124.3 | 2234.2 | 1807.9 | 8091.9 |
| 浙江 | 1275.8 | 770.7 | 6040.5 | 923.2 | 648.2 | 7021.0 |
| 安徽 | 6616.4 | 3080.5 | 4655.8 | 2245.4 | 1383.4 | 6161.2 |
| 福建 | 1232.3 | 661.9 | 5371.2 | 854.8 | 507.9 | 5942.0 |
| 江西 | 3639.1 | 1954.7 | 5371.3 | 3318.4 | 1858.3 | 5599.9 |
| 山东 | 7084.8 | 4335.7 | 6119.7 | 128.2 | 106.4 | 8294.3 |
| 河南 | 9740.2 | 5437.1 | 5582.1 | 628.0 | 471.2 | 7503.0 |
| 湖北 | 4068.4 | 2315.8 | 5692.2 | 2038.2 | 1557.8 | 7643.2 |
| 湖南 | 4809.1 | 2847.5 | 5921.0 | 4030.5 | 2506.0 | 6217.6 |
| 广东 | 2531.9 | 1316.5 | 5199.5 | 1952.7 | 1060.6 | 5431.3 |
| 广西 | 3061.1 | 1412.3 | 4613.8 | 2094.4 | 1121.3 | 5353.5 |
| 海南 | 437.2 | 180.4 | 4125.8 | 324.3 | 138.5 | 4269.7 |
| 重庆 | 2243.9 | 1156.1 | 5152.2 | 683.9 | 518.57 | 7582.6 |
| 四川 | 6402.0 | 3222.9 | 5034.2 | 2004.5 | 1512.1 | 7543.5 |
| 贵州 | 3039.5 | 1112.3 | 3659.5 | 695.8 | 445.7 | 6404.8 |
| 云南 | 4274.4 | 1531.0 | 3581.8 | 1021.0 | 616.6 | 6038.9 |
| 西藏 | 170.2 | 91.2 | 5360.0 | 1.0 | 0.6 | 6020.4 |
| 陕西 | 3159.7 | 1164.9 | 3686.7 | 121.6 | 81.0 | 6662.0 |
| 甘肃 | 2799.8 | 958.3 | 3422.8 | 5.8 | 4.1 | 7049.7 |
| 青海 | 274.5 | 102.0 | 3715.7 | 0.0 | 0.0 | 0.0 |
| 宁夏 | 844.1 | 356.5 | 4223.7 | 83.2 | 70.0 | 8416.3 |
| 新疆 | 2028.6 | 1170.7 | 5770.9 | 67.3 | 59.0 | 8767.7 |

数据来源：国家统计局统计资料。

## 7.2010年各地区粮食及油料播种面积和产量（二）

单位：千公顷，万吨，公斤/公顷

| 地 区 | 小麦 | | | 玉米 | | |
|---|---|---|---|---|---|---|
| | 播种面积 | 总 产 量 | 每公顷产量 | 播种面积 | 总 产 量 | 每公顷产量 |
| 全国总计 | 24256.5 | 11518.1 | 4748.4 | 32500.1 | 17724.5 | 5453.7 |
| 东部地区 | 8367.4 | 4424.1 | 5287.3 | 6941.3 | 3947.7 | 5687.2 |
| 中部地区 | 9423.8 | 4876.2 | 5174.3 | 6098.6 | 3151.1 | 5166.9 |
| 西部地区 | 6174.2 | 2120.3 | 3434.2 | 9952.1 | 5146.9 | 5171.6 |
| 东北地区 | 291.1 | 97.4 | 3347.5 | 9508.1 | 5478.9 | 5762.3 |
| 北 京 | 61.6 | 28.4 | 4609.5 | 149.8 | 84.2 | 5620.5 |
| 天 津 | 110.5 | 53.2 | 4814.0 | 168.9 | 92.7 | 5489.8 |
| 河 北 | 2420.3 | 1230.6 | 5084.5 | 3008.6 | 1508.7 | 5014.7 |
| 山 西 | 728.5 | 232.2 | 3188.1 | 1548.9 | 766.0 | 4945.3 |
| 内蒙古 | 566.2 | 165.2 | 2918.4 | 2485.6 | 1465.7 | 5896.7 |
| 辽 宁 | 7.5 | 3.7 | 4933.3 | 2093.0 | 1150.5 | 5496.9 |
| 吉 林 | 3.6 | 1.2 | 3473.2 | 3046.7 | 2004.0 | 6577.5 |
| 黑龙江 | 280.0 | 92.5 | 3303.4 | 4368.4 | 2324.4 | 5321.0 |
| 上 海 | 49.4 | 19.3 | 3896.8 | 4.4 | 3.0 | 6659.1 |
| 江 苏 | 2093.1 | 1008.1 | 4816.4 | 403.7 | 218.5 | 5412.0 |
| 浙 江 | 66.2 | 24.7 | 3729.8 | 27.3 | 12.2 | 4455.4 |
| 安 徽 | 2365.7 | 1206.7 | 5100.8 | 761.1 | 312.7 | 4109.1 |
| 福 建 | 3.6 | 1.0 | 2840.1 | 40.1 | 15.2 | 3793.3 |
| 江 西 | 10.4 | 2.1 | 2030.8 | 18.2 | 8.4 | 4642.5 |
| 山 东 | 3561.9 | 2058.6 | 5779.5 | 2955.3 | 1932.1 | 6537.7 |
| 河 南 | 5280.0 | 3082.2 | 5837.5 | 2946.0 | 1634.8 | 5549.2 |
| 湖 北 | 1000.1 | 343.1 | 3430.3 | 531.4 | 261.0 | 4912.1 |
| 湖 南 | 39.2 | 9.9 | 2525.5 | 293.0 | 168.1 | 5737.2 |
| 广 东 | 0.9 | 0.2 | 2825.6 | 162.3 | 72.1 | 4442.9 |
| 广 西 | 4.2 | 0.6 | 1357.1 | 538.6 | 208.7 | 3874.8 |
| 海 南 | 0.0 | 0.0 | 0.0 | 21.0 | 9.1 | 4322.8 |
| 重 庆 | 150.5 | 45.9 | 3051.2 | 461.9 | 251.6 | 5446.4 |
| 四 川 | 1265.7 | 427.7 | 3379.2 | 1355.4 | 669.0 | 4935.8 |
| 贵 州 | 260.8 | 24.8 | 952.2 | 781.1 | 415.4 | 5318.3 |
| 云 南 | 428.9 | 46.0 | 1072.0 | 1417.8 | 613.0 | 4323.5 |
| 西 藏 | 37.1 | 24.3 | 6553.3 | 4.2 | 2.8 | 6540.3 |
| 陕 西 | 1148.9 | 403.8 | 3514.7 | 1182.4 | 532.2 | 4501.0 |
| 甘 肃 | 879.7 | 250.9 | 2852.3 | 835.5 | 390.4 | 4672.8 |
| 青 海 | 101.0 | 37.3 | 3692.6 | 12.3 | 10.7 | 8702.4 |
| 宁 夏 | 211.4 | 70.3 | 3327.3 | 223.4 | 165.8 | 7421.6 |
| 新 疆 | 1120.0 | 623.5 | 5566.8 | 653.8 | 421.6 | 6448.4 |

数据来源：国家统计局统计资料。

## 7.2010年各地区粮食及油料播种面积和产量（三）

单位：千公顷，万吨，公斤/公顷

| 地 区 | 大豆 | | | 油料 | | |
|---|---|---|---|---|---|---|
| | 播种面积 | 总 产 量 | 每公顷产量 | 播种面积 | 总 产 量 | 每公顷产量 |
| **全国总计** | **8515.8** | **1508.3** | **1771.2** | **13889.6** | **3230.1** | **2325.6** |
| 东部地区 | 736.8 | 173.0 | 2348.2 | 2571.1 | 802.8 | 3122.5 |
| 中部地区 | 1877.8 | 289.9 | 1543.6 | 6057.1 | 1400.6 | 2312.3 |
| 西部地区 | 1853.0 | 339.8 | 1833.5 | 4443.8 | 829.2 | 1866.0 |
| 东北地区 | 4048.0 | 705.7 | 1743.2 | 817.7 | 197.5 | 2415.4 |
| 北 京 | 6.4 | 1.1 | 1669.3 | 5.4 | 1.6 | 2968.5 |
| 天 津 | 14.1 | 1.9 | 1327.2 | 2.2 | 0.6 | 2739.7 |
| 河 北 | 147.9 | 27.7 | 1872.6 | 464.4 | 140.3 | 3021.3 |
| 山 西 | 195.1 | 15.5 | 792.0 | 157.0 | 17.6 | 1121.4 |
| 内蒙古 | 812.0 | 133.4 | 1642.7 | 693.6 | 128.1 | 1847.0 |
| 辽 宁 | 123.4 | 34.1 | 2763.4 | 347.4 | 99.6 | 2866.8 |
| 吉 林 | 376.8 | 86.6 | 2297.7 | 303.1 | 70.4 | 2322.8 |
| 黑龙江 | 3547.9 | 585.0 | 1648.9 | 167.2 | 27.5 | 1645.1 |
| 上 海 | 4.2 | 1.1 | 2600.5 | 10.3 | 2.3 | 2233.0 |
| 江 苏 | 226.9 | 59.8 | 2637.0 | 574.4 | 152.0 | 2646.5 |
| 浙 江 | 52.6 | 13.0 | 2465.8 | 208.8 | 39.5 | 1892.2 |
| 安 徽 | 938.9 | 119.8 | 1276.3 | 944.3 | 227.6 | 2410.4 |
| 福 建 | 61.1 | 14.4 | 2363.8 | 111.7 | 26.6 | 2382.2 |
| 江 西 | 99.1 | 20.4 | 2062.4 | 731.7 | 107.6 | 1470.5 |
| 山 东 | 156.9 | 38.6 | 2458.9 | 815.9 | 342.2 | 4194.0 |
| 河 南 | 453.0 | 86.4 | 1906.7 | 1564.1 | 540.7 | 3456.9 |
| 湖 北 | 102.0 | 25.7 | 2518.1 | 1448.7 | 311.8 | 2152.3 |
| 湖 南 | 89.8 | 22.1 | 2461.0 | 1211.4 | 195.3 | 1612.3 |
| 广 东 | 63.6 | 14.7 | 2311.9 | 337.4 | 88.2 | 2614.0 |
| 广 西 | 108.8 | 16.7 | 1534.4 | 192.9 | 45.8 | 2374.3 |
| 海 南 | 3.1 | 0.8 | 2442.7 | 40.7 | 9.5 | 2334.3 |
| 重 庆 | 91.2 | 18.1 | 1987.1 | 255.0 | 44.4 | 1741.2 |
| 四 川 | 221.1 | 53.1 | 2401.6 | 1218.9 | 268.5 | 2202.8 |
| 贵 州 | 131.8 | 16.0 | 1213.1 | 529.1 | 60.3 | 1139.6 |
| 云 南 | 128.4 | 27.1 | 2114.0 | 333.3 | 34.2 | 1026.1 |
| 西 藏 | 0.1 | 0.1 | 3571.4 | 24.0 | 5.9 | 2456.3 |
| 陕 西 | 178.6 | 39.7 | 2223.4 | 301.2 | 56.1 | 1862.3 |
| 甘 肃 | 90.4 | 15.9 | 1755.4 | 345.7 | 64.1 | 1854.2 |
| 青 海 | 0.0 | 0.0 | 0.0 | 177.9 | 34.4 | 1934.0 |
| 宁 夏 | 16.4 | 1.0 | 586.1 | 98.8 | 20.8 | 2105.3 |
| 新 疆 | 74.3 | 18.8 | 2523.2 | 273.4 | 66.6 | 2436.3 |

数据来源：国家统计局统计资料。

## 8.农产品生产价格指数（2005～2010年）

（上年＝100）

| 指　　标 | 2005年 | 2006年 | 2007年 | 2008年 | 2009年 | 2010年 |
|---|---|---|---|---|---|---|
| 农产品生产价格指数 | 101.4 | 101.2 | 118.5 | 114.1 | 97.6 | 110.9 |
| 农业产品 | 101.6 | 104.5 | 109.8 | 108.4 | 102.9 | 116.6 |
| 谷物 | 99.2 | 102.1 | 109.0 | 107.1 | 104.9 | 112.8 |
| 小麦 | 96.4 | 100.1 | 105.5 | 108.7 | 107.9 | 107.9 |
| 稻谷 | 101.6 | 102.0 | 105.4 | 106.6 | 105.2 | 112.8 |
| 玉米 | 98.0 | 103.0 | 115.0 | 107.3 | 98.5 | 116.1 |
| 大豆 | 94.2 | 99.2 | 124.2 | 119.7 | 92.3 | 107.9 |
| 油料 | 91.3 | 104.8 | 133.4 | 128.0 | 94.2 | 112.1 |
| 棉花 | 111.8 | 97.1 | 109.6 | 90.6 | 111.8 | 157.7 |
| 糖料 | 111.6 | 121.1 | 100.0 | 98.4 | 101.5 | 106.0 |
| 蔬菜 | 107.2 | 109.3 | 106.9 | 104.7 | 111.8 | 116.8 |
| 水果 | 107.4 | 111.4 | 101.3 | 101.4 | 107.0 | 118.9 |
| 林业产品 | 104.8 | 112.8 | 104.4 | 108.5 | 94.9 | 122.8 |
| 畜牧产品 | 100.5 | 94.3 | 131.4 | 123.9 | 90.1 | 103.0 |
| 猪(毛重) | 97.6 | 90.6 | 145.9 | 130.8 | 81.6 | 98.3 |
| 牛(毛重) | 101.7 | 100.6 | 117.5 | 123.6 | 101.0 | 104.7 |
| 羊(毛重) | 101.7 | 101.8 | 121.0 | 118.8 | 101.1 | 108.7 |
| 家禽(毛重) | 105.6 | 97.2 | 117.0 | 111.9 | 102.2 | 107.0 |
| 蛋类 | 106.4 | 96.0 | 115.9 | 112.2 | 102.8 | 107.5 |
| 奶类 | 99.6 | 102.9 | 106.2 | 125.5 | 91.6 | 115.3 |
| 渔业产品 | 104.7 | 103.9 | 108.1 | 111.2 | 99.0 | 107.6 |
| 海水鱼类 | 104.2 | 109.6 | 110.1 | 109.4 | 99.9 | 110.5 |
| 淡水鱼类 | 106.2 | 99.9 | 106.8 | 114.6 | 101.3 | 104.9 |

数据来源：国家统计局统计资料。

## 9.居民消费价格指数（2005～2010年）

（上年＝100）

| 项　　目 | 2005年 | 2006年 | 2007年 | 2008年 | 2009年 | 2010年 |
|---|---|---|---|---|---|---|
| **居民消费价格指数** | **101.8** | **101.5** | **104.8** | **105.9** | **99.3** | **103.3** |
| **食品** | **102.9** | **102.3** | **112.3** | **114.3** | **100.7** | **107.2** |
| #粮食 | 101.4 | 102.7 | 106.3 | 107.0 | 105.6 | 111.8 |
| 油脂 | 94.3 | 98.6 | 126.7 | 125.4 | 81.7 | 103.8 |
| 肉禽及其制品 | 102.5 | 97.1 | 131.7 | 121.7 | 91.3 | 102.9 |
| 蛋 | 104.6 | 96.0 | 121.8 | 104.3 | 101.6 | 108.3 |
| 水产品 | 105.9 | 101.2 | 105.1 | 114.2 | 102.5 | 108.1 |
| 菜 | 109.1 | 108.2 | 107.9 | 111.0 | 113.6 | 118.5 |
| 糖 | 104.0 | 111.2 | 101.6 | 104.0 | 102.5 | 108.3 |
| 茶及饮料 | 100.1 | 101.0 | 101.5 | 103.7 | 101.8 | 101.3 |
| 干鲜瓜果 | 102.2 | 117.9 | 102.2 | 110.8 | 107.1 | 114.6 |
| 液体乳及乳制品 | 100.9 | 100.9 | 102.7 | 117.0 | 101.5 | 102.8 |
| **烟酒及用品** | **100.4** | **100.6** | **101.7** | **102.9** | **101.5** | **101.6** |
| #烟草 | 100.4 | 100.2 | 100.8 | 100.4 | 100.4 | 100.5 |
| 酒 | 100.6 | 101.2 | 103.5 | 107.5 | 103.4 | 103.6 |
| **衣着** | **98.3** | **99.4** | **99.4** | **98.5** | **98.0** | **99.0** |
| #服装 | 98.1 | 99.0 | 99.4 | 98.3 | 97.8 | 99.1 |
| 鞋袜帽 | 98.3 | 100.2 | 99.0 | 98.2 | 97.8 | 98.2 |
| **家庭设备用品及服务** | **99.9** | **101.2** | **101.9** | **102.8** | **100.2** | **100.0** |
| #耐用消费品 | 98.8 | 100.8 | 101.6 | 101.2 | 98.1 | 98.5 |
| 室内装饰品 | 99.5 | 100.0 | 100.3 | 100.2 | 99.7 | 99.9 |
| 家庭服务及加工维修服务 | 104.4 | 105.8 | 107.2 | 109.0 | 105.2 | 106.7 |
| **医疗保健和个人用品** | **99.9** | **101.1** | **102.1** | **102.9** | **101.2** | **103.2** |
| 医疗保健 | 99.5 | 100.2 | 102.1 | 102.2 | 101.4 | 103.3 |
| 个人用品及服务费 | 100.8 | 103.2 | 102.1 | 104.4 | 100.8 | 103.0 |
| **交通和通信** | **99.0** | **99.9** | **99.1** | **99.1** | **97.6** | **99.6** |
| 交通 | 101.5 | 103.2 | 100.8 | 102.2 | 98.6 | 101.7 |
| 通信 | 96.6 | 96.4 | 97.1 | 95.6 | 96.3 | 97.3 |
| **娱乐教育文化** | **102.2** | **99.5** | **99.0** | **99.3** | **99.3** | **100.6** |
| 文娱用耐用消费品及服务 | 93.8 | 94.2 | 93.1 | 92.3 | 90.6 | 94.3 |
| 教育 | 105.1 | 100.0 | 99.6 | 100.5 | 101.6 | 101.4 |
| 文化娱乐用品 | 101.2 | 101.0 | 101.0 | 101.3 | 102.5 | 101.0 |
| 旅游 | 99.6 | 103.1 | 102.3 | 101.1 | 97.5 | 104.9 |
| **居住** | **105.4** | **104.6** | **104.5** | **105.5** | **96.4** | **104.5** |
| 建房及装修材料 | 102.6 | 103.9 | 105.1 | 107.1 | 100.2 | 103.3 |
| 租房 | 101.9 | 102.7 | 104.2 | 103.5 | 101.6 | 104.9 |
| 自有住房 | 105.6 | 103.7 | 107.0 | 102.8 | 85.3 | 103.6 |
| 水电燃料 | 108.6 | 105.9 | 103.0 | 106.4 | 97.9 | 105.5 |

数据来源：国家统计局统计资料。

## 10.人均主要农业产品产量（1978～2010年）

单位：公斤

| 年 份 | 粮食 | 棉花 | 油料 | 糖料 | 水果 | 水产品 |
|---|---|---|---|---|---|---|
| 1978 | 318.7 | 2.3 | 5.5 | 24.9 | 6.9 | 4.9 |
| 1980 | 326.7 | 2.8 | 7.8 | 29.7 | 6.9 | 4.6 |
| 1985 | 360.7 | 3.9 | 15.0 | 57.5 | 11.1 | 6.7 |
| 1990 | 393.1 | 4.0 | 14.2 | 63.6 | 16.5 | 10.9 |
| 1991 | 378.3 | 4.9 | 14.2 | 73.2 | 18.9 | 11.7 |
| 1992 | 380.0 | 3.9 | 14.1 | 75.6 | 20.9 | 13.4 |
| 1993 | 387.4 | 3.2 | 15.3 | 64.7 | 25.6 | 15.5 |
| 1994 | 373.5 | 3.6 | 16.7 | 61.6 | 29.4 | 18.0 |
| 1995 | 387.3 | 4.0 | 18.7 | 65.9 | 35.0 | 20.9 |
| 1996 | 414.4 | 3.5 | 18.2 | 68.7 | 38.2 | 27.0 |
| 1997 | 401.7 | 3.7 | 17.5 | 76.3 | 41.4 | 25.4 |
| 1998 | 412.5 | 3.6 | 18.6 | 78.8 | 43.9 | 27.2 |
| 1999 | 405.8 | 3.1 | 20.8 | 66.5 | 49.8 | 28.5 |
| 2000 | 366.0 | 3.5 | 23.4 | 60.5 | 49.3 | 29.4 |
| 2001 | 355.9 | 4.2 | 22.5 | 68.1 | 52.3 | 29.9 |
| 2002 | 357.0 | 3.8 | 22.6 | 80.4 | 54.3 | 30.9 |
| 2003 | 334.3 | 3.8 | 21.8 | 74.8 | 112.7 | 31.6 |
| 2004 | 362.2 | 4.9 | 23.7 | 73.8 | 118.4 | 32.8 |
| 2005 | 371.3 | 4.4 | 23.6 | 72.5 | 123.6 | 33.9 |
| 2006 | 379.9 | 5.7 | 20.1 | 79.8 | 130.4 | 35.0 |
| 2007 | 380.6 | 5.8 | 19.5 | 92.5 | 137.6 | 36.0 |
| 2008 | 399.1 | 5.7 | 22.3 | 101.3 | 145.1 | 37.0 |
| 2009 | 398.7 | 4.8 | 23.7 | 92.2 | 153.2 | 38.5 |
| 2010 | 408.7 | 4.5 | 24.2 | 89.8 | 160.0 | 40.2 |

注：本表计算中所使用的人口数为年平均人口数（下表同）。2003年起水果产量含果用瓜。
数据来源：国家统计局统计资料。

## 11.粮食成本收益变化情况表（1991～2010年）

单位：元

| 年份 | 每50公斤平均出售价格 | | | | 每亩总成本 | | | | 每亩净利润 | | | |
|---|---|---|---|---|---|---|---|---|---|---|---|---|
| | 粮食平均 | 稻谷 | 小麦 | 玉米 | 粮食平均 | 稻谷 | 小麦 | 玉米 | 粮食平均 | 稻谷 | 小麦 | 玉米 |
| 1991 | 26.1 | 28.5 | 30.0 | 21.1 | 153.9 | 188.4 | 138.4 | 135.3 | 34.3 | 62.4 | 6.3 | 34.0 |
| 1992 | 28.4 | 29.3 | 33.1 | 24.3 | 163.8 | 192.3 | 149.3 | 150.6 | 44.0 | 67.7 | 21.2 | 42.3 |
| 1993 | 35.8 | 40.4 | 36.5 | 30.2 | 178.6 | 211.2 | 169.8 | 155.2 | 92.3 | 145.1 | 35.6 | 95.8 |
| 1994 | 59.4 | 71.2 | 56.5 | 48.2 | 239.4 | 298.1 | 213.2 | 206.7 | 190.7 | 316.7 | 82.3 | 173.3 |
| 1995 | 75.1 | 82.1 | 75.4 | 67.0 | 321.8 | 391.4 | 281.7 | 292.2 | 223.9 | 311.1 | 130.5 | 230.1 |
| 1996 | 72.3 | 80.6 | 81.0 | 57.2 | 388.7 | 458.3 | 359.5 | 351.2 | 155.7 | 247.5 | 92.9 | 123.8 |
| 1997 | 65.1 | 69.4 | 70.1 | 55.8 | 386.1 | 450.2 | 349.5 | 358.4 | 105.4 | 171.8 | 74.8 | 69.8 |
| 1998 | 62.1 | 66.9 | 66.6 | 53.8 | 383.9 | 437.4 | 357.5 | 356.6 | 79.3 | 155.9 | −6.2 | 88.2 |
| 1999 | 53.0 | 56.6 | 60.4 | 43.7 | 370.7 | 425.2 | 351.5 | 337.2 | 25.6 | 75.8 | −12.1 | 11.2 |
| 2000 | 48.4 | 51.7 | 52.9 | 42.8 | 356.2 | 401.7 | 352.5 | 330.6 | −3.2 | 50.1 | −28.8 | −6.9 |
| 2001 | 51.5 | 53.7 | 52.5 | 48.3 | 350.6 | 400.5 | 323.6 | 327.9 | 39.4 | 81.4 | −27.5 | 64.3 |
| 2002 | 49.2 | 51.4 | 51.3 | 45.6 | 370.4 | 415.8 | 342.7 | 351.6 | 4.9 | 37.6 | −52.7 | 30.8 |
| 2003 | 56.5 | 60.1 | 56.4 | 52.7 | 368.3 | 419.1 | 339.6 | 347.6 | 42.9 | 94.9 | −30.3 | 62.8 |
| 2004 | 70.7 | 79.8 | 74.5 | 58.1 | 395.5 | 454.6 | 355.9 | 375.7 | 196.5 | 285.1 | 169.6 | 134.9 |
| 2005 | 67.4 | 77.7 | 69.0 | 55.5 | 425.0 | 493.3 | 389.6 | 392.3 | 122.6 | 192.7 | 79.4 | 95.5 |
| 2006 | 72.0 | 80.6 | 71.6 | 63.4 | 444.9 | 518.2 | 404.8 | 411.8 | 155.0 | 202.4 | 117.7 | 144.8 |
| 2007 | 78.8 | 85.2 | 75.6 | 74.8 | 481.1 | 555.2 | 438.6 | 449.7 | 185.2 | 229.1 | 125.3 | 200.8 |
| 2008 | 83.5 | 95.1 | 82.8 | 72.5 | 562.4 | 665.1 | 498.6 | 523.5 | 186.4 | 235.6 | 164.5 | 159.2 |
| 2009 | 91.3 | 99.1 | 92.4 | 82.0 | 630.3 | 716.7 | 592.0 | 582.3 | 162.4 | 217.6 | 125.5 | 144.2 |
| 2010 | 103.8 | 118.0 | 99.0 | 93.6 | 672.7 | 766.6 | 618.6 | 632.6 | 227.2 | 309.8 | 132.2 | 239.7 |

数据来源：国家发展改革委统计资料。

## 12.全国主要粮食品种收购量（1978～2010年）

单位：贸易粮，万吨

| 年份 | 粮食合计 | 小麦 | 大米 | 玉米 | 大豆 | 其他 |
|---|---|---|---|---|---|---|
| 1978 | 5110.15 | 1176.80 | 1995.70 | 1046.65 | 216.00 | 675.00 |
| 1979 | 5925.00 | 1562.55 | 2200.95 | 1280.95 | 205.00 | 675.55 |
| 1980 | 5882.10 | 1396.10 | 2214.50 | 1357.75 | 296.50 | 617.25 |
| 1981 | 6255.50 | 1418.30 | 2421.05 | 1408.00 | 412.60 | 595.55 |
| 1982 | 7367.45 | 1933.60 | 2900.30 | 1427.40 | 401.65 | 704.50 |
| 1983 | 9879.55 | 2763.30 | 3312.40 | 2337.75 | 409.80 | 1056.30 |
| 1984 | 11165.85 | 3427.00 | 3858.10 | 2588.05 | 382.35 | 910.35 |
| 1985 | 7925.50 | 2666.10 | 3012.90 | 1374.20 | 503.30 | 369.00 |
| 1986 | 9453.20 | 2842.00 | 3258.70 | 2183.10 | 653.70 | 515.70 |
| 1987 | 9920.10 | 2816.20 | 3143.70 | 2848.60 | 609.70 | 501.90 |
| 1988 | 9430.40 | 2673.90 | 3185.90 | 2414.70 | 693.50 | 462.40 |
| 1989 | 10040.20 | 2855.50 | 3622.90 | 2587.70 | 620.00 | 354.10 |
| 1990 | 12364.50 | 3646.60 | 4316.00 | 3372.80 | 661.20 | 367.90 |
| 1991 | 11423.00 | 3392.45 | 3810.00 | 3338.40 | 582.20 | 299.95 |
| 1992 | 10414.35 | 3841.40 | 3272.60 | 2621.70 | 406.10 | 272.55 |
| 1993 | 9233.95 | 3373.10 | 2505.00 | 2469.95 | 606.20 | 279.70 |
| 1994 | 9226.41 | 3230.41 | 2697.60 | 2185.00 | 732.20 | 381.20 |
| 1995 | 9443.80 | 3125.00 | 3061.40 | 2435.60 | 522.50 | 299.30 |
| 1996 | 11919.80 | 3614.80 | 3382.15 | 4224.65 | 437.80 | 260.40 |
| 1997 | 11535.40 | 4600.20 | 3510.55 | 2692.15 | 515.20 | 217.30 |
| 1998 | 9654.50 | 2795.60 | 2562.00 | 3867.40 | 351.00 | 78.50 |
| 1999 | 12807.70 | 3863.30 | 3186.10 | 5425.10 | 246.60 | 86.60 |
| 2000 | 11695.10 | 4018.20 | 3327.30 | 4019.20 | 237.90 | 92.50 |
| 2001 | 11784.15 | 4437.85 | 2798.80 | 4128.20 | 326.80 | 92.50 |
| 2002 | 10826.25 | 4201.30 | 2189.60 | 4181.95 | 140.40 | 113.00 |
| 2003 | 9717.05 | 3682.00 | 2109.80 | 3702.45 | 120.30 | 102.50 |
| 2004 | 8919.45 | 3448.10 | 2138.05 | 3158.10 | 91.00 | 84.20 |
| 2005 | 11493.75 | 3745.20 | 2572.25 | 4529.90 | 506.00 | 140.40 |
| 2006 | 12256.50 | 6039.95 | 2153.45 | 3424.70 | 492.20 | 146.20 |
| 2007 | 10167.40 | 4733.15 | 1985.05 | 3008.30 | 321.45 | 119.45 |
| 2008 | 15470.88 | 6712.73 | 3604.84 | 4754.18 | 313.47 | 85.65 |
| 2009 | 15223.00 | 6833.95 | 2637.45 | 4988.45 | 653.00 | 110.15 |
| 2010 | 12406.00 | 6177.70 | 2135.95 | 3333.65 | 648.80 | 109.90 |

注：1978～2002年粮食购销存数字按粮食年度统计，粮食年度是指当年4月1日至翌年3月31日。从2003年开始，粮食统计年度改为日历年度。年度数字均为国有粮食企业收购量。

数据来源：国家粮食局统计资料。

## 13.全国主要粮食品种销售量（1978～2010年）

单位：贸易粮，万吨

| 年份 | 粮食合计 | 小麦 | 大米 | 玉米 | 大豆 | 其他 |
|---|---|---|---|---|---|---|
| 1978 | 5343.45 | 1869.50 | 1773.90 | 876.10 | 162.45 | 661.50 |
| 1979 | 5679.05 | 1940.30 | 1826.00 | 1067.90 | 179.80 | 665.05 |
| 1980 | 6416.80 | 2256.75 | 2014.30 | 1301.45 | 204.40 | 639.90 |
| 1981 | 7223.25 | 2563.50 | 2122.90 | 1622.25 | 239.00 | 675.60 |
| 1982 | 7710.40 | 2858.05 | 2289.45 | 1596.70 | 271.80 | 694.40 |
| 1983 | 8003.20 | 3005.90 | 2497.65 | 1458.50 | 288.75 | 752.40 |
| 1984 | 10417.85 | 3699.65 | 3438.50 | 1931.95 | 355.25 | 992.50 |
| 1985 | 8564.90 | 3078.50 | 3006.30 | 1328.10 | 322.90 | 829.10 |
| 1986 | 9347.70 | 3618.10 | 3243.90 | 1357.00 | 321.30 | 807.40 |
| 1987 | 9190.80 | 3643.30 | 3080.00 | 1423.80 | 355.50 | 688.20 |
| 1988 | 10091.00 | 3885.20 | 3038.00 | 1898.60 | 406.70 | 862.50 |
| 1989 | 8931.10 | 3521.80 | 2566.20 | 1846.10 | 346.50 | 650.50 |
| 1990 | 9033.30 | 3574.90 | 2770.50 | 1723.10 | 341.70 | 623.10 |
| 1991 | 10433.00 | 4085.00 | 3267.40 | 1046.30 | 1402.60 | 631.70 |
| 1992 | 9000.00 | 3247.00 | 3044.43 | 1637.30 | 256.80 | 814.47 |
| 1993 | 6700.30 | 2848.50 | 2128.50 | 1088.20 | 229.90 | 405.20 |
| 1994 | 7648.40 | 3328.20 | 2609.40 | 1121.30 | 234.00 | 355.50 |
| 1995 | 9264.20 | 3707.60 | 2896.80 | 1570.00 | 620.30 | 469.50 |
| 1996 | 7340.55 | 3090.25 | 2259.48 | 1346.72 | 356.80 | 287.30 |
| 1997 | 6830.65 | 2439.29 | 2042.94 | 1632.34 | 429.40 | 286.70 |
| 1998 | 6115.95 | 2137.10 | 1795.45 | 1648.50 | 348.60 | 186.30 |
| 1999 | 9353.25 | 3137.15 | 2420.90 | 3197.60 | 439.40 | 158.20 |
| 2000 | 12556.90 | 3961.88 | 3029.80 | 4718.50 | 645.50 | 201.20 |
| 2001 | 8528.70 | 3225.60 | 2155.60 | 2574.90 | 439.20 | 133.40 |
| 2002 | 12070.00 | 4733.00 | 3155.50 | 3551.50 | 510.50 | 119.50 |
| 2003 | 13453.70 | 5500.30 | 3559.05 | 3800.85 | 422.20 | 171.30 |
| 2004 | 11944.00 | 4640.60 | 3246.20 | 3574.50 | 309.30 | 173.40 |
| 2005 | 12138.30 | 4276.90 | 2556.75 | 4348.75 | 841.70 | 114.20 |
| 2006 | 12034.15 | 4246.10 | 2671.35 | 4133.20 | 847.60 | 135.90 |
| 2007 | 12958.25 | 5104.00 | 2896.00 | 3890.35 | 892.75 | 175.15 |
| 2008 | 15324.79 | 7352.83 | 3120.00 | 3985.40 | 755.91 | 110.65 |
| 2009 | 16693.18 | 7094.24 | 3054.12 | 5261.36 | 1145.71 | 137.75 |
| 2010 | 18911.25 | 7569.00 | 3047.63 | 6454.77 | 1662.90 | 176.94 |

注：1978～2002年粮食购销存数字按粮食年度统计，粮食年度是指当年4月1日至翌年3月31日。从2003年开始，粮食统计年度改为日历年度。年度数字均为国有粮食企业销售量。

数据来源：国家粮食局统计资料。

## 14.全国粮油进口情况表（1980～2010年）

单位：万吨

| 年份 | 粮食进口总量 | 谷物 | 其中： | | | | 大豆 | 食用植物油 |
|---|---|---|---|---|---|---|---|---|
| | | | 小麦 | 大米 | 玉米 | 大麦 | | |
| 1980 | 1444 | 1391 | 1097 | 15 | 164 | 2 | 53 | 9 |
| 1981 | 1444 | 1387 | 1305 | 9 | 68 | 5 | 57 | 4 |
| 1982 | 1608 | 1572 | 1380 | 22 | 157 | 8 | 36 | 6 |
| 1983 | 1349 | 1349 | 1111 | 8 | 211 | 7 | – | 4 |
| 1984 | 1037 | 1037 | 987 | 13 | 6 | 5 | – | 1 |
| 1985 | 596 | 596 | 541 | 21 | 9 | 3 | – | 68 |
| 1986 | 769 | 740 | 611 | 32 | 59 | 20 | 29 | 46 |
| 1987 | 1628 | 1597 | 1320 | 54 | 154 | – | 31 | 51 |
| 1988 | 1534 | 1519 | 1455 | 31 | 11 | 8 | 15 | 21 |
| 1989 | 1654 | 1654 | 1488 | 93 | 7 | 25 | – | 106 |
| 1990 | 1369 | 1369 | 1253 | 6 | 37 | 6 | – | 112 |
| 1991 | 1343 | 1343 | 1237 | 14 | 0 | 75 | – | 61 |
| 1992 | 1174 | 1162 | 1058 | 10 | 0 | 83 | 12 | 42 |
| 1993 | 742 | 732 | 642 | 10 | 0 | 77 | 10 | 24 |
| 1994 | 909 | 904 | 718 | 51 | 0 | 132 | 5 | 308 |
| 1995 | 2069 | 2040 | 1159 | 164 | 518 | 127 | 29 | 353 |
| 1996 | 1194 | 1083 | 825 | 76 | 44 | 131 | 111 | 264 |
| 1997 | 705 | 417 | 186 | 33 | 0 | 187 | 288 | 275 |
| 1998 | 707 | 388 | 149 | 25 | 25 | 152 | 319 | 206 |
| 1999 | 771 | 339 | 45 | 17 | 7 | 227 | 432 | 208 |
| 2000 | 1357 | 315 | 88 | 24 | 0 | 197 | 1042 | 179 |
| 2001 | 1738 | 344 | 69 | 27 | 0 | 237 | 1394 | 165 |
| 2002 | 1417 | 285 | 60 | 24 | 1 | 191 | 1132 | 319 |
| 2003 | 2282 | 208 | 43 | 26 | 0 | 136 | 2074 | 541 |
| 2004 | 2998 | 975 | 723 | 76 | 0 | 171 | 2023 | 676 |
| 2005 | 3286 | 627 | 351 | 52 | 0 | 218 | 2659 | 621 |
| 2006 | 3183 | 359 | 61 | 73 | 7 | 214 | 2824 | 671 |
| 2007 | 3237 | 155 | 10 | 49 | 4 | 91 | 3082 | 838 |
| 2008 | 3898 | 154 | 4 | 33 | 5 | 108 | 3744 | 753 |
| 2009 | 4570 | 315 | 90 | 36 | 8 | 174 | 4255 | 816 |
| 2010 | 6050 | 571 | 123 | 39 | 157 | 237 | 5480 | 687 |

数据来源：国家发展改革委统计资料。

## 15.全国粮油出口情况表（1980～2010年）

单位：万吨

| 年份 | 粮食出口总量 | 谷物 | 其中：小麦 | 其中：大米 | 其中：玉米 | 大豆 | 食用植物油 |
|---|---|---|---|---|---|---|---|
| 1980 | 156 | 145 | 0 | 112 | 8 | 11 | 4 |
| 1981 | 98 | 84 | 0 | 58 | 14 | 14 | 6 |
| 1982 | 78 | 63 | 0 | 47 | 7 | 15 | 10 |
| 1983 | 110 | 75 | 0 | 58 | 6 | 35 | 16 |
| 1984 | 313 | 229 | 0 | 116 | 95 | 84 | 14 |
| 1985 | 918 | 804 | 0 | 101 | 634 | 114 | 16 |
| 1986 | 888 | 751 | 0 | 95 | 564 | 137 | 19 |
| 1987 | 739 | 568 | 0 | 102 | 392 | 171 | 6 |
| 1988 | 718 | 570 | 0 | 70 | 392 | 148 | 3 |
| 1989 | 609 | 484 | 0 | 32 | 350 | 125 | 6 |
| 1990 | 507 | 413 | 0 | 33 | 340 | 94 | 14 |
| 1991 | 1006 | 895 | 0 | 69 | 778 | 111 | 10 |
| 1992 | 1268 | 1202 | 0 | 95 | 1031 | 66 | 7 |
| 1993 | 1364 | 1327 | 0 | 143 | 1110 | 37 | 14 |
| 1994 | 1187 | 1104 | 11 | 152 | 874 | 83 | 27 |
| 1995 | 102 | 64 | 2 | 5 | 11 | 38 | 52 |
| 1996 | 143 | 124 | 0 | 26 | 16 | 19 | 47 |
| 1997 | 852 | 833 | 0 | 94 | 661 | 19 | 82 |
| 1998 | 906 | 889 | 1 | 375 | 469 | 17 | 31 |
| 1999 | 758 | 738 | 0 | 270 | 431 | 20 | 10 |
| 2000 | 1399 | 1378 | 0 | 295 | 1047 | 21 | 11 |
| 2001 | 901 | 876 | 45 | 186 | 600 | 25 | 13 |
| 2002 | 1510 | 1482 | 69 | 199 | 1167 | 28 | 10 |
| 2003 | 2221 | 2194 | 224 | 262 | 1639 | 27 | 6 |
| 2004 | 506 | 473 | 78 | 91 | 232 | 33 | 7 |
| 2005 | 1054 | 1014 | 26 | 69 | 864 | 40 | 23 |
| 2006 | 643 | 605 | 111 | 125 | 310 | 38 | 40 |
| 2007 | 1032 | 986 | 307 | 134 | 492 | 46 | 17 |
| 2008 | 228 | 181 | 31 | 97 | 27 | 47 | 25 |
| 2009 | 167 | 132 | 25 | 79 | 13 | 35 | 11 |
| 2010 | 136 | 120 | 28 | 62 | 13 | 16 | 9 |

数据来源：国家发展改革委统计资料。

## 16.2010年粮食行业机构与从业人员情况年报表

填报单位：全国

| 项目 | 粮食行业机构 | | | | | | | | | | | | | |
|---|---|---|---|---|---|---|---|---|---|---|---|---|---|---|
| | 机构总数 | 按层次划分 | | | | 人员总数 | | | | | | | | |
| | | 中央 | 省、自治区、直辖市 | 省辖市、自治州、行署 | 县（市、区）及以下 | | 其中：女 | 其中：少数民族 | 其中：中共党员 | 1.在岗职工 | 其中：专业技术人员 | 其中：技术工人 | 按用工期限划分 | |
| | | | | | | | | | | | | | 长期职工 | 临时职工 |
| 甲 | 1 | 2 | 3 | 4 | 5 | 6 | 7 | 8 | 9 | 10 | 11 | 12 | 13 | 14 |
| 总　计 | 47979 | 639 | 653 | 4760 | 41927 | 990164 | 284793 | 47251 | 252911 | 961620 | 114722 | 150802 | 881937 | 79683 |
| 一、行政管理部门 | 2672 | 2 | 38 | 384 | 2248 | 45812 | 10719 | 3975 | 36865 | 45746 | 938 | 4263 | 45528 | 218 |
| 二、事业单位 | 2832 | 10 | 167 | 634 | 2021 | 37693 | 13108 | 2561 | 19762 | 37360 | 11462 | 7084 | 36689 | 671 |
| 三、粮食经营企业单位 | 42475 | 627 | 448 | 3742 | 37658 | 906659 | 260966 | 40715 | 196284 | 878514 | 102322 | 139455 | 799720 | 78794 |
| 其中：国有及国有控股企业 | 15370 | 627 | 355 | 1454 | 12934 | 469577 | 143842 | 20790 | 143686 | 460034 | 64882 | 83235 | 440612 | 19422 |

注：
1.“机构总数”：指具有法人资格的独立核算单位。
2.“从业人员”：指报告期的最后一天，在各级国家机关、政党机关、社会团体及企业、事业单位中工作，取得工资或其他形式的劳动报酬的全部人 员。包括在岗职工、再就业的离退休人员、民办教师以及在各单位中工作的外方人员和港澳台方人员、兼职人员、借用的外单位人员和第二职业者。不包括离开单位仍保留劳动关系的职工。
3.“在岗职工”：指在本单位工作并由单位支付工资的人员，以及有工作岗位，但由于学习、病伤产假（六个月以内）等原因暂未工作，仍由单位支付工资的人员。其中，长期职工是指用工期限在一年以上（含一年）的在岗职工，当年新分配的大中专技校毕业生虽在当年用工期限不满一年，但应视为长期职工；临时职工是指用工期限在一年以内的在岗职工，包括签订一年以内的劳动合同或使用期不超过一年的临时性、季节性用工，如临时招用的清洁工、司炉工等。
4.“其他从业人员”：是指劳动统计制度规定不作在岗职工统计，但实际参加各单位工作并取得劳动报酬的人员。包括：聘用和留用的离退休人员；聘用的外籍人员和港、澳、台方人员；领取补贴的人员（指主要由街道、里弄临时安排到单位劳动锻炼的待业青年和犯了错误开除公职留用察看的人员）、兼职人员和从事第二职业者，不包括领取报酬的在校学生；使用外单位离岗职工。
5.“离开本单位仍保留劳动关系的职工”：指由于各种原因，已经离开本人的生产或工作岗位，并已不在本单位从事其他工作，但仍与本单位保留劳动关系的职工。包括内部退养、长期病休、协保、无岗待工、轮流歇工，放长假、停薪留职和借到外单位工作并由外单位支付劳动报酬的人员等。
6.“学历”：指在国家认可的各类学校接受正规教育的学习经历，有国家认可的毕业证书，含全日制教育和在职教育。其中，研究生含博士研究生、硕士研究生。参加各种课程进修班学习获得结业证书的，不作为学历依据。
7.“粮食经营企业单位”：指辖区内所有从事粮食收购、销售、存储、加工、进出口等经营活动的企业单位。

数据来源：国家粮食局统计资料。

单位：个，人

| 从业人员 | | | | | | | | | | | | | | | 离开本单位仍保留劳动关系的职工 |
|---|---|---|---|---|---|---|---|---|---|---|---|---|---|---|---|
| | 按层次划分 | | | | 按学历划分 | | | | | | 按年龄划分 | | | | |
| 2.其他从业人员 | 中央 | 省、自治区、直辖市 | 省辖市、自治州、行署 | 县（市、区）及以下 | 研究生 | 大学本科 | 大学专科 | 中专 | 高中 | 初中及以下 | 35岁及以下 | 36岁～45岁 | 46岁～54岁 | 55岁及以上 | |
| 15 | 16 | 17 | 18 | 19 | 20 | 21 | 22 | 23 | 24 | 25 | 26 | 27 | 28 | 29 | 30 |
| 28544 | 64263 | 42360 | 152219 | 731322 | 5180 | 74203 | 171296 | 170165 | 317758 | 251562 | 305864 | 387155 | 241389 | 55756 | 133202 |
| 66 | 142 | 1782 | 8636 | 35252 | 1178 | 12729 | 19984 | 5519 | 4988 | 1414 | 4712 | 13527 | 21313 | 6260 | 1021 |
| 333 | 333 | 7351 | 7711 | 22298 | 1004 | 8817 | 12576 | 5733 | 7128 | 2435 | 8532 | 13480 | 12611 | 3070 | 1821 |
| 28145 | 63788 | 33227 | 135872 | 673772 | 2998 | 52657 | 138736 | 158913 | 305642 | 247713 | 292620 | 360148 | 207465 | 46426 | 130360 |
| 9543 | 63788 | 30031 | 79177 | 296581 | 1906 | 28871 | 85240 | 87517 | 158176 | 107867 | 128561 | 195706 | 120751 | 24559 | 127974 |

# 后 记

经国家粮食局批准，在国务院有关部门的大力支持下，《中国粮食发展报告》自2004年以来已连续出版7年，受到社会的普遍关注，得到了有关部门及社会各界的一致肯定。《2011中国粮食发展报告》（以下简称《报告》）全面、客观地介绍了我国2010年粮食发展情况，针对当前粮食生产和流通领域的热点、难点问题进行了对策研究，较为完整地收录了粮食行业统计资料。《报告》（包括附表）所有统计资料和数据均未包括我国香港、澳门特别行政区和台湾地区。

《报告》在编写过程中得到了国家发展改革委、农业部、国家统计局等有关部门的大力支持，参加《报告》编写工作的部门及单位有：国家发展改革委经贸司、农经司、价格司，农业部种植业管理司，国家统计局综合司、农村司，国家粮食局办公室、人事司、外事司、调控司、政策法规司、监督检查司、财务司、流通与科技发展司，国家粮油信息中心、标准质量中心、发展交流中心，中国粮油学会、中国粮食行业协会杂粮分会等。

在此，谨向在《报告》编写过程中给予大力支持的领导、专家和同志们表示衷心的感谢！《报告》如有不妥之处，敬请批评指正。

中国粮食研究培训中心

《中国粮食发展报告》编辑部

2011年8月18日